浙江省社会科学规划课题成果
浙江大学金融研究院资助项目

"支农支小"金融服务创新丛书编委会

"支农支小"
金融服务
创新丛书

微型金融
理论与实践

何嗣江 严谷军 陈魁华 等著

ZHEJIANG UNIVERSITY PRESS
浙江大学出版社

总　序

　　党的十八大报告提出"深化金融体制改革,健全促进宏观经济稳定、支持实体经济发展的现代金融体系",同时强调"推动城乡发展一体化"。随着社会主义市场经济的深化发展,"三农"经济成长被摆在了更加突出的位置。"三农"问题的核心是增加农民收入,增加农民收入需要农村金融的发展和支持,而现实相对于农村市场的强烈金融需求,我国农村金融的有效供给却严重不足,现有农村金融机构的创新能力、服务质量和服务效率亟待提升。近年来,党中央、国务院高度重视县域中小金融机构发展,股份制农商行、农村合作金融机构、小额贷款公司、村镇银行、农村资金互助社等农村金融组织加快发展,在"支农支小"和城乡统筹建设过程中发挥了重要作用,我国金融业也进入了一个多层次发展的新时代,这既是中小金融机构发展的春天,也预示着县域金融"战国时代"的到来。

　　浙江江山农村合作银行(以下简称江山农合行)自2008年从江山市农村信用合作联社改制以来,坚持以"零距离"服务"三农"和小微企业为己任,不断创新经营理念,不断寻求产品突破口,在支持"三农"和小微企业发展方面做了诸多探索,打造出以"惠农快车""小营生早班车"为代表的"车"系列、面向农户和小微企业等金融弱势群体的特色金融服务产品,为农村金融市场注入新的活力,在"支农支小"、服务实体经济方面发挥了积极的作用。

　　在发展战略上,始终坚持"做小、做散"。江山农合行立足本土成长壮大,与"三农"结下了深厚的不解情缘,与地方经济发展共进共退、命运休戚相关,其长年建立和累积的经营资本和业务资源是最广大的农户、个体工商户及小微经营群体。可以认为农村合作金融机构最大的市场在农村、社区,最核心的竞争优势是"做小、做散","支农支小"既是我们肩负的历史使命,也是我们谋求自身长远发展的根基和必然的选择。

在经营管理上,以总部建设为中心,建立起了卓有成效的扁平化和精细化管理机制。江山农合行以客户为导向,以建设一座大厦的理念,不断夯实"营业部及支行"作为基石的基础力;持续培育"农户、小企业、资金营运、微贷"四大业务支柱的支撑力;坚持以"和谐、宜居、生态"为主元素营造内外通畅、良好的"空气"等。全行各条线、各部门,准确定位、各司其职、各尽所能,以发展为主线、文化为引领、人才为根本、科技为支撑、绩效为驱动,调动起全体参与者的积极性和创造性,把江山农合行建设成一座基础稳固、形象亲和、功能齐备、空气清新,不但自身抗风险及可持续发展能力强,更惠及当地经济社会的现代金融大厦,在更好地"支农支小"的同时,也在服务中成长了自己、壮大了自己。

在金融创新上,江山农合行应需而变推出了一系列贴近市场、适应不同客户群体的金融产品和服务品种。一是农村信用体系根深叶茂。江山农合行从1999年起便开始探索以评定"信用户"、建设"信用村"、"信用乡镇"为载体的农户小额信用贷款模式,十余年中,日趋成熟、日臻完善的信用工程体系建设一直走在浙江省农信系统的前列。2009年3月,江山农合行对小额农贷进行流程再造,实现农户小额信用贷款银行网点柜台化直接放贷,创新推出"惠农快车"贷款产品;2010年,在浙江省联社的科技支撑下,"惠农快车"升级为更便捷惠农的电子版"丰收小额贷款卡"。二是细分客户群体践行普惠金融。先后推出了小企业"金伙伴动车"贷款、丰收粮农直通车贷款、低收入农户奔小康贷款、下岗职工再就业贷款、农村青年创业贷款、大学生村官创业贷款、农家女创业贷款、林权抵押贷款、农房抵押贷款、商贷通贷款、丰收借记卡及丰收贷记卡等一系列"支农支小"金融服务新产品。

在市场拓展上,引入微贷技术从错位竞争中赢取市场空间。多年来,街边小摊贩、家庭小作坊一直是被银行信贷服务遗忘的角落,因其无抵押、无担保和微创利等因素无法得到有效、便捷的金融支持。2011年3月,江山农合行与浙江大学经济学院、浙江大学金融研究院合作开展微贷项目研究,于2012年3月推出"小营生早班车"微小贷款。该微贷产品定位微小、特色经营,以灵活、先进的信贷技术为金融弱势群体提供强势服务,在激烈的县域金融市场竞争中形成错位优势,为江山农合行赢得了更大的市场发展空间。截至2013年5月,江山农合行微贷中心已累计发放微贷696笔,金额1.27亿元,余额1.01亿元,不良率为零,单笔最大金额30万元,最小的一笔1万元,笔均金额约16万元,客户中60%系平生首次获得正规金融机构信贷服务。经过两年的磨合、吸收与消化,微贷技术已在江山农合行成功落地生根,并开始本土化和优化发展。

在队伍建设上,江山农合行坚持以人为本,不断强化人力资源管理,为优秀人才撑起广阔的成长空间。在多年的人本管理与人才培育下,一支理性、务实、积极、高效的员工队伍在"因合而汇,知拓同行"核心价值观和企业文化的熏陶下,正日益成为助推江山农合行持续成长的强大内生动力。

经过多年的"支农支小"实践,江山农合行深切地感受到作为县域农村合作金融机构,只有树立危机意识、责任意识,牢牢把握住农村市场,始终立足"三农"和小微实体,通过细耕市场、维系客户、完善机制,做透服务,实施精细化和差异化的服务战术,集中力量做强做优,在自己的阵地上和服务领域内,做到社会高度认同,别人难以超越,才能从容应对来自于竞争的各种冲击;只有与广大的农户、个体工商户及小微经营群体形成真正意义上休戚相关的"鱼水"关系,才能主动抵御来自于市场的各种风险,江山农合行这艘信合之舟才能沿着既定的航向,在激流湍急的市场经济大河中自由地穿梭、稳健地航行。

跻身于中国农村金融体制改革与服务创新的历史潮流中,江山农合行得到了浙江大学经济学院、浙江大学金融研究院"微型金融"课题组支持并合作编撰了"支农支小"金融服务创新丛书。"支农支小"金融服务创新丛书的写作过程非常艰苦,凝聚着作者很多的心血并得到众多部门的大力帮助,较全面地展示了浙江大学经济学院、浙江大学金融研究院"微型金融"课题组近年来的研究成果以及江山农合行在这一领域的相关实践与心得。相信"支农支小"金融服务创新丛书能够给读者尤其是从事小微金融服务的读者有所启示、有所借鉴,当然书中不当之处在所难免,敬请广大读者不吝指正。

编委会

2013 年 6 月 16 日

前　言

　　微型金融（microfinance）作为一种在传统正规金融体系之外发展起来的创新金融方式，其宗旨是通过向低收入人群和微型企业提供小额度的贷款、储蓄、保险等金融服务，来帮助其摆脱贫困。20世纪80年代后，微型金融开始在发展中国家甚至发达国家兴起，成为许多国家传统正规金融体系的一个有益补充。微型金融在应对贫困方面的积极作用得到了联合国的认可。1998年，联合国大会将2005年确定为"国际微型金融年"，以期通过微型金融或小额信贷的发展，推动在全球构建普惠金融体系。据"微型信贷高峰会议"（the Microcredit Summit Campaign）的相关资料，截至2010年年末，全球共有1.375亿贫困家庭从微型金融机构获得微型贷款等服务，惠及的家庭人口数达到6.87亿人。

　　在我国，20世纪90年代末，"政策性小额信贷扶贫"项目的实施标志着微型金融在国内的正式发展。近些年来，特别是随着新型农村金融组织在全国的广泛设立，微型金融得到了长足的发展，开始呈现出机构种类趋于丰富、机构数量不断增加的态势。但与国际上微型金融发展较为成熟的国家（地区）相比，国内微型金融领域尚存在缺乏完整的监管框架、外部支撑环境待改善、微型金融服务与产品创新不足、一些微型金融组织法律地位不明等诸多问题。从发展空间上来看，我国拥有数量庞大的低收入人口、小微企业和农户，而现有微型金融部门对上述特定群体的覆盖面和满足度还十分有限，因此微型金融在我国无疑具有巨大的发展潜力。进而,在积极借鉴国际经验的基础上,整合各种资源进一步加快我国微型金融的发展,着力构建一个具有竞争力、可持续的微型金融体系,大力拓展微型金融市场覆盖范围,提升弱势群体和小微企业获得金融服务的权利,应成为未来时期我国金融发展中的一项重要任务。

基于以上背景,我们撰写了《微型金融:理论与实践》一书。本书的主要内容是:以现代金融理论为指导,在借鉴吸收现有研究成果的基础上,对涉及微型金融的一些重要问题作出了理论分析,揭示了微型金融运行的基本逻辑和机理。同时,总结、提炼了微型金融若干业务领域的操作经验,为微型金融业界提供具体的业务指导。此外,结合中国的实际,对微型金融的未来发展和监管制度完善等提出了相关策略建议。全书共九章:

第一章　微型金融国内外发展现状。首先分析了国际微型金融发展的现状,指出微型金融产生于第三世界国家,但在美国、德国等发达国家同样存在微型金融,而且实现了可持续发展。并且,由于地域、国情、人文等因素的不同,世界各国的微型金融呈现出差异化特征。其次分析了国内微型金融发展现状,认为我国微型金融大致经历了四个阶段,各个阶段的实践具有鲜明的特色,目前已进入探索"商业性微型金融"的新阶段。此外,还阐述了在产业结构调整、经济转型发展的大背景下,我国微型金融发展所提出的新要求。

第二章　微型金融的相关理论。简要评述了与微型金融发展相关的金融深化理论、金融创新理论和金融中介理论等基础理论,重点就微型金融作用、风险控制机制、微型金融的可持续性、微型金融利率等问题对国外的研究成果进行了综述,并从微型金融运作模式、国际经验、发展潜力、发展策略等方面梳理了国内现有的研究。同时总结、阐述了微型金融服务的多元化、组织形式的多样化、商业化经营等国际微型金融的基本发展趋势。

第三章　微小贷款实践。阐述了微小贷款基本特征,从经营理念、经营风险、客户选择和分析方式等角度总结了微小贷款的营运框架,探讨了在小组贷款模式和个人贷款模式两个不同条件下小额贷款的供给机制,最后就组织架构、人员安排与制度基础、管理信息系统、绩效评价以及招聘与培训等方面归纳出了小额贷款的运营保障机制。

第四章　微小贷款理论之一:定价。阐明了微小贷款定价的原则与方法,着重构建了基于成本加成定价的小组贷款定价模型以及基于成本收益定价的个人贷款定价模型,通过设定不同运作模式下的两个仿真案例进行实证研究,并将它们与某机构现行贷款利率进行比较,以深入理解小额贷款定价的机理,同时在现行小额贷款利率的基础上探讨定价模型的可行性和合理性。

第五章　微小贷款理论之二:风险管理。从信息不对称与信息处理机制等角度论证了小额贷款风险的成因,分析了小组联保贷款模式的风险管理技术和实现机制,以小组边界扩展为线索分别对农户小额信用贷款、行业型小组贷款、网络联保贷款展开分析,重点剖析该演进路径对于风险管理的重要意义,指出小组模式演化的背后实质上是风险管理能力的强化。同时,以包头市商业银行和台州市商业银行的微小企业贷款为例,分析个人模式小额贷款的风险管理技术与实现机制,论证其基本思路在于提高小额贷款机构的信息处理机制和博弈参与能力,对风险实施积极主动的管理。

第六章　小额保险实践。梳理了小额保险的主要产品及特点,总结分析了国际小额保险发展的地区分布、提供主体、目标客户和展业方式,归纳了小额保险在我国的主要进展,并从产品定价、市场营销、保费收集、索赔理赔和风险控制等方面具体阐明了小额保险运营的基本程序。

第七章　小额保险理论。对构成小额保险产生和发展理论基础的风险管理理论、利基战略理论、金字塔底层理论及需求层次理论等进行了评述,分析了风险大小、个体的风险承受能力、收入水平以及保险成本高低等因素与小额保险需求的关系,比较了小额保险的各种经营模式和营销模式的优缺点,并结合小额保险本身的特点及国际实践经验,从发展模式选择、小额保险监管体系建设等方面论述了发展我国小额保险的基本策略。

第八章　微型金融监管。在评述金融监管的一般理论的基础上,从微型金融机构类型的复杂性、微型金融风险的多样性和微型金融服务对象及产品的独特性等方面,论证了微型金融监管中所面临的特殊要求。同时,对基于现有银行立法的监管模式、专门微型金融立法下的监管模式、自律监管模式等国际上微型金融代表性监管模式的运行特点进行了阐释，比较了各种模式的优缺点。并且，结合中国微型金融机构的特点和微型金融发展格局，提出了实施差别化监管、分层监管、分类监管等完善我国微型金融监管体制的基本构想。

第九章 微型金融运营若干案例。介绍了台州银行小本贷款、江山农合行的"惠农快车"、邮储银行海盐支行的小额信贷、临海信用联社的"银村通"以及"助农保"等微型金融领域的代表性案例，剖析了这些案例的启示意义和复制、推广价值。

限于笔者的学识，本书所作的分析和探索还只是初步的，疏漏、不当乃至错误之处在所难免，敬请广大读者不吝批评指正。笔者期望本书的出版能够抛砖引玉，吸引更多的专家学者对微型金融问题展开更加深入的探讨。

作 者

2013 年 4 月于杭州

目 录

第一章　微型金融国内外发展现状

第一节　微型金融的概念与特征

一、微型金融的概念

农村金融是现代农村经济的核心。随着我国社会主义新农村建设的不断深入,微型金融的概念逐渐进入人们的视野。长期以来,由于农村金融需求的单一性和供给的局限性,微型金融大多仅以小额贷款的形式为人们所知晓。近年来,农村的生活方式和生产方式发生变化,农村金融需求不再局限于融资,而是呈现出包括储蓄、投资、保险、支付、汇兑等内容的多样性需求特征,微型金融也由此具有了丰富的内涵。

不少文献对微型金融的概念作了界定,主要表现为两种观点:

一种观点从微型金融的核心业务出发,将其主体限定为小额贷款。比较典型的是微型金融高峰会议(2009)[①]的定义:微型金融是面向微型企业和低收入家庭,为实现其创收、企业发展和社区公益活动提供的符合当地条件的小额贷款。在中国,小额贷款的实践开始较早,其发展相

---

① www.microcre-ditsummit.org.

对成熟,学者多将微型金融直译为小额贷款,对其定义也多以小额贷款为落脚点。如杜晓山、刘文璞(2001)认为,微型金融是专门向低收入阶层(包括贫困户)提供的小额度的持续的信贷服务活动。张元红(2002)认为,微型金融是指为低收入阶层提供的一种贷款和存款服务。

另一种观点从微型金融的服务对象出发,认为微型金融针对的是正规金融服务范围之外的穷人群体,而对这类群体提供的所有金融服务都可界定为微型金融,其定义主体包括与正规金融服务相对应的储蓄、融资、保险、支付、汇兑等多方面的金融服务。如世界银行给出的定义:微型金融是指对低收入人口提供的小额金融服务,其核心是小额贷款(microcredit),但不限于小额贷款,还包括存款、保险及汇兑等金融服务。国内学者中也有持类似观点的。如焦瑾璞、杨骏(2006)指出,微型金融是一种特殊的金融服务抑或金融机构,以不同于正规金融机构的风险管理技术,为那些被排斥于正规金融体系之外的客户提供额度较小的金融服务,尤其是小额贷款服务。刘雅祺等(2008)认为微型金融涵盖了为贫困人口或低收入人口提供的所有金融服务。

事实上,微型金融有狭义与广义之分。狭义的微型金融着眼于小额贷款,注重为贫困人群提供融资服务;而广义的微型金融是相对于"主流金融"而言的一个概念,是指为传统金融体系下无法获得金融服务的群体提供的所有小额度金融服务。微型金融的核心是小额贷款,但并不仅限于小额贷款。随着农村金融需求特征的变化,小额保险、小额汇兑、小额投资等金融服务的重要性与日俱增,微型金融的研究应涵盖这些内容。

二、微型金融主要内容

具体而言,微型金融主要包括以下四方面内容:

贷款。微型金融的核心即小额贷款,旨在通过专业贷款机构的建立和创新性贷款产品的设计让原本游离于正规金融体系之外的金融弱势群体,包括广大农民、个体工商户和微型企业主等,享受平等的融资权利。

储蓄。金融弱势群体也需要安全、便利的储蓄服务将其少量的资金余额、小额交易款项存储起来,并在需要的时候方便地提取。

　　转账支付。随着生活方式的转变,转账汇款在人们的生活中越来越常见。金融弱势群体也越来越多地使用转账汇款,比如异地货款的支付、社保资金支付、流动人口将挣得的钱汇回老家等。微型金融机构需要完善农村银行网络系统来为贫困人口提供安全、便利、廉价的转账服务。

　　小额保险。小额保险是一种新型的金融产品,旨在通过风险共担机制帮助贫困人口防范特定的风险,可能的保险产品包括储蓄型人寿保险、农业保险、健康保险等。但是,小额保险较一般保险而言更为复杂,产品的设计需考虑更多难以预料的不确定性因素。另外,也有银行为小额贷款业务投保,将小额贷款与小额保险联合起来。

三、微型金融的特征

　　尽管微型金融涵盖了多种不同的服务类型,但都呈现出一些同样的特征,这些特征构成判断金融服务是否属于微型金融的基本要素:

　　第一,微型金融服务对象是具有强烈劳动意愿的金融弱势群体。一方面,微型金融面向的是长期被正规金融边缘化的金融弱势群体,他们由于自身资金实力有限或者不具备正规的财务报表等而难以获得正规金融机构的融资性服务;另一方面,他们并不是最贫困的群体,而是具备了一定的技术特长和从业经验、具有将资源资本化的基本能力的群体。最重要的是,微型金融客户必须具备强烈的劳动意愿和良好的道德品质。

　　第二,微型金融服务须是高效率、高质量的。微型金融客户呈现分布广、单笔额度小、需求急等特征,其创业过程中具有"四没有"(没有完善的管理、没有财务报表、没有有效抵押物和担保人、没有和银行打交道的经验)和"四有"(有时间、有强烈劳动意愿、有交易痕迹、有信用)特征。对此类客户,需要微型金融机构在具备一定微型金融技术的前提下提供强势服务以将其"四有"的潜在资源资本化。

　　第三,微型金融须坚持可持续发展。微型金融有福利主义与制度主义之分。早期的微型金融偏向于福利主义,即注重扶贫功能,一般用源于捐赠等方式的资金为贫困群体提供低息甚至无偿的金融服务,这种方式下的微型金融机构难以长期发展。而制度主义微型金融尽管承认其扶贫的社会功能,但更认为机构自身的长期存在才是其社会功能发挥的前提,微型金融机构需通过一定的市场化运作方式保证自身的财务可持续。向商业性转变是市场经济运行中微型金融机构实现盈利的必由之路，也是其现实选择，具体表现在微型金融资金来源中商业性资金比重的增加以及产品设计中定价的市场化。

第四，微型金融劳动密集型且具有较高的技术含量。一方面，微型金融对客户的评估不再像传统金融那样只看重财务报表等硬性指标，而更重视道德品质等软信息，是一种"物退人进"的分析方式，评估的准确性取决于信息的真实有效和分析的谨慎全面，而这些在很大程度上依赖于工作人员所投入的时间和精力；另一方面，微型金融具有一套全面系统的技术手段，包括市场营销、产品设计、贷前调查、贷中审查（交叉检验）和贷后检查等规范的业务流程等。

第二节　国际微型金融发展现状

一、微型金融发展历史

第二次世界大战以后，广大发展中国家为促进农村发展，将大量的补贴性金融资本不断投放到农村地区，但实践证明，以政府贴息方式向农村人口提供金融服务的方式并不成功。自 20 世纪 70 年代以来，为破解政府主导性信贷政策失灵的困境，拉美和南亚的某些国家开展了一系列以非政府组织（NGO）为主导的试验，尝试专门针对农村低收入群体的贷款和储蓄服务项目。这些项目致力于为无法获得正规金融服务的金融弱势群体提供小额贷款，额度虽小，但可以为他们提供一个自我创业并带动就业的机会，因其社会经济效益良好渐渐受到各国政府高度关注。小额贷款组织的产生可以追溯到 1971 年在哥伦比亚成立的带有宗教色彩的非营利组织"机遇国际"（Opportunity International），位于美国马萨诸塞州萨默维尔的提供小额金融服务的非营利组织"行动国际"（Action International），以及印度的妇女自雇联合银行（Self-employed Women's Association Bank）。[1] 从发展的角度看，小额贷款向低收入阶

---

① 焦瑾璞、杨骏：《小额信贷与农村金融》，中国金融出版社 2006 年版，第 36 页。

层提供资金,赋予贫困群体一个依靠自己的劳动创造财富的机会,这是其区别于其他扶贫方式的最大特点。但是,受传统补贴理论的影响,这些项目普遍要求低利率,无法覆盖成本,难以实现持续性发展,常需要依靠外部资金的不断注入维持其发展。

1976 年,穆罕默德·尤努斯教授在孟加拉国创办格莱珉乡村银行(Grameen Bank,GB),致力于解决乡村贫困群体金融服务问题,成为微型金融发展的开端。乡村银行项目旨在为穷人提供小额且无抵押的贷款,到期需还本付息,否则不能继续获得贷款,而利率的大小由市场决定,这就不同于以往的补贴性贷款。乡村银行 97% 的客户为妇女,这些妇女自愿组成 5 人小组,组内每个成员在其他成员不能偿还贷款时履行连带还款责任。乡村银行在客户类型、金融产品和风险管理技术等方面都具有自身的特点,不同于传统金融机构。经过多年的实践,该项目的有效性得到充分的证明,数千万人在其帮助下得以脱离贫困,显示出微型金融对于弱势群体不可低估的帮扶作用,而尤努斯教授也凭此获得 2006 年诺贝尔和平奖。

乡村银行项目的成功使得微型金融开始走进人们的视野并逐渐为正规金融机构尤其是发展中国家的金融机构所接受。拉美和南亚的很多国家相继开始借鉴民间借贷的一些特点和现代管理经验,结合当地社会、经济条件进行不断的探索和实践,创造性地构建出多种微型金融模式。如 20 世纪 80 年代印度尼西亚人民银行(Bank Rakyat Indonesia,BRI)逐步改造传统模式,将其村行部改造成为能够合理定价,按照商业化规则运作的微型金融机构,成功实现自身财务的可持续发展。它的成功运行,为解决农村贫困和金融供给的难题,提供了一种可能的借款人、微型金融机构和政府的"三赢"方案,即借款人、微型金融机构和政府都可以从中获益。

随后的 20 世纪 90 年代,微型金融的发展更为迅速,目前已渐渐成为很多发展中国家金融体系中不可或缺的一部分。联合国大会把 2005 年定为"国际微型金融年"以推动各国微型金融实践,进一步发挥其影响力。据"微型信贷高峰会议"的相关资料,截至 2009 年年末,全世界微型金融机构有 3589 个,累计向 1.282 亿贫困人口提供贷款等服务,影响人数达到 6.41 亿,这个数字超过了欧洲和俄罗斯人口的总和。

表 1-1 微型金融发展简史

时间	特点
第二次世界大战后至 20 世纪 70 年代初期	通过大型金融机构向农民和低收入者发放各种补贴贷款,放款机构成本高、偿还率低
20 世纪 70 年代初期	以 NGO 形式为主的小额贷款组织产生,如拉丁美洲的"行动国际""机遇国际"等均率先开展小额贷款业务
20 世纪 80 年代	微型金融传统模式发生变化,印度尼西亚人民银行按照商业化模式进行经营,以自身机构的可持续性发展为目标,取得了成功
20 世纪 90 年代至今	微型金融迅速发展,逐渐成为一种产业,商业化趋势明显,正规金融机构和逐利资本进入微型金融行业,微型金融开始融入整个金融体系,并发挥重要作用

二、国际微型金融发展现状

微型金融产生于第三世界国家,在亚洲、拉丁美洲、非洲比较早地发展起来并在全球微型金融份额中占有主导地位。值得关注的是,近些年在美国、德国等发达国家微型金融同样实现了商业化可持续发展并逐渐引起政府、金融机构关注。

表 1-2 各地区贫困群体所拥有的存贷款账户数量 （单位:千户)

	亚洲和太平洋	中东和北非	撒哈拉和南非洲	欧洲和中亚	拉美和加勒比海	总计
专业微型金融机构	107255	1422	6246	495	5156	120574
信用合作社和信用联盟	14579	11	5940	5692	8620	34842
乡村银行	17677	—	1117	—	162	18956
国家/农业/发展银行	140752	30712	634	28	81	172207
邮政银行	277388	16525	12854	11503	179	318449
账户数合计	557651	48670	26791	17718	14198	665028
所占比例(%)	83	8	4	3	2	100

资料来源:Access for All:Building Inclusive Financial Systems. World Bank,2006.

从具体数据来看，仅以贫困群体的存贷款账户数量（见表 1-2）为例，亚洲地区微型金融业规模较大，而非洲地区相对滞后，业务规模较小。在大多数非洲国家，只有一小部分人口拥有银行账户，甚至在该地区经济最为发达的南非，半数左右的成年人没有和银行打过交道；肯尼亚和尼日利亚的大部分自我雇佣人口也没有与银行建立业务关系。中东和北非的微型金融发展较快，大部分是在摩洛哥和埃及两个国家。

三、国际微型金融的差异化特征

由于地域、国情、人文等因素的不同，世界各国的微型金融呈现差异化特征，具体表现在三个方面：

经营理念和目标客户定位。微型金融兼具社会性和商业性，在发展过程中形成了两种不同的经营理念和目标客户：部分微型金融机构具有较强的社会倾向，经营理念是降低所在地区穷人和低收入阶层的贫困程度、提高其收入水平和生活水平，如孟加拉乡村银行和印度的自助小组；另一种微型金融机构定位于有一定生产能力和经营实力的微型企业，遵循市场化运作模式，以商业性营利为目标，较为典型的如印度尼西亚人民银行。随着微型金融实践的发展，人们认识到机构自身的可持续性是其社会功能发挥的基础，后一种模式逐渐占据主导地位，微型金融的商业化趋势不断加强。

组织形式。在拉美地区，绝大多数的微型金融客户从受管制的金融机构获得金融服务，一些国家尤其是城市地区对微型金融业务的竞争日趋激烈，导致小额贷款利率不断下降；在亚洲地区，非政府组织在微型金融市场上处于支配性地位，而各种商业性专业微型金融机构也在蓬勃发展中；在撒哈拉以南的非洲地区，金融合作社和专门提供微型金融服务的非政府组织占主导作用；而在中东和北非地区，70％的微型金融机构是非政府组织，主要资金来源于捐赠，该地区的微型金融被视为慈善事业，但一些商业银行开始提供微型金融服务，目标市场的定位不断下移。

运作模式。目前世界上最为典型的微型金融模式有四种：孟加拉乡村银行、印度尼西亚人民银行、玻利维亚阳光银行（BancoSol）和拉丁美洲的村银行（FINCA Village Bank）。GB 模式经历了"传统模式"的第一代乡村银行到"广义化模式"的第二代乡村银行的变化，传统模式下是严格的小组联保模式,遵循"2—2—1"的放贷顺序和分期等额还款制度,通过小组会议和中心会议制进行监督控制,这种模式标准化程度高,但灵活性不足,尤其是在出现违约情况时缺乏可行的补救措施。第二代乡村银行模式则灵活得多,它的一个重大变迁是不再采用小组联保模式,而是针对个人的服务,其小额贷款业务转型为开放式储蓄灵活贷款,鼓励借款人自立、建立不完全依赖捐款的基金以及开放满足退休人和成年子女需要的退休计划、高等教育贷款产品等。BancoSol 模式也实行小组贷款制度,但它主要面向城镇开展业务,并非贫困农户和社会服务,也可以收取高利率,不依靠财政补贴实现自身的财务可持续。BRI 则是典型的个人贷款模式,自成立开始就按商业化模式运营,利用本土化的社会和金融资源使成本最小化、高利差的存贷款服务产品保证收益最大化,同时辅以公司治理的激励机制,成功地在服务低收入群体和实现机构自身可持续发展之间找到一个平衡点。拉丁美洲的村银行是以村为基础的半正规会员制机构,实际上是小组担保和个人模式的结合,贷款的利息收入可以覆盖大部分运作成本,基本上可以实现可持续的发展目标。

第三节　国内微型金融发展现状

一、国内微型金融发展阶段

我国的微型金融实践以小额贷款为核心。真正意义上的小额贷款最早出现在 1993 年年底,中国社会科学院农村发展研究所在孟加拉乡村银行信托投资公司和福特基金会的资金和技术支持下,在河北易县组建了我国第一个由非政府组织操作的专业化小额贷款机构——易县信贷扶贫合作社(简称扶贫社),标志着我国小额贷款正式运作的开端。在此后的十多年,我国微型金融大致经历了四个阶段,各个阶段的实践具有鲜明的特色。

第一阶段,从 1993 年年底到 1996 年 10 月,是微型金融试点的初期阶段。在这一阶段,小额贷款作为一种扶贫理念和独特的信贷技术逐渐传入我国,并主要在国际资金(附有优惠条款的软贷款或者捐赠资金)和技术援助下，由国内的非（半）政府组织操作。其技术上的明显特征是：绝大多数小额贷款借鉴孟加拉乡村银行传统模式下的"团体联保贷款（小组贷款）"形式（group lending），后来也有少数项目采用村银行模式（village banking）和个人贷款模式（individual lending）。此时的小额贷款带有很大程度的扶贫性质，小额贷款机构基本上无法实现自身的可持续发展。

第二阶段，从 1996 年 10 月至 2000 年，是我国微型金融的扩展阶段。 在这一阶段，我国政府从资金、人力和组织等方面积极推动小额贷款的发展。其明显特征是：采用孟加拉乡村银行的传统小组联保模式，以国家财政资金和扶贫贴息贷款为资金来源，我国政府机构和农业银行（中国农业发展银行）主导的"政策性小额贷款扶贫项目"开始发展起来。

第三阶段，从 2000 年至 2005 年 6 月，是全面试行推广微型金融阶段。 这一阶段，在促进"三农"发展的战略背景下，为了解决"农户贷款难"问题，我国农村合作金融机构（农村信用社、农村合作银行和农村商业银行）在人民银行支农再贷款的支持下，开始发放"小额信用贷款"和"农户联保贷款"。这一阶段的明显特征是：农村信用社作为农村正规金融机构快速扩展小额贷款实践并成为小额贷款的主力军。这标志着我国正规农村金融机构开始大规模介入微型金融领域，而微型金融的目标，也从"扶贫"领域扩展到"为一般农户以及微小企业服务"的广阔空间。

第四阶段，2005 年 6 月以后，我国微型金融进入探索"商业性微型金融"的全新阶段。 这一阶段的突出特点是，由国家金融管理部门（人民银行或者中国银行业监督管理委员会）推动，由商业性资金或者正规商业银行投入和经营，我国微型金融试图在"政策性目标和商业性资本"之间，走出一条新路，最终能够在业务覆盖面和机构可持续性两个方面同时获得进展。2005 年年底，中国人民银行批准"只贷不存"的商业性小额贷款公司成立，民间资本开始进入微型金融领域。2006 年 12 月银监会发布文件，按照"低门槛、严监管"的原则，放宽了农村地区银行业金融机构的准入标准，一批村镇银行、贷款公司和农村资金互助社等新型农村金融组织试点开办起来，民间资本和外资也积极参与到新型金融组织的组建中来。2006年12月，中国邮政储蓄银行组建成立，原来邮政储蓄的微型金融业务得以拓展和推广开来。

二、微型金融政策环境

多年来，为满足中小微客户尤其是农户和微型企业的金融需求，中国政府推出的农村金融改革措施接连不断，为微型金融的发展营造了一个良好的政策环境。自2004年至2010年，连续7年的中央一号文件都是围绕"三农"和农村金融发展问题，提出加快农村金融体制的改革和创新，鼓励发展多种形式的小额贷款业务和机构。中央的政策性文件虽未直接涉及规范微型金融业务和机构，但指明了中国金融体制改革的方向，为有关部委和地方政府制定微型金融发展政策、部门规章和地方性法规确立了指导思想，对微型金融行业的快速发展起到了无可替代的推动作用。

2004年中央一号文件《关于促进农民增加收入若干政策的意见》提出，鼓励有条件的地方，在严格监管、有效防范金融风险的前提下，通过吸引社会资本和外资，积极兴办直接为"三农"服务的多种所有制的金融组织。

2005年中央一号文件《关于进一步加强农村工作提高农业综合生产能力若干政策的意见》倡导，培育竞争性的农村金融市场，有关部门要抓紧制定农村新办多种所有制金融机构的准入条件和监管办法，在有效防范金融风险的前提下，尽快启动试点工作。有条件的地方，可以探索建立更加贴近农民和农村需要、由自然人或企业发起的小额贷款组织。

2006年中央一号文件《关于推进社会主义新农村建设的若干意见》指出，在保证资本金充足、严格金融监管和建立合理有效的退出机制的前提下，鼓励在县域内设立多种所有制的社区金融机构，允许私有资本、外资等参股，大力培育由自然人、企业法人或社团法人发起的小额贷款组织，有关部门要抓紧制定管理办法，引导农户发展资金互助组织。

2007年中央一号文件《关于积极发展现代农业扎实推进社会主义新农村建设的若干意见》，大力发展农村小额贷款，在贫困地区先行开展培育农村多种所有制金融组织的试点。

2008年中央一号文件《关于切实加强农业基础建设进一步促进农业

发展农民增收的若干意见》,提出要"加快推进调整放宽农村地区银行业金融机构准入政策试点工作。继续深化农村信用社改革,加大支持力度,完善治理结构,维护和保持县级联社的独立法人地位。积极培育小额信贷组织,鼓励发展信用贷款和联保贷款"。

2009 年中央一号文件《关于 2009 年促进农业稳定发展农民持续增收的若干意见》,在加强监管、防范风险的前提下,加快发展多种形式新型农村金融组织和以服务农村为主的地区性中小银行。鼓励和支持金融机构创新农村金融产品和金融服务,大力发展小额信贷和微型金融服务,农村微小型金融组织可通过多种方式从金融机构融入资金。抓紧出台对涉农贷款定向实行税收减免和费用补贴、政策性金融对农业中长期信贷支持、农民专业合作社开展信用合作试点的具体办法。

2010 年中央一号文件指出,加强财税政策与农村金融政策的有效衔接,引导更多信贷资金投向"三农",切实解决农村融资难问题。落实和完善涉农贷款税收优惠、定向费用补贴、增量奖励等政策。进一步完善县域内银行业金融机构新吸收存款主要用于当地发放贷款政策。农业银行、农村信用社、邮政储蓄银行等银行业金融机构都要进一步增加涉农信贷投放。积极推广农村小额信用贷款。加快培育村镇银行、贷款公司、农村资金互助社,有序发展小额贷款组织,引导社会资金投资设立适应"三农"需要的各类新型金融组织。抓紧制定对偏远地区新设农村金融机构费用补贴等办法,确保三年内消除基础金融服务空白乡镇,发展农村小额保险。健全农业再保险体系,建立财政支持的巨灾风险分散机制。

表 1-3　我国微型金融发展事件

时间	事件
1993 年	中国社会科学院先后在河北省易县、河南省虞城县、南召县和陕西省丹凤县实施小额贷款扶贫试点
1993 年 9 月	北京天则经济研究所理事长茅于轼和亚洲开发银行驻中国代表处首席经济学家汤敏发起成立了小额信贷扶贫组织——"龙水头扶贫基金会",用于给当地村民提供贷款
1995 年	中国农业银行青海海东中心支行在澳大利亚国际开发局发展署(Australian Agency for International Development,AusAID)支持下开展小额贷款项目

续表

时间	事件
1997 年 10 月	央行发布《农村信用社改进和加强支农服务十条意见》,放宽小额贷款政策,这是我国官方发布的首个关于农户小额信贷的纲领性文件
1998 年 6 月	UNDP/CICETE① 天津城市下岗女工小额信贷项目启动,成为中国第一家比较成功的城市小额信贷项目,促进了城市小额信贷的开展
1999 年 7 月	中国人民银行发布《农村信用社农户小额信用贷款管理暂行办法》,提出"一次核定,随借随贷,余额控制,周转使用"的政策,并将确定个人信用等级的标准制度化
2000 年 1 月	中国人民银行发布《农村信用合作社农户联保贷款管理指导意见》,确定农户联保贷款"多户联保、按期存款、分期还款"的基本原则
2000 年年末	国际组织沛丰受中国外经贸部(现商务部)之托,开始探寻在中国开展援助小额信贷机构项目的可行性分析
2001 年 6 月	中国人民银行将婺源列为"金融工作联系点",并在全国推广该模式
2001 年 12 月	中国人民银行发布了《农村信用合作社农户小额信用贷款管理指导意见》,要求农村信用社全面推行农户小额信用贷款,开展创建信用村镇活动
2002 年 5 月	发布《中国人民银行关于进一步做好农户小额信用贷款发放和改进支农服务工作的通知》,除要求农村信用社规范和大力发展小额信贷外,还要求人民银行分支行加强督促指导,改进再贷款管理,确保农户贷款资金及时到位
2002 年 7 月	人民银行沈阳分行率先在辽宁省推广下岗职工小额贷款,并制定了《再就业专项小额贷款管理办法》
2002 年 12 月	中国人民银行、财政部、国家经贸委、劳动和社会保障部四部委共同制定并下发《下岗失业人员小额担保贷款管理办法》,促进小额贷款在城市领域内的发展
2003 年 2 月	"小额信贷与中国扶贫"研讨会在北京中国社会科学院举行。研讨会由中国人民银行货币政策司、中国国际经济技术交流中心和中国社会科学院贫困问题研究中心联合主办,由联合国开发计划署和福特基金会提供资助
2003 年 7 月	中国人民银行、财政部、国家发展和改革委员会、劳动和社会保障部关于《下岗失业人员小额担保贷款的管理办法》有关问题的补充通知,开办下岗失业人员小额担保贷款的金融机构扩展到城市商业银行和城乡信用社,中央财政用于微利项目的小额担保贷款贴息方式由按年贴息改为按季贴息
2003 年 9 月	"中国小额信贷高峰会议"在保利大厦召开,国务院扶贫办政策研究组刘福和司长一语惊人:"现在,中国的小额信贷已经进入冬天。"刘司长的"冬天论"主要是针对农业银行小额信贷业务的萎缩而言,从 1998 年到 2000 年期间,中国农业银行轰轰烈烈地推行小额贷款,之后由于大量的贷款拖欠,农行逐渐停止了对农户的小额贷款业务。在 2003 年,国家下达的 180 亿元扶贫贴息贷款指标中,只有不到 3% 用于农户小额贷款

---

① 联合国开发计划署(The United Nations Development Programme),简称 UNDP;中国国际经济技术交流中心(China International Center for Economic and Technical),简称 CICETE。

续表

时间	事件
2005 年 3 月	"全球微型创业奖"中国国家工作组成立,该工作组由联合国开发计划署、花旗集团、中国社会科学院农村发展研究所、中国国际经济技术交流中心与沛丰中国共同组建,旨在推进"联合国微型金融年"在中国的各项活动
2005 年 5 月	央行在山西、陕西、四川、贵州、内蒙古等五个省区进行商业性小额贷款项目试点
2005 年 6 月	国务院扶贫开发领导小组办公室、财政部、中国人民银行、中国银行业监督管理委员会联合下发《关于开展建立"奖补资金"推进小额贷款到户试点工作的通知》
2005 年 11 月	国家开发银行正式启动微小企业融资业务,分别与浙江台州市商业银行①和内蒙古包头市商业银行②签订《微小企业贷款项目合作协议》,在全国范围内首次推进微小企业贷款融资项目
2005 年 12 月	银监会批准国家邮政储汇局开办邮政储蓄定期存单质押业务的申请,意味着邮政储蓄小额贷款业务试点的开始
2006 年 1 月	中国人民银行与财政部、劳动和社会保障部联合发布《关于改进和完善小额担保贷款政策的通知》,明确进一步完善小额担保贷款的管理办法,加快信用社区建设,推动建立小额担保贷款、创业培训与信用社区建设的有机联动协调机制
2006 年 3 月	花旗集团资助首届"亚洲小额信贷论坛",澳大利亚"发展合作基金"澳大利亚"发展合作基金"(Foundation for Development Cooperation,FDC)和"向穷人提供金融服务网络"(Banking with the Poor Network,BWTP);联合中国人民银行金融研究所和中国小额信贷发展促进网络共同举办此次论坛
2006 年 8 月	渣打银行在北京推出"无抵押小额贷款"
2007 年年初	银监会副主席唐双宁指出 2007 年农村金融工作重点:提高小额信用贷款和联保贷款
2007 年 3 月	中国首批三家村镇银行——四川仪陇惠民村镇银行、吉林东风诚信村镇银行、吉林磐石融丰村镇银行正式挂牌开业
2007 年 4 月	孟加拉乡村银行拟首先在四川、内蒙古和海南三地开展小额信贷业务,资金完全源于海外,格莱珉信托在中国设立的这些小额贷款公司有别于村镇银行,与传统的只能放贷的小额贷款组织并无二致,不属于银监会监管框架下的金融机构性质
2007 年 5 月	由北京农村商业银行独资设立的全国首家跨省农村金融机构——"湖北仙桃北农商村镇银行"在湖北省仙桃市正式挂牌开业
2007 年 5 月	银监会正式批准邮政储蓄开展小额贷款业务

---

① 现已更名为"台州银行"。
② 现已更名为"包商银行"。

续表

时间	事件
2007 年 6 月	邮政储蓄第一批小额贷款试点在河南、陕西、湖北、福建、山东、浙江、北京展开
2007 年 3 月	四川仪陇惠民村镇银行、吉林东丰诚信村镇银行、吉林磐石融丰村镇银行、四川仪陇惠民贷款公司和吉林梨树闫家村百信农村资金互助社成立
2007 年年底	汇丰银行、花旗银行、渣打银行和东亚银行获准在中国内地省份设立村镇银行
2008 年 2 月	国务院颁发《关于做好促进就业工作的通知》,文件再次强调要继续开展小额担保贷款工作
2008 年 2 月	我国首个与孟加拉乡村银行合作的小额贷款试点在海南启动
2008 年 3 月	银监会副主席王兆星表示,农村金融问题需持开放态度,积极欢迎外国资本、银行加入到农村金融体系建设当中,同时要完善监管,注意防范相应的金融风险
2008 年 3 月	花旗基金会批准了一个支持中国小额信贷发展促进网络的能力建设项目
2008 年 5 月	中国银监会与中国人民银行联合下发《关于小额贷款公司试点的指导意见》,并首先在浙江省进行小额贷款公司的试点
2008 年 8 月	央行、财政部、人力资源和社会保障部联手发布了《关于进一步改进小额担保贷款管理积极推动创业促就业的通知》
2008 年 4 月	中国人民银行和银监会联合发布《关于村镇银行、贷款公司、农村资金互助社、小额贷款公司有关政策的通知》,引导督促这四类机构以面向农村、服务"三农"为目的,扎扎实实依法开展业务经营
2009 年 6 月	银监会发布《小额贷款公司改制设立村镇银行暂行规定》
2009 年 9 月	《国务院关于进一步促进中小企业发展的若干意见》公布,国家将加快研究民间资本参与发起设立村镇银行、贷款公司等股份制金融机构的办法;支持民间资本以投资入股的方式,参与农村信用社改制为农村商业(合作)银行、城市信用社改制为城市商业银行以及城市商业银行的增资扩股;发展小额贷款公司,鼓励有条件的小额贷款公司转为村镇银行
2010 年 3 月	中国银监会合作金融监管部主任臧景范表示,银监会将采取四项措施促进新型农村金融机构发展:一是优化监管资源,完善监管制度;二是加强风险管理;三是加强内部自律机制建设;四是建立支农服务质量评价和考核体系
2011 年 1 月	成立中国小额信贷机构联席会,为全国小额信贷机构搭建课题研讨、业务交流、联谊协作、考察培训、创新发展、自立维权的服务平台
2011 年 3 月	鄞州银行与IPC①开始为期一年的合作项目,运用基于现金流的贷款技术为微小企业发放贷款,这是IPC首次与国内农村合作金融机构合作
2011 年 8 月	银监会公布《商业银行资本管理办法(征求意见稿)》,对符合条件的微小企业债权的风险权重从 100% 下调到 75%,促进银行向微小企业和零售业务方向转型

资料来源:根据 www.pbc.gov.cn 和 http://co.zgjrw.com 的新闻以及《2010 中国小额信贷蓝皮书》整理编制。

———————————

① 德国国际项目咨询公司(International Project Consult GmbH),简称 IPC。

三、国内微型金融发展现状

目前,国内微型金融已经进入一个多元化推进阶段,出现银行与非银行机构微型金融并存、大型金融机构与小型金融机构微型金融并存、正规微型金融机构与非正规微型金融机构并存、综合性全能银行与专业性微型金融机构并存、商业金融机构与合作性金融机构微型金融并存的格局。仅以新型农村金融机构为例,截至 2010 年年末,全国共有 395 家新型农村金融机构开业,贷款余额 601 亿元,其中 84％为农户和农村微小企业贷款,成为金融支农的新生力量。微型金融在农村金融市场上发挥着越来越重要的作用,日渐成为破解城乡金融二元化困境的关键途径。

第四节　经济社会转型发展中的微型金融

一、经济社会转型发展中的小微金融需求

微型金融的发展过程是适应农村乃至县域金融需求变化的过程,在产业结构调整、经济转型发展的背景下,县域金融需求不再仅仅局限于原始的小额度的融资需求,而开始呈现出多样化特征,这就对微型金融提出了新的要求。

产业转型升级中的金融需求。 当前市场环境下,产业转型升级速度进一步加快,经济结构从劳动密集型向技术密集型调整,传统产业升级换代,以低碳经济为中心的绿色工业、战略性新兴产业及现代服务业将获得重点发展,这将催生大量的资金需求及多种类型的金融服务需求。尤其是传统产业的升级换代、新兴产业的兴起将引致大量弱势群体转岗或二次创业,由此将产生大量的民生性金融需求。而在产业发展过程中,由于现代化的支付手段和交易方式导致金融需求的类型日趋多样化,不仅融资方式出现多种创新型模式,担保、保险、转账支付等也越来越普遍。

城市化发展中的金融需求。 我国城市化进程呈现工业化水平较高

而城市化水平相对滞后的状态,这种发展的不对称,必然会成为提升工业化水平、加快产业结构调整的一大瓶颈。国内很多城镇正处于农村人口、产业、资源等要素快速向城市集聚的阶段,也是城乡由分割向融合和一体化发展的阶段,城市化与工业化互动发展必将为地方金融跨越式发展提供新的引擎。"工业化创造供给,城市化创造需求。"较低的城市化水平为经济的可持续发展提供了广阔的空间,如何引导和满足城市化进程中诸多金融需求则为微型金融机构的金融产品创新和服务创新提供了巨大的发展空间。

统筹城乡发展中的金融需求。城乡统筹发展中的金融需求集中表现为"新三农"发展的金融需求:新农业发展就是在城市化、城镇化深入发展中同步推进农业现代化,将转变农业发展方式贯彻到底,农业现代化的推进与发展将引致诸如资金规模、资金用途、信贷风险等金融需求发生新的变化;新农村发展需要全面推进农村城镇化和新型农村社区建设,发展农村消费市场,切实提高农村生活品质,形成城乡一体化发展格局,对金融服务提出新的要求;未来几年内,新生代农民工将成为农民队伍中的主体,他们自主创业意识强烈、对土地的依赖情结减弱,融入城市的愿望强烈,创新性社区金融服务日显迫切。实现落后地区的有效成长是一项复杂的系统工程,需要从多个角度、多个层面进行努力并作出相应的制度安排,其中的重要方面就是微型金融机构需与地方紧密结合,确保这些地区得到基本的金融服务以激活其发展的潜能。

特定群体创业中的金融需求。第一,失土、离地农民创业金融需求。随着城市化、城镇化进程不断加快,失土、离地农民越来越多,迫切需要通过创业来保障和改善其生活水平。但是,大多的失土农民往往原始积累较少,缺乏资金投资实业,需要外部必要的资金支持。第二,高校毕业生创业金融需求。近年来,高校毕业生持续增加,引发大学生就业压力增大,有必要加大对其自主创业的金融支持力度。通过大学生创业带动就业,对于化解高校毕业生就业困境具有重大意义。第三,经济转型升级中失业或转岗人员就业创业金融需求。"十二五"期间,传统产业的转型升级、新兴产业的兴起将引致大量弱势群体转岗或二次创业。因此,需通过构建创新型社区金融体系以推进创业带动就业,这就给了微型金融机构新的发展空间。

小微企业发展中的金融需求。民营经济和小微企业是我国经济体系中的重要组成部分,是推动经济高速发展的重要支柱。然而,小企业尤其是微型企业融资难问题依然十分突出,不有效解决这一问题将直接阻碍我国经济社会转型发展。理论和实践表明,微型金融机构与微型借款人及所在地区之间的长期互动,促进信息的流动,使其积累起关于借款人品质及当地市场状况等定性化的软信息。微型金融机构在服务小微企业方面具有天然的优势,理应成为小微企业金融供给的主体。

二、县域金融机构可持续发展中的小微金融

越来越多金融机构的实践也证明,选择"向下走"战略,开辟微型金融市场是金融机构尤其是小型金融机构进行业务创新与可持续发展的战略性选择。

适应监管与金融机构业务创新发展的需要。2011 年 8 月,银监会公布了《商业银行资本管理办法(征求意见稿)》,对银行的资本充足率、核心一级资本充足率、杠杆率和贷款拨备率等指标提出了更高的要求,这是我国目前规模最大的一部商业银行监管办法,被称为中国版"巴塞尔协议Ⅲ"。这一办法一方面提出了更高的资本充足率要求,银行在开展信贷业务时,需在持续达到资本充足率监管要求的基础上保持一定的信贷规模增长速度,这对传统银行业务来说是一个挑战;另一方面对符合条件的微小企业债权的风险权重从 100% 下调到 75%,降低了小额贷款的资本占用,加快银行向微小企业和零售业务方向转型。规模较大的商业银行拥有强大的资金实力和社会影响力,在传统信贷市场上拥有小型金融机构无法企及的天然竞争优势,可以依靠传统信贷业务实现持续增长,而小型金融机构由于自身的资金规模和业务结构必须与大型商业银行走差异化竞争的道路,着眼于小客户,着眼于长远利益。微型金融业务则是与小型金融机构的资金水平相适应的,同时可以为其培养未来的优质客户。

引富助贫共同致富的需要。多年来国内外的微小贷款实践证明:微小贷款机构在一定的制度保障下,完全能够实现自身财务的可持续,并创造出可观的经济效益;同时,穷人能够借此获得创业或者扩大再生产的资金,提高生产的效率,改善自身经济状况,最终缩小社会的贫富差

距。可以说,微小贷款业务的开展是一种对资金供给方和需求方都有利的帕累托改进。改革开放三十多年来,一部分人先富了起来,但随着市场的深化,其财富如何保值增值、如何传承日益成为困扰财富拥有者的问题;同时,县域经济中占主导的小微企业、个体工商户融资十分困难,其创业发展中正规金融机构金融服务覆盖面不到5%。县域金融机构急需通过拓展微型金融业务引导富人资金帮助金融弱势群体创业脱贫致富的同时,自身也达到财富的保值增值。

中小金融机构可持续发展的需要。商业性金融机构开展新业务需建立在一定盈利性的基础之上,以小额贷款为核心的微型金融可以为金融机构创造可观的经济效益。世界上许多小额贷款公司的回报率能够达到20%以上,不仅规模大,而且有低息的资金来源;国内首批引进国际先进微贷技术的台州银行、包商银行等中小金融机构可持续发展的业务模式也充分说明小微金融大有作为。随着我国利率市场化的推进,微型金融机构资金来源渠道必将日益丰富,其盈利能力必将更加广阔。与此同时,小额贷款资产组合与传统商业银行的业务结构不同,通过向大量的小额借款人提供贷款,银行的贷款组合本身可以变得多样化,同时也可以为银行培养一批将来的优质客户。

由此可见,开展小微金融业务,实现从传统信贷领域到微型金融领域的战略转型既是经济社会转型发展中新的金融需求对金融机构发展的要求,同时也是金融机构尤其是小型金融机构提高自身盈利水平、实现可持续发展的必然选择。

参考文献

[1] 杜晓山,刘文璞.小额信贷原理及运作.上海:上海财经大学出版社,2001.
[2] 焦瑾璞,杨骏.小额信贷与农村金融.北京:中国金融出版社,2006.
[3] 刘雅祺,张非,王清漪.微型金融的发展现状及我国特色模式.农村金融研究,2008(10).
[4] 张元红.当代农村金融发展的理论与实践.南昌:江西人民出版社,2002.

第二章　微型金融的相关理论

第一节　微型金融的理论基础

目前,在微型金融领域还未形成成熟的系统化的理论体系,但金融深化理论、金融创新理论、金融中介理论等则为微型金融的发展提供了理论支撑。

一、金融深化理论

20 世纪 70 年代以前,经济学家对金融与经济发展的关系虽也论及,但对发展中国家的特殊情况并未作过专门分析。为弥补上述缺陷,一些学者试图将正统的金融理论及政策加以改造,使之更适应于发展中国家的情况,其中的金融深化论就是在这样的背景下于 70 年代初创立的。上述理论的主要倡导者是美国经济学家麦金农(R. I. Mckinnon)和肖(E. S. Shaw)。1973 年,肖和麦金农在他们先后出版的《经济发展中的金融深化》和《经济发展中的货币与资本》两本著作中,对金融制度与经济发展之间的相互关系、发展中国家所应采取的金融体制,提出了许多独到的见解。

麦金农和肖认为:健全的金融制度能有效地动员储蓄和引导生产投

资,促进经济的发展;经济发展又通过国民收入的提高和对金融服务需求的增长而刺激金融业的扩展,形成金融制度与经济发展互相刺激和互相影响的良性循环。但是,在许多发展中国家却恰恰相反,金融制度与经济发展呈恶性循环的状态,其根本原因是这些国家普遍存在着"金融压制"。摆脱困境的出路在于消除"金融压制",实现"金融深化"(financial deepening)。所谓金融深化是指政府放弃对金融体系与金融市场的过分干预,放松对利率与汇率的管制,并实施有效的通货膨胀控制政策,以此促进经济增长。

(一)金融深化的出发点——实际货币需求

麦金农认为,金融深化的核心内容是"促进实际货币需求的增长"。他将发展中国家的货币需求用以下这个函数来表示:

$$(M/P)^d = L(Y, I/Y, d-P^*)$$

其中,$(M/P)^d$ 为实际货币需求,Y 代表收入,I 指投资,I/Y 为投资占收入的比,d 为各类存款利率的加权平均数,P^* 为预期的未来通货膨胀率,$d-P^*$ 为货币的实际收益率。

在解释变量中,具有特点的首先是 I/Y。麦金农所以强调这个变量并认为它与实际货币需求是正相关关系,是基于这样的分析:在经济相对落后的发展中国家,由于资本市场极为落后,间接金融的机能也较为软弱,因此,众多的小企业要进行投资和技术改革,只有通过内源融资。在投资不可细分的情况下,投资者在投资前必须积累很大一部分货币。正由于此,I/Y 对货币需求不仅影响很大,而且是正相关关系。

另一个具有特点的变量是 $d-P^*$。如果 $d-P^*$ 为正数,则说明货币持有者所得到的收益为正,那么他就愿意将货币余额用于储蓄,从而形成资本积累的良性循环;如果 $d-P^*$ 为负,那他显然会对金融体系敬而远之,造成储蓄资源的枯竭。因此,金融深化政策的首要任务应是保持一个较高的"货币存款的实际收益",以此来刺激人们对实际货币余额 (M/P) 的需求。

(二)金融深化的政策主张

要打破金融压制状态,实施金融深化战略,其基本的政策包括以下几个方面：

1. 放开利率。金融深化理论指出发展中国家的市场均衡利率应该是正利率，而不应该是负利率，只有正利率才能真正吸引社会储蓄资金的形成并促进资本的形成。而要转变负利率为正的市场利率，可采取两种方法：一是提高名义利率，使之高出实际的通货膨胀率；二是通过有效抑制通货膨胀，降低通货膨胀率而使实际利率为正。

2. 放弃以通货膨胀刺激经济增长的做法。政府应力求稳定通货，平抑物价，为金融体系有效地吸收存款和发放贷款创造条件。

3. 放松对金融体系与金融市场的管制，促进金融业的发展与竞争。在可能的范围内，应尽力允许和鼓励民营金融事业的发展，特别是应大力支持农村地区的金融事业；同时应放宽对金融市场的管理和限制，鼓励各类金融机构、企业和居民积极参与金融市场的活动。

4. 除利率应如实反映资金的市场供求外，汇率也应准确地反映外汇的市场供求状况。要求政府当局放松对外汇的管制与汇率的控制，逐步形成汇率的市场形成机制与自由浮动。

5. 同步实行财税体制的改革与外贸体制的改革。采取一系列税收减让政策，让储蓄者的利益得到切实保障。逐步取消进出口的歧视性关税和各种特惠补贴，推进对外贸易的自由化。

从以上各点来看，以金融深化为内容的金融变革，其实质就是在货币金融领域引入市场运作机制。肖和麦金农等认为，一个国家金融深化的程度如何，可以从以下几个方面来衡量：一是通货膨胀受到控制，实际利率为正数；二是利率弹性大，金融资产的吸引力强；三是货币化的程度稳步上升；四是对外债和外援的依赖性下降；五是汇率自由浮动，不存在黑市和倒买倒卖；六是多层次、多类型的金融机构并存和竞争。

（三）金融深化的效应

金融深化对经济发展的影响，可归结为以下四种效应：

1. 收入效应。指实际货币余额的增长引起社会货币化程度的提高，对实际国民收入的增长所产生的影响。

2. 储蓄效应。表现在两个方面：一是金融深化引起的实际国民收入的增加，在储蓄倾向一定的条件下，社会储蓄总额亦将按一定比例作相应的增加；二是金融深化提高了货币的实际收益率，从而鼓励人们储蓄。

3. 投资效应。金融深化统一了资本市场，减少了地区间和行业间投资收益的差异，并提高了平均收益率。

4. 就业效应。货币实际收益率的上升提高了投资者的资金成本，投资者倾向于以劳动密集型的生产代替资本密集型的生产，整个社会的就业水平将相应得到提高。

金融深化理论对于微型金融发展具有重要的指导意义。微型金融利率的市场化、包括微型金融组织在内的多层次农村金融体系的构建、微型金融机构的商业化发展取向均受到该理论的影响。

二、金融创新理论

最早提出"创新"概念的是著名经济学家熊彼特（J. A. Schumpeter）。他所说的创新，是指新产品的生产、新技术或新的生产方法的应用、新市场的开辟、原材料新供应来源的发现与掌握、新的生产组织方式的实行等。金融创新实际上主要是顺着同样的思路在金融领域中的延伸。

经济学家对当代金融创新发生原因的解释众说纷纭，比较有代表性的观点有技术促进论、货币促成论、财富增长论、约束诱导论、规避管制论、交易成本论、制度因素论等。

（一）技术促进论

该理论认为，新技术的出现，尤其是新兴通信技术和计算机技术日新月异的发展及其在金融方面的应用，是推动金融创新的主要原因和条件。这一理论的主要代表人物是美国经济学家韩农（T. H. Hannon）和麦道威（J. M. McDowell），他们通过实证研究发现，20 世纪 70 年代美国银行业新技术的采用和扩散，与市场结构的变化密切相关，从而认为新技术的采用是导致金融创新的主要因素。

（二）货币促成论

货币促成论的主要代表人物是货币学派的米尔顿·弗里德曼（Milton Friedman）。该理论认为，金融创新的出现，主要是货币方面因素的变化而造成的；20 世纪 70 年代通胀和利率、汇率反复无常的波动，是金融创新的重要原因。金融创新是作为抵制通胀和利率、汇率波动的产物而出现的。总体上说,该理论可以解释70年代布雷顿森林体系崩溃后出现的多种转嫁汇率、利率、通胀风险的创新工具和业务,但无法解释其他形式的金融创新。

（三）财富增长论

财富增长论主要从金融需求角度研究金融创新的成因。该理论认为,经济高速发展所带来的财富迅速增长是金融创新的主要原因。美国经济学家格林包姆(S. I. Greenbum)和海沃德(C. F. Haywood)在研究美国金融业的发展历史时发现,财富增长是决定金融资产和金融创新需求的主要因素。他们认为,由于财富的迅速增长,加大了人们对于金融资产和金融交易的需求,改变了人们对于金融服务的偏好,人们持有金融资产的动机也变得多样化了,对于金融工具或资产保存形式的质量要求更高了,由此激发金融业通过创新来满足这些需求。

（四）约束诱导论

该理论主要从供给方面研究金融创新的成因,认为金融业回避或摆脱其内部或外部的制约是金融创新的根本原因。约束诱导论的代表人物是西尔柏(W. L. Silber)。他从寻求利润最大化的金融机构创新最积极这个表象开始,归纳出金融创新是微观金融组织为寻求最大利润,减轻内部、外部对其产生的金融压制而采取的"自卫"行为。

（五）规避管制论

该理论认为,金融创新主要是由于金融机构为了获取利润而回避政府的管制所引起的。其主要代表人物是美国经济学家凯恩(E. J. Kane)。凯恩认为,许多形式的政府管制和控制,在性质上等于隐含的税收,阻碍了金融机构从事已有的营利性活动和利用管制之外的利润机会,所以金融机构会通过创新来逃避政府管制。同时,当金融创新可能危及金融稳定与货币政策时,金融当局又会再次改变管制的手段和规则,而管制又会形成新的创新,两者不断地交替。

（六）交易成本论

希克斯（J. R. Hicks）和尼汉斯（J. Niehans）提出金融创新的交易成本理论，其基本命题为"金融创新的支配因素是降低交易成本"。交易成本的高低决定金融业务和金融工具是否具有实际意义，金融创新实质上是对主要由技术进步所产生的成本下降潜力的必然反应，降低交易成本是金融创新的首要动机。

（七）制度因素论

制度因素论认为金融创新是与社会制度紧密相关的。作为经济制度的一个组成部分，金融创新应该是一种与经济制度相互影响、互为因果的制度变革。所以，金融体系的任何因为制度变革发生的变动都可以看作是金融创新。这一理论的主要代表人物是制度学派的诺思（D. North）、戴维斯（L. E. Davies）、塞拉（R. Scylla）等。他们认为，在计划经济制度下，尽管也存在通货膨胀、财富增长、内外制约等可以诱发金融创新的因素，然而因为高度集中统一的、严格的计划管理，使金融创新不是无法开展就是受到极大的限制和阻碍。而在纯粹的自由放任的经济制度下，虽然金融创新可以任意开展，然而其范围却大大缩小，那些为回避官方管制的金融创新就不可能产生也没有存在的必要。所以，他们认为全方位的金融创新只能在受管制的市场经济中出现。

上述不同流派的金融创新理论内容是有相似之处的。例如，技术促进论和交易成本论都强调科技进步在金融创新中的推动作用；又如约束诱导论、制度因素论及规避管制论都主张金融管制是金融创新的逆境动因。这说明不同的金融创新理论都认识到创新进程中科技进步的特殊贡献及金融管制与创新的相互促进作用，也说明理论背后的金融创新机理的一致性。

微型金融是在传统正规金融体系之外发展起来的一种创新金融方式，它颠覆了"穷人不是金融服务的消费者"的传统观点，世界银行称之为微型金融革命。微型金融的宗旨就是要运用创新的金融手段和制度，来帮助低收入群体摆脱贫困。未来时期，为了能够更好地为低收入群体提供可持续的金融服务，微型金融机构需要继续以金融创新理论为指导,进一步推进产品、业务模式、组织结构等各个层面的创新。

三、金融中介理论

金融中介理论主要是关于金融中介存在必要性的诠释。该理论处于不断的演进之中,形成了各种各样的学说,主要包括:"交易成本说""信息不对称说""风险管理说""参与成本说""动态中介观"等。这些学说都集中回答一个问题,即金融中介机构为什么能够存在,或它们的生命力何在。在前述学说中,"信息不对称说"被许多学者推崇为对金融中介尤其是存款类金融中介的存在原因的最有说服力的解释,而这其中有代表性和影响力的则是 L-P 模型和受托监控模型(马丽娟,2005;龚明华,2006)。

对于借款人与贷款人之间跨越现在和未来的交易而言,非对称信息表现尤为突出,因此,很多经济学家运用非对称信息范式来证明金融中介机构的存在。其中 Leland 和 Pyle(1977)最早在《信息不对称、金融结构与金融中介》一文中提出了基于信息生产的模型,即 L-P 模型,用来解释金融中介机构的存在。[①]

Leland 和 Pyle 将金融中介看作是一种"信息共享联盟",认为其可以低成本地搜寻和甄别"好"的投资项目,并在将好项目的信息让众多贷款人共享时具有规模经济。该模型认为,如果没有金融中介这个"信息共享联盟",那么,由于投资项目的预期收益只有项目所有人即借款人知道,贷款人在搜寻项目时将会遇到由信息不对称而产生的逆向选择问题,使得通常只有预期收益低的"差"项目所有人才会进入市场进行融资。如果好项目的所有人要在市场进行外部融资,就须将自己与差项目所有人区分开来,办法之一便是"信号显示",即好项目所有人进行一部分外部融资的同时还进行一定规模的内部融资。但这种信号显示是有成本的。Leland 和 Pyle 证明,如果好项目所有人组成信息共享联盟,由其代表全体成员进行信号显示,那么,由于规模经济,信号显示成本就会

---

① 有关信息不对称的论述可追溯到 Akerlof(1970)对"次品车市场"的不确定性及市场机制的经典理论研究,而 Leland 和 Pyle(1977)的论文及 Diamond(1984)的《金融中介与受托监控》(Financial Intermediation and Delegated Monitoring)一文,则是关于金融中介解决信息不对称问题的经典研究文献。

降低。而金融中介正好是这种信息共享联盟。由于其规模与专业优势，相对于分散的单个贷款人，金融中介更容易了解和搜寻项目信息。这样，由金融中介搜寻项目信息，贷款人可直接从金融中介处得到这些信息，从而大大降低交易成本。

Leland 和 Pyle 还进一步阐明，由于信息具有如下两个性质，即公共产品属性和存在可信性问题，非对称信息应当是解释金融中介机构存在的主要原因。因为金融中介的资产是"私有产品"，不能随意出售，因而金融中介在信息生产过程中不用担心信息的外溢；而通过对资产的合理定价，也间接解决了信息的质量与可信性问题，因为信息的质量已经体现在资产的价格中了。

信息不对称分为事前的逆向选择和事后的道德风险两种形式。以商业银行为代表的金融中介具有信息生产的功能，可促进解决事前的逆向选择问题。而对于事后的道德风险，金融中介同样具有重要的作用。上述 Leland 和 Pyle 的 L-P 模型证明了金融中介作为一种信息生产联盟相对于个体贷款人而言具有节约信息生产成本的优势，但 L-P 模型没有对金融中介的监控职能作出解释。更重要的是，当金融中介以信息生产者的角色出现时，会伴随产生金融中介本身的激励问题及相应的代理成本。考虑到这些代理成本之后，金融中介是否还存在信息生产的成本优势呢？Diamond（1984）建立了一个受托监控模型，揭示了金融中介在监督和审计方面的比较优势，证明即使考虑金融中介本身的代理成本，金融中介仍然具有信息生产和监控的优势，能够解决事后的信息不对称问题。金融中介的受托监控可以节约社会总监督成本，这成为金融中介在金融体系中生存和发展的重要理由。

简言之，根据"信息不对称说"，金融中介机构能够存在是由于它对于消除信贷市场上的信息不对称有特殊的作用。这为我们分析微型金融组织的生存发展空间奠定了理论基础。

四、关系型贷款理论

（一）关系型贷款及对软信息的依赖

为减轻贷款过程中的信息不对称及由此所引致的道德风险和逆向

选择问题,金融中介开发和创新出了基于不同信息类型的各种贷款技术。Berger 和 Udell(2002)将银行对企业的贷款技术概括为四种主要的类型:(1)财务报表型贷款。此类贷款的发放决策及贷款条件确定主要基于借款人所提供的财务报表所反映的财务信息。该贷款技术最适合那些能提供经审计的财务报表的相对透明的企业,因此,它是银行对大企业贷款时经常使用的一种技术。(2)资产保证型贷款。在此种贷款下,信贷决策主要基于可得抵押品的数量与质量。资产保证型贷款有较强的事后监控机能,有助于降低借款人道德风险发生的概率。(3)信用评分(credit scoring)。这是一种运用数理统计模型和信息技术对借款人的信用记录进行计量分析进而作出贷款决策的技术。该项技术具有高效率、低成本等优点,但其对信息系统及数据积累要求较高。(4)关系型贷款(relationship lending/relationship loans)。它是一种贷款人依赖与潜在借款人的交往关系来获取信息并进行贷款发放的方式。① 贷方和借方之间关系的形成一般源自双方在长期的金融服务过程中的接触,这种长期的接触有助于贷方收集关于借方发展前景和贷款偿还概率等方面的信息,进而就为作出贷款决策提供了便利。

通常,前三种贷款技术被统称为交易型贷款(transactions lending),因为贷款的决定是基于贷款发起时就比较容易得到的、可数量化和可查证的"硬信息"(hard information)——如经审计的财务报表、易于估值和拍卖的担保品、支付纪录等。此种硬信息建立在相对客观的数量型标准上,如财务报表型贷款中的财务比率,资产保证型贷款中的担保比率以及信用评分模型中的信用分数等。而在关系型贷款中,银行通过长期内与企业及其所有者、与企业的供货商及客户、与企业所在的社区等在各个维度上的接触来积累关于企业的信息。此类基于关系的信息中的相当一部分属于"软信息"(soft information),即是难以被量化、被查证和传递的,如关于企业所有者的品德及可信赖性等的信息即属如此。对软信

---

① 需要指出的是,这里的关系型贷款与我国 20 世纪 90 年代末之前融资领域较为常见的"关系贷款""人情贷款"等完全不同。此处的关系型贷款是基于市场交易的理性行为,而我国的"关系贷款"则是企业寻租和银行抽提租金的败德行为,反映了银行内部缺乏有效的公司治理机制的现实(侯世宇,2005)。这种畸形的"关系贷款"不能解决银企之间的信息不对称,反而会造成信贷资源配置的低效率、金融风险加剧等诸多不良后果。

息的依赖成为关系型贷款区别于其他贷款技术的基本要素。当然,关系型贷款和交易型贷款并非是完全相互排斥的。在关系型贷款方式下,银行在对某一企业的放贷过程中,有时可能也会考虑该企业的财务比率、担保品的质量等信息,但这些在是否批准贷款及确定贷款条件的决策中只被赋予较低的权重,而银行所积累的关于企业及其业主等的软信息则在决策时是居第一位的。

(二)信息条件、关系型贷款与小企业融资

不同的贷款方式适用于不同的贷款对象,事实上,多样化的贷款方式是因不同借款人的信息条件而安排的。各种贷款技术代表了不同的收集信息和处理与信息相关的问题的方法,它们分别对劳动、物质资本及数据等的使用有着不同的要求(Berger 和 Udell,2000)。不难理解,交易型贷款技术的运用依赖于一定的前提条件,而许多小企业一般不具备这方面的条件,关系型贷款则通常更为适合于对小企业的贷款。这是因为,企业的规模、年龄与其硬信息可得性正相关,企业越小、存在时间越短,关于它们的硬信息就越难以获得。对于大多带有经营者个人特征的小企业来说,总体上其信息不透明(informationally opaque)[①]程度与大企业相比较严重,而通过关系型贷款可实现采集关于小企业的必要信息。换句话说,对于缺乏良好的财务比率、担保品及信用分数的信息不透明的小企业来说,关系型贷款可通过在长期接触中产生的软信息来弥补其薄弱的硬信息,以形成银行与小企业之间的信息传递,进而使小企业可能获得银行融资,缓解信息不对称导致小企业融资难这一金融交易中的市场失效的发生。

有关小企业贷款的实证研究大多显现出关系型贷款及基于关系的软信息对于小企业有着重要意义。这反映在,对小企业来说,与金融机构有着较强的关系将带来较低的贷款利率、较少的担保品要求、较低的对商业信用的依赖,并改善小企业的贷款可得性。

就微型金融而言,其服务对象是那些无法从正规金融机构获得融资

---

① Kroszner(2007)认为,"informationally opaque"这一经济学家们所提出的术语可能比小企业本身还更难于理解、更为模糊。在通常意义上,其一般是指关于对某些潜在借款人之放贷决策中所需要的系统的硬信息往往很难得到这样的一种状况。

的中低收入群体,这类群体一般难以直接提供正规金融机构贷款决策所必要的信息。关系型融资则可以充当起一种采集关于贫困人群和微小企业的有效信息的手段,因此,积极运用关系型贷款理论和技术,对于微型金融实现使贫困人群享有同等金融服务权利的目标具有重要的现实意义。

五、非正规金融理论

非正规金融通常是指那些未被中央银行和监管当局所控制的金融活动。除了在发展中国家非正式金融活动较为活跃外,其在发达国家也同样存在,因而非正规金融事实上是世界各国经济生活中的共同现象。并且,在不少国家的小型企业的融资结构中,非正规金融往往占据了较大的比重。

(一)非正规金融和正规金融的区别

现实中,非正规金融与正规金融之间并不存在明显的分界线。从历史根源上说,非正规金融是正规金融的初级形态,正规金融则来源于非正规金融。非正规金融通常行使着正规金融的功能,正规金融内部时常也不同程度地包含有非正规金融成分。它们之间既存在着相互对立、排斥的一面,但在一定条件下亦能相互包容、相互转化。

非正规金融和正规金融最重要的区别是促进偿付的机制不同(Kranhnen 和 Schmidt,1994)。在正规金融领域,法律系统成为促进偿付的机制,而在非正规金融中,促进偿付的机制则依靠的是法律系统之外的手段。在大多数发展中国家,由于法律的执行成本过高或者没有相关的法律,法律系统很少能被用来执行偿付。在法律体系"缺位"的情况下,非正规金融衍生出了其他的促进偿付的机制,比如暴力威胁、社会关系上的惩罚等等。在某些场合下,这些机制比正规金融中法律体系的约束可能更加有效。

此外,正规金融的服务对象大多是社会的较高阶层及正规企业,而非正规金融虽对于社会各个阶层来说均开放,但其主要服务对象则是处于较低阶层的人群,同时非正规金融的市场分布十分分散,且具有显著的本地化特点(桑媛媛,2009)。

（二）非正规金融的优势

非正规金融具有一些相对于正规金融机构的比较优势。表现在：

1. 信息对称。非正式金融内生于乡土社会中，借贷行为一般发生在一定的人际范围内，以亲缘、地缘关系为依托，贷款人对借款人的经济状况、还款能力、资金的使用等比较容易了解。通过利用当地社会关系和私人信息，非正式金融在解决信息不对称方面有比较优势。

2. 低交易成本。非正规金融没有纳入金融监管，业务活动操作简单，只需要很少或不需要固定成本，营运成本较低。并且非正规金融所具有的建立在社区成员之间的长期行为合约和隐含合约的基础上以及非抵押品、关系型信用约束、重复交易等特点，亦大大降低了缔约的交易成本。

3. 融资方式灵活。非正规金融往往可根据实际情况就贷款的归还方式、借贷期限等进行变通，在正规金融市场上难以用作担保的一些物品在非正规金融中亦能充当担保品。同时利率的形成机制也相对灵活，一般可由借贷双方根据人际关系的亲疏、借贷发生时资金的供求状况等因素自由议定。非正规金融借贷的灵活性，使得其对于大多数的社会中下阶层来说更容易获得。

4. 硬约束。非正规金融的基础是人际和社群信任，违约的结果大多是受到非法律的制裁，而这种制裁有着极大的威慑力。这就是说，非正规金融对违约者是一种硬约束，进而可促进社会信用关系的改善，推动社会成员形成自发服从、自我执行的约束性规则，降低社会成员之间的协调成本。

（三）非正规金融和正规金融的联接

非正规金融具有信息优势，正规金融具有资金规模优势，因而其相互合作有可能实现互利共赢。通过金融联接，可以引导非正规金融的地下金融活动转为地上，为双方开展金融创新活动提供了更多便利。并且，联接使得非正规金融扩大了资金来源，实现资金的规模效益，同时正规金融可利用非正规金融的信息优势获利，降低其直接面向小型借款人的信息不对称风险，从而提高了整个金融系统的效率，有效增加金融供给(Schreiner,2000;Steel 等,1997)。

正规金融具备严密的风险控制机制,适合针对收入较高且稳定的人群提供生产性的、有资产作为担保的贷款;非正规金融部门了解借款人各方面的信息,更宜于面向低收入群体提供小额的、非生产性的贷款。两者功能互补,联接将对双方有利(Varghese,2005;Mohieldin 和 Wright,2000)。

以利益驱动为核心的非正规金融,是一种完全以市场机制为调节手段的金融活动,其在发展过程中,形成了一些不成文的行规和做法,如以信用关系为基础,以充分利用市场机制为导向,服务灵活、交易执行依托社区法则等等,这些做法,不乏闪光之处。对于微型金融来说,为了能够更好地服务贫困人群,在进行业务模式和组织创新的过程中,非正规金融的一些制度安排有不少可值得其借鉴。

第二节　微型金融国外研究综述

作为一种解决贫困问题的新型工具,20 世纪 80 年代以后,微型金融开始在发展中国家甚至发达国家兴起,相应地引起了学者、国际机构以及政府的广泛关注和深入探讨。

一、关于微型金融作用的研究

微型金融是在传统正规金融体系之外发展起来的一种创新金融方式,其宗旨就是要通过向低收入人群和微型企业提供小额度的贷款、储蓄、保险等一系列金融服务和产品,来帮助后者摆脱贫困。不少研究认为,微型金融在帮助贫困和中低收入人口增加收入方面确实发挥了积极的作用。

Claudio(1984)指出,微型金融不仅可以改善资源配置,还可以改善收入分配。这主要是由于生产者之间收入的差异是由生产机会差异和初始禀赋差异引起的,得到信贷作为可变投入的来源,使初始禀赋多样化,若将信贷投资于物质和人力资本,将改善生产机会,可以减少收入差异。Von Pischke(2002)也认为,以现金流为基础是微型金融的创新之一,这提供了改善收入分配的可能性。在以资产为基础的借贷中,贷款额度与担保的价值相关,此种关系强化了已经存在的财富和收入分配的关系。而在现金流借贷中,贷款额度以贷款周期中预期经营可得到的现金为基础,该种方法能使那些没有什么实物资产,但有良好的经营观念者得到信贷,从而改变收入和财富的分配。Banerjee 等(2009)就发现,在微型金融组织进入的社区中,出现了更多的新企业的开张,更大数量的耐用品的购置,并带来社区中既有企业盈利水平的提高。

Remenyi 和 Quinones(2000)、Morduch 和 Haley(2002)等认为微型金融还有增加贫困人口收入的作用。Remenyi 和 Quinones(2000)通过调查发现,得到信贷的家庭收入比没有得到信贷的家庭收入明显提高。例如,在印度尼西亚,12.9%的贷款户年平均收入增加,来自非贷款户的数据只有 3%增加。Mahjabeen(2008)将微型金融机构作为一种金融中介变量引入柯布—道格拉斯函数,利用孟加拉 1999—2000 年间的数据进行实证研究得到,与不引入微型金融机构的影响相比,引入微型金融机构后所有类型的家庭收入都有所增加。Morduch 和 Haley(2002)还指出,大量的研究证实小额信贷具有改善福利和降低脆弱性的作用。Littlefield 等(2003)认为,小额信贷能使贫困者保护、多元化和增加他们的收入来源,这是他们摆脱贫困和饥饿的基本途径。借小额信贷捕捉商机、为孩子付学费或者是填补现金流的缺口是向打破贫困循环迈出的第一步。

但也有学者提出,应谨慎看待这些潜在的良好影响。其理由在于,微型金融机构本身也是风险厌恶的,其所要求的接近市场出清的利率对最贫穷的人而言是很难接受的,即使勉强借贷也会因过高的利息负担而陷入困境。同时,在小组贷款模式中,赤贫的人也会由于风险过大而被其他成员排除在外。因此,Hulme 和 Mosley(1996)认为微型金融机构并未对赤贫的人产生良好的影响。Weiss 和 Montgomery(2005)也认为,很难防止穷人的金融资源不被富人挤占,即使微型金融机构将其服务对象定位于赤贫的穷人,但由于量化和评定上的困难而在实践中难以切实执行。Coleman(2006)对泰国农户的调查显示,普通农民因缺乏了解或缺少投资机会而很少获得金融服务,而最富有的会员则成为微型金融机构的受益者。

二、关于微型金融风险控制机制的研究

低收入群体往往无法满足一般金融机构对抵押担保的要求,针对这种特点,在微型金融服务中,通过采用小组贷款、动态激励、分期还款计划等技术以解决放贷者与借款人之间因信息不对称所引发的逆向选择与道德风险等问题。

一般认为,小组贷款的优势在于可以发挥"同伴筛选"(peer screening)机制、"同伴监督"(peer monitoring)机制等功能。在借款合同签订前,相互之间比较了解且风险水平相近的借款人会自动组成小组,并把风险较高的潜在借款人排除在小组之外,即每个人会选择可信度高和能保证偿还的人作为自己的同伴。由此,贷款机构实际上把风险识别责任转嫁给潜在客户群体。这种信用发现功能,有助于克服信息不对称造成的逆向选择问题(Maitreesh,1999)。Varian(1990)论证了小组贷款的筛选费用很低,因为银行只需调查一个成员的类别,而其他成员将与他类似。由于小组成员通常为社区内相互熟悉的人群,对于其他成员可能发生的违约倾向,小组成员可利用同伴压力促使其还款。Banerjee 等(1994)、Stiglitz(1990)等论证了同伴监督使成员将贷款用于回报率更高的项目中,提高了偿贷率。而小组中成员的相互担保,实质上产生了"抵押"的功能,使银行的可能损失大为减小(Bastelaer,1999)。

与此同时,部分学者也指出了小组贷款的潜在缺陷。

Laffont 和 N'Guessan(2000)在一个简单的静态模型中证明,如果借款人彼此了解,小组贷款就实施了有效的贷款。然而,若允许共谋,同伴之间转移财富,小组贷款将不是有效的。Guttman(2008)在将小组贷款拓展到多期后发现,存在着风险型借款人通过私下贿赂的形式与安全型借款人实现共谋,出现逆向分类效应,使贷款小组异质化的可能。再者,小组贷款中的同伴压力会带来较大的成本,导致对风险的高度敏感、互信的破坏等后果(Montgomery,1996)。

动态激励是微型金融组织又一常用的规避信贷风险的技术。动态激励的特征是,用较小的贷款额度进行尝试,来发现借款者的真实信用水平。如果借款人在后续的还款过程中表现良好,就可能得到反复的信贷服务,且贷款数额会随着借款人证明自己有良好还款能力后不断提高

(Ghosh 和 Ray,1999)。Tedeschi(2006)认为,小额贷款组织通过再贷款的形式,向个人提供动态激励,内生化了违约惩罚,有助于降低借款人项目收益实现后的策略性违约。Chowdhury(2005)证明,缺乏序贯融资(sequential financing)或贷款人监督,小组贷款计划可能监督不力,借款人会投资于不理想的项目。

　　分期还款在小额贷款中也经常被采用。在分期还款机制下,借款人还款的频率比较高,可以是每周或每两周就要还款一次,保证产生的收入及时储蓄和还款。通过分期还款,将大额还款切割成穷人可以接受的小块,可以避免大额还款给穷人带来的心理负担。并且,这种分期还款机制还具有早期预警功能,可以提早发现具有较大潜在风险的贷款,也能够及时监控贷款者的收入和还款情况,阻止借款人的道德风险行为(Jain 和 Mansuri,2003;Yunus,1994)。

三、关于微型金融可持续性的研究

　　微型金融的可持续性是指提供微型金融服务的机构不需要政府、国际机构和慈善组织提供优惠条件而独立存在和发展的情况。可持续性与服务更多的穷人是微型金融的两个最基本的原则(Christen 等,1994)。Vinelli(2002)指出,对可持续性问题的关注使得微型金融机构注重成本控制,并可扩大机构的资金来源,这使得机构能够继续向微型金融服务的需求方提供服务。而且,如果借款人认为微型金融机构不会持续经营下去,将会增大借款人违约的概率。Christen 和 McDonald(1998)也认为商业化融资来源可以帮助微型金融机构消除其高昂的固定成本,有助于其扩大规模,从而更好地发挥其扶贫的社会功能。提高贷款利率并不会降低穷人的贷款需求,因而可持续发展是实现社会扶贫的一种途径(Rhyne,1998;Conning,1999)。与接受捐赠和政府补贴的微型金融机构相比,商业化微型金融机构可以摆脱因政府干预而效率低下且补贴贷款不能真正渗透到穷人手中的状况。因此,只要重视制度和机制的设计,社会扶贫与可持续发展的双赢目标是可实现的(Morduch,2000)。

　　也有学者认为微型金融的可持续发展和扶贫两目标难以同时实现。一些研究表明,为了自身商业上的持续性,微型金融机构明显出现了服务的使命漂移(mission drift)现象,即仅为农村高收入阶层服务,而将贫

困人群排除在外(Montgomery 和 Weiss,2006;Coleman,2006)。Johnson
和 Rogaly(1997)也认为,利率较高的商业化信贷增加了穷人的负债和脆
弱性,因而追求可持续发展的弊要大于利。

　　而为了实现微型金融的可持续性,Hartarska(2005)认为,建立与微
型金融机构经营特性相适应的公司治理机制是保障其社会扶贫功能和
可持续发展的重要机制。根据他的研究,MFIs 董事会的独立性越强,独
立董事在董事会中占比例越高,MFIs 的社会扶贫功能越强,可持续性也
越强。Woller(2002)提出,识别穷人的需求并向其提供有价值的产品,这
是微型金融实现长期财务可持续与深度覆盖率的最佳途径,市场导向是
微型金融机构经营业绩的重要决定因素。Grootaert(2002)认为,为确保
财务上的可持续发展,MFIs 的客户群体应该包含但不限于赤贫的人,要
将非现场信贷员控制在最低程度,应更多地利用客户储蓄作为一种廉价
的资金来源,并实施市场化的利率。在 Meyer(2002)看来,要重视客户的
金融服务偏好,通过改进微型金融机构的产品设计,来留住客户,促进实
现财务可持续目标。此外,还有学者强调了改进微型信贷的定价机制对
于微型金融机构可持续发展也有着重要意义(如 Aghion 和 Morduch,
1998;Pollinger 等,2007)。

四、关于微型金融利率问题的研究

　　微型金融机构的收益主要来自利息收入。利率定价问题,是微型金
融发展中的焦点问题之一。许多学者认为,实行商业化的贷款利率,无
论对于微型金融机构的可持续性,以及实现其扶贫的最终目标,都是十
分重要的。Adams(1984)总结了贴息贷款扶贫的方式的弊端:首先,低息
的贷款往往不是被穷人所取得,容易产生寻租现象,使一部分贴息贷款
的利益被非穷人获得;其次,低息贷款容易使穷人认为这是政府的一种
资助或福利,故无须按时偿还,导致这种贷款的到期还款率很低;再次,
贴息贷款政策扭曲农村金融资源配置,阻碍农村金融市场的发育,不利
于贫困的持续缓解和农村正常金融秩序的建立。此外,因贴息贷款不可
能长期存在,贴息贷款政策也就不可能成为解决穷人资金短缺的可持续
的方式。Fernando(2006)指出了小额信贷的利率高于一般商业银行贷
款利率是由于小额信贷业务本身的诸多特点决定的,将二者简单相比是

不合适的。他利用亚太地区一些开展小额信贷较多的国家的事例说明了强行人为压低利率是不可取的，利率管制措施并不是解决问题的办法，反而会起到负面作用。

针对如何确定小额信贷的利率，Morduch(1997)提出，小额信贷在不考虑资金成本的情况下，盈亏平衡的条件是：$(1+r)(1-a)L=L+C$，其中 r 是贷款利率，a 是贷款拖欠率，L 是当年贷款的平均规模，C 是除资金成本以外的所有成本。进而可以得出小额信贷在不考虑资金成本时的盈亏平衡利率：$r=(c+a)/(1-a)$，式中 $c=C/L$，表示当年每元贷款的总成本。Rosenberg(2002)认为，微型金融机构贷款的有效年利率水平(the annualized effective interest rate(R))应是管理费用(AE)、贷款损失(LL)、资金成本(CF)、资本化率(K)以及投资收益(II)等 5 个变量的函数，并给出了以下具体的定价公式：

$$R=\frac{AE+LL+CF+K}{1-LL}-II$$

上述利率计算形式均考虑到了微型金融机构财务上的可持续性，是一种市场化导向的利率定价方式。

那么，小额信贷的借款人能承担较高的贷款利率吗？小额信贷的绝对额很小，尽管利率水平较高，利息的绝对量却不大。一项关于智利、哥伦比亚、多米尼加的研究表明，虽然小额信贷平均月利率高达 6%，但利息负担仅占微型企业总经营成本的 0.4%～3.4%，从而其能够支付较高的贷款利率(Castello 等,1991)。微型金融机构收取较高的利率，但对贷款的需求仍然超过微型金融机构的供给能力。在许多情况下，借款人还款后又再次借款，这反映出客户的盈利能力超过对贷款所要支付的利息。对渴求信贷支持的低收入人群而言，信贷可得性比利率更为重要(Rosenberg,2002)。

虽然成功的微型金融机构的最重要条件之一就是有着远高于一般银行的利率，但也要防止其利用垄断的地位牟取暴利。降低小额贷款利率，有助于拓宽贫困家庭获得贷款的广度与深度。那么怎样才能把小额贷款的利率降低一些呢？通过改善市场竞争、促进创新及提高效率来减少成本，打造一个更具竞争性的微型金融产业，这才是以可持续的方式降低小额贷款利率的关键所在(Fernando,2006)。

第三节　微型金融国内研究综述

相对于国外来说,国内对微型金融的研究起步较晚。国内现有的研究主要集中于微型金融运作模式的探讨、国外微型金融发展经验的借鉴分析、国内微型金融发展策略思考等领域。

一、关于微型金融运作模式的研究

李新、杨苗苗(2009)认为,从融资机制看,微型金融的主要运作模式可分为三种:以小组为基础的融资模式(小组联合提供信用担保,小组成员之间承担连带责任)、以个人为基础的融资模式以及个人和小组相结合的融资模式。上述模式的代表分别是孟加拉乡村银行模式、印度尼西亚人民银行的 Unit Desa 项目和非洲贝宁的储蓄与贷款合作社。

赵冬青、王康康(2009)、李新、杨苗苗(2009)等从运作主体角度归纳出了微型金融的四类运作模式:一是由非政府组织和非营利组织开展的微型金融服务,此类模式单纯出于正义和慈善的目的,不受任何政治和利益因素的干扰,具有较高的运作效率。二是由专业微型金融机构开展的微型金融服务。专业微型金融机构的优势在于专门致力于微型金融业务,不会受到其他业务或是整体决策导向的干扰。三是由非正规机构或个人开展的微型金融服务,其代表是民间高利贷者和循环储贷会。这种模式有济困、互助、储蓄的正面作用,但缺乏规范的组织机制,容易导致洗钱等社会问题。四是由商业银行(正规金融机构)开展的微型金融服务,正规金融机构通过小额信贷项目参与微型金融,需要克服高交易成本和缺乏小额信贷专门人才的劣势,但正规金融机构在资金和网点方面具有优势。

微型金融毕竟不同于商业银行的传统业务,具有自己相对独特的运作模式,因此商业银行要进入这一市场,就不能生搬硬套原有的业务模式,而需要新的模式。刘冬、王志峰(2010)以及李振江、张海峰(2008)等总结了商业银行进入微型金融领域可以选择的几种模式:一是内部业务单元模式,即商业银行在内部成立一个专门的微型金融业务部门,作为一个相对独立的业务经营单元。内部业务单元模式要取得成功,一个重要的问题是如何确保微型金融业务单元拥有足够的自主权。二是金融子公司模式,即设立独立于银行母体、专门经营微型金融业务的法律实体。子公司拥有自己的员工队伍、管理框架和公司治理,从而获得开展微型金融业务所需的独立性和灵活性。三是服务公司模式,即成立专门为银行提供贷款发放和贷后管理服务的非金融公司。与金融子公司相比,服务公司在设立和运作上更加容易,成本也更加低廉。四是战略联盟模式。即银行与经营良好的微贷机构签订合同,由微贷机构通过专业技术协助银行作出信贷决策。这是商业银行进入微贷市场最简捷的方式。而对于模式的具体选择,则取决于商业银行业务发展战略和面临的外部环境。赵冬青(2009)将商业银行进入农村微型金融市场的模式划分为直接进入模式和间接进入模式两类。其中直接进入模式系指商业银行利用已经建立的农村分支行网络或新设农村分支机构开展商业化微型金融业务;间接进入模式为通过单设机构或并购已有农村金融机构来开展微型金融业务。刘雅祺等(2008)、顾建强(2009)等则提出,我国商业银行发展微型金融业务应遵循比较利益原则,实行差异化经营策略,可因地制宜采取直接提供微型金融服务、提供资金批发服务以及参股改造小额信贷组织等模式。

文维虎(2009)对我国现有的村镇银行,农村资金互助社、银行独资贷款公司、小额贷款公司及村组互助基金等五种农村微型金融服务模式的特点与利弊作出了比较分析,在此基础上提出了在人口稠密、发展潜力大的县域组建村镇银行,在资金严重流失的县域,由抽离资金最大的前两家银行组建全资贷款子公司,在经济发达的县域和中等城市发展小额贷款公司、扩大农村资金互助社模式的探索、扶持发展村级扶贫合作社模式等建议。

二、关于微型金融国际经验的研究

微型金融在国外已得到迅速发展。积极借鉴国际经验,必然有利于我国微型金融的深化发展。

杨苗苗等(2009)、赵敏(2007)、顾宇娟(2008)、谢欣(2011)等对孟加拉格莱珉银行的经验进行了剖析,认为孟加拉乡村银行可谓是传统银行的颠覆者,其针对农民社区的特点,在组织结构、信贷政策、还款制度等方面进行了一系列金融创新。格莱珉银行模式已在全球100多个国家得到复制和推广,其成功则主要得益于:小组联保贷款机制、以需求为导向的产品设计、市场化的利率机制、灵活的还款机制、鼓励储蓄和参股、中心会议制度和层级组织结构等。

郑乔(2010)、崔德强等(2008)、农业银行国际业务部课题组(2007)等总结了作为世界上最大的为农村提供金融服务的国有商业性金融机构之一的印度尼西亚人民银行在开展农村小额贷款业务上的运作模式,解剖了其小额信贷产品的主要特征,得出了其成功的若干经验:一是以基层为核心,充分利用本土化资源;二是灵活的还款机制;三是商业化的贷款利率;四是对基层营业网点充分放权;五是以需求为导向的储蓄动员项目;六是有效的激励与监督等。

赵冬青等(2008)、贾立等(2011)等对印度微型金融的运作模式、特点以及所引致的社会效益进行了分析。在印度,SHG(Self Help Group)以及SHG与银行的关系是其微型金融颇具特色的地方。通常SHG与商业银行的联结有三种方式:一是商业银行自己组建SHG并直接提供融资服务;二是NGO和其他机构组建SHG,银行直接提供贷款;三是NGO组建自助组,商业银行为SHG提供间接融资。SHG银行联结项目的开展推动了印度农村穷困人口获得银行部门的金融服务,引致了农村地区差异减小及妇女地位的显著提升。印度微型金融的发展经验对我国的启示主要有:要加强贷款管理机制的创新、要拓宽微型金融资金来源渠道、应放松利率管制以实现农村金融机构的可持续性。

谢欣(2008)对玻利维亚最大的微型金融机构——阳光银行的小额信贷的运作机制进行了研究,认为在强效的金融改革与有力的监管制度保证下,动态激励下的小组贷款机制、商业化运作模式和现代公司的治理机制是其能够取得成功的关键所在。并且从以低利率为导向的格莱珉银行模式、以高利率为导向的玻利维亚阳光银行模式和印度尼西亚人民银行模式均取得了成功的现实中,其还得出了对我国农村金融改革的启示,即利率并不是农村金融问题的关键所在,对渴求信贷支持的农民和城市工商业者而言,信贷可得性比利率更为重要,我国小额信贷首要的任务也应该是从扩大信贷的可得性入手。赵冬青、王康康(2010)则重点对玻利维亚阳光银行实现商业化运作的经验作出了解析,认为微型金融的覆盖范围并不一定会随着商业化的实施而受到很大影响,阳光银行商业化转制的经验显示,微型金融机构成功商业化的条件在于利率的市场化、恰当的风险管理措施、对微型金融服务的足够需求以及政府的支持与配合等。

三、关于我国微型金融发展潜力的研究

学界一个比较一致的观点是,作为一种在传统正规金融体系之外发展起来的创新金融方式的微型金融,在我国有着广阔的发展空间。

焦瑾璞(2009)从收入差别、金融结构、融资机制、科学发展观等角度论证了中国微型金融有很大的发展空间和潜力。我国目前还存在大量的弱势群体、弱势地区、众多的微小型企业、个体工商户、农户等,同时中国的金融结构呈"倒金字塔"状,缺乏为基层服务的金融"毛细血管",融资机制不畅,资金达不到实体经济和微小型企业、中小企业,这就要求大量的微型金融来提供服务。刘雅祺等(2008)同样指出,在我国县域经济的发展中,更多的微型企业将诞生,这将加大对微型贷款的需求,同时城市下岗再就业人员、农民工回乡创业浪潮中也均蕴含着巨大的微型贷款需求。

陈明(2009)、丁武民等(2010)着重考察了我国农村的微型金融发展空间问题,认为微型金融适应了我国现有农村特点和经济社会情况。我国农村社会形成的以家庭为单位的小农商品经济为微型金融发展提供了原始性动力,新形势下扶贫工作的重要性和迫切性成为微型金融发展的直接动力,着力破除城乡二元结构、形成城乡经济社会发展一体化新格局则成为农村微型金融发展的外部动力,这些都为微型金融的发展提供了诸多契机。我国正规金融在农村金融市场的渗透率和覆盖面远不能满足农户和农村中小企业的需求,主要依靠现有商业银行和农村信用社,不可能解决有效服务"三农"发展的金融需求问题。因此,大力发展微型金融,提高对农村经济的金融支持力度,成为解决当前我国农村金融抑制的有效途径。

陈鸿祥(2010)、黄娇梅(2008)等基于微型金融组织所具备的制度优势阐明了微型金融在我国的发展可能。他们指出,相对传统金融,微型

金融具有门槛低、手续简便、可以克服因信息不对称所造成的交易成本过高的优势;相对民间借贷,具有规范化、低利率的优势。微型金融组织具有的优越的制度特征,是对现存金融体系的一种融资矫正与补偿机制,为被传统金融服务所排斥的农村地区创造了理想的借贷条件。由此,微型金融的特点决定了它是符合农村特点的金融,能解决农村贷款难问题,对农民摆脱贫困、增加就业与收入具有重大意义,是统筹城乡发展、建设社会主义新农村的必经之路。

四、关于我国微型金融发展策略的研究

在我国尤其是在我国农村地区发展微型金融组织十分必要。为促进我国微型金融的持续健康发展,应采取的对策主要包括:

其一,放宽利率浮动。传统观念认为,利率高了低收入阶层承担不了,而实际上实行低利率政策,不能解决运作成本高和风险高等问题,容易使借款人把财政贴息资金当成救济资金,淡化还款意识。引入市场机制,让利率水平由市场来决定,将使得微型金融机构贷款的风险定价成为可能,贷款利息能够弥补预期成本和风险,从而实现财务的可持续性;同时这也有利于引导农村资金回流,促进资金这一稀缺资源在城乡得到合理配置(陈鸿祥,2010;黄娇梅,2008)。

其二,丰富我国微型金融的组织体系。一是要鼓励金融机构参股微型金融组织,这是实现大型商业金融间接参与微型金融服务的有效方式。二是要选择条件成熟的担保公司转型为小额贷款公司。条件成熟的担保公司具备了人员素质、审核效率和企业信息三大优势,有利于转型成立的小贷公司的发展。三是推进在农民专业合作社基础上组建农村资金互助社。鼓励发展具有担保功能的合作社,运用联保、担保基金和风险保证金等联合增信方式,为其成员申请联合信用贷款提供担保。四是探索通过零售代理人提供微型金融服务。借助邮局、杂货店、加油站等网络,利用其掌握客户信息的优势,通过他们代理银行提供的微型金融服务,解决部分乡镇金融网点不足的问题(王丽等,2010;李波,2009;郑寿明等,2010)。

其三,积极发展多元化的微型金融服务和产品。在微型金融所涵盖的各种业务中,我国仅小额信贷得到了一定发展,微型保险也只处在试

点阶段。随着小额信贷发展的日益成熟,可考虑将微型保险、金融租赁、基金等业务引入我国微型金融市场,支持保险与小额信贷的有效结合,促进微型金融服务的全面发展(李新、杨苗苗,2009)。在小额信贷领域,应该以中低收入人群的需求为导向,提供周期更长、还款方式更灵活的小额贷款,并提供一些消费类信贷产品(王丽等,2010)。

其四,完善微型金融的法律保障与监管制度。微型金融的发展离不开法律的支持。目前,我国还没有正式的对微型金融进行规制和保护的法律,因此要完善法律支持,通过制定出台《微型金融组织法》,明确各类微型金融组织的法律地位,规范微型金融组织的设立、运作方式、经营范围、风险承担和法律责任等(李长健等,2011;郑寿明等,2010)。同时,要对微型金融实施有效监管而不是生硬的审慎监管。对于不吸收存款的小额贷款公司及一些NGO组织,可以采取一种非审慎性监管,或者有限监管的形式。鼓励监管的创新和多样化,对微型金融,可以考虑中央和省级政府双层监管。分层次监管将有利于监管竞争和金融创新(焦瑾璞,2009)。

其五,要完善支持微型金融发展的财税政策。应通过税收减免、贴息等财政政策来支持和引导多种机构参与微型金融的运作,促进微型金融供给总量的增长和供给品种的多样化。一是筹集财政专项资金,建立微型金融的风险补偿机制,对微型金融机构在经营中形成的风险损失进行适当补偿。二是建立有效的小额贷款扶贫成效考核机制,依据政府扶贫政策既定目标,通过利益激励机制对小额信贷机构或承贷农户予以补贴或奖励。三是实施差别性税收优惠政策,有针对地扶持微型金融机构。四是通过财政专项资金建立小额贷款担保基金,完善信用担保机制,建立巨灾保险在内的农业政策性保险体系,分散涉农信贷系统性风险。五是由政府以财政资金作为原始资金,通过微型金融组织进行放贷,既实现财政资金的长期可持续运转,又发挥支持微型金融的作用(李新,2010;郑寿明等,2010;陈鸿祥,2010)。

第四节　微型金融的发展趋势

目前,微型金融已开始在发展中国家甚至发达国家兴起,成为一些国家传统正规金融体系的一个有益的补充,并被认为是解决贫困问题的新型工具。作为一种扶贫制度和金融制度的创新,它还处在不断的发展完善之中,但其在发展过程中已呈现出一些大体的走向,值得学术界和政府部门等加以密切关注与研究。

一、微型金融服务的多元化趋势

在 20 世纪 80 年代前的微型金融初始阶段,各国开展业务的目的主要是解决穷人无法得到贷款的问题,此时的中心任务是为穷人提供用于发展生产的资金,微型金融组织主要定位于通过采取一系列适合贫困人口的借贷规则来向这些客户提供小额贷款服务。随着微型金融的深化发展,越来越多的组织机构认识到,低收入者需要的是全面的金融服务,小额信贷以外的其他金融服务对于低收入人口改善生产生活条件具有同等重要的作用。从而,越来越多的微型金融组织不再满足于仅向客户提供小额信贷服务,而是将业务范围拓展到小额储蓄、小额保险、汇款、租赁等领域,使得国际范围内多元化的微型金融服务成为一种趋势。除了为穷人提供便利的金融服务外,有些微型金融组织甚至还为穷人提供相关的技术和信息配套服务。如孟加拉格莱珉银行就为农户成员组织培训、咨询,提供信息和传授知识,帮助农户成员交流生产经营门路、学会多赚钱等。

微型金融服务的多元化在可以更好地满足贫困人口需求的同时,一般也利于微型金融机构风险的分散与防范。例如,开展储蓄业务可以使微型金融机构更直观地把握借款人的生活方式、经营状况和经济能力,便于合理确定和调整放款的数量及期限,并且微型金融机构还可将借款者储蓄账户中的资金当作贷款的担保品,促进还款率的提高。因而,小额储蓄(尤其是强制储蓄)和小额信贷业务的结合,利于保障微型金融组织的资金安全及流动性。再如,小额保险服务不仅可满足贫困人口对风险分散的需求,填补其在社会保障方面如养老保险、人身保险问题上所存在的空白,减少贫困人口面对风险时的脆弱性,同时也无疑有助于分散和弱化微型金融机构的信贷风险。

二、微型金融组织形式的日趋多样化

微型金融开始产生时,运作主体大多数是非政府组织。20世纪90年代后,在世界银行的倡导下,许多发展中国家把小额信贷纳入法制轨道,相当数量的非政府组织转型成了正式的金融机构,从而可以合法地吸收存款并扩大微型金融服务的覆盖面。近些年来,随着穷人被证明也是金融可以进入的一个领域,多种多样的金融组织开始借鉴从事小额金融业务的经验并渗透到微型金融行业。在国际范围内,目前提供微型金融服务的组织涵盖非政府组织、正规金融机构、非正式金融中介机构、成员(小组)制集体组织机构等复杂的类型。从股权结构上来看,上述开展微型金融服务的组织既有属于国有的,也有属于会员所有的(如西非的信用联盟),还有属于追求利润最大化的股东所有的(如东欧的微型金融银行等)。同时,世界各地的微型金融组织在性质、目标、规模等方面各有不同。既包括专注于向最贫穷的人提供金融服务的组织,也包括致力于满足微型企业和小企业主融资需求的组织;既包括以高利率为导向的微型金融组织,也包括以非营利为目的的微型金融组织(项目)。

尤其值得一提的是,在金融脱媒现象加剧的背景下,传统信贷市场上面临的竞争压力日渐增大,越来越多的商业银行意识到微型金融领域所蕴含的利润空间,开始多模式、多渠道介入这一领域。如印度尼西亚人民银行、巴西东北银行和蒙古农业银行通过内部业务单元模式来从事微型金融业务。在西非,一些商业银行则采用"单设+剥离"的模式,代表性的例子是西非的 Financial Bank。Financial Bank 组建了一个微型金融部门,在其获得覆盖面、可持续性和盈利性之后将其剥离出去。被剥离的部门叫 Finadev,是私有的商业微型金融机构,Financial Bank 是其发起人和股东(赵冬青,2009)。在印度,该国第二大银行——印度工业信贷投资银行则通过向微型金融机构承包发放小额贷款并要求其持续监督贷款质量并提供贷款服务的方式,介入了微贷市场。显然,商业银行拥有庞大的分支网络和广泛的服务渠道,并有能力开展较大规模的技术投入,因而,此类机构对微型金融的介入,预期对于提升低收入人群金融服务的可得性将带来积极意义。

三、微型金融的商业化经营趋势

最初的微型金融,相对更重视农村经济发展的政策性目标,以社会扶贫为首要宗旨,将其作为一种具有福利性质的扶贫工具,这被称为"福利主义"微型金融。但福利主义微型金融多数需要援助或软贷款的支持,进一步扩张的前景有限。随着微型金融在国际范围内的迅速发展,坚持可持续性的"制度主义"逐渐得到国际社会的广泛认同。从近些年的发展趋势看,以商业性的方式来支持低收入人口生产经营,追求盈利和可持续经营,开始成为微型金融的主流发展方向。保持财务上的可持续,可使微型金融机构置于"财务硬约束"机制之下,避免低效率及腐败等问题发生,同时也才可能被大量地复制、推广;并且完全可持续的微型金融对商业资本的注入方可产生一定的吸引力,推动其覆盖面的持续扩大。

微型金融机构商业化经营趋势的表现之一是其融资来源中商业性融资所占的比重不断提高。近年来微型金融机构规模的快速扩展,很大程度上得益于商业性融资的较快增长。全球主要微型金融机构商业性融资负债在小额贷款组合中所占的比例呈上升趋势,从 2003 年的 40% 上升到 2005 年的 60% 左右。从具体的机构类别上来看,商业银行、信用联盟和乡村银行等受监管的微型金融组织的小额贷款组合来自商业性融资负债的比例较高,2005 年这一比例超过 100%;非政府组织和非银行类金融机构的前述比例虽相对较低,但亦呈快速上升趋势(徐淑芳,2007)。商业化经营趋势的表现之二是信贷利率的市场化。在为贫困和低收入群体提供贷款时,信息不对称现象严重且交易费用较高,因此低利率很难使收益覆盖成本,从而易于造成财务不可持续问题。为此,微型金融机构纷纷基于资金供求关系,制定了高于普通银行贷款利率但低于民间高利贷的利率,使利息能够覆盖运行成本。在玻利维亚,阳光银行针对城市小企业或自我雇佣者的小额贷款的平均利率水平即达 48%,使其不依赖补贴实现了财务上的可持续。在亚洲,印度尼西亚人民银行乡村信贷部的小额信贷产品 Kupedes 的贷款利率也按照收益覆盖成本和风险的原则确定，大体在 30％～35％浮动。扣除资金成本（10％左右）、管理费用（9％左右）和风险损失（3％左右），Kupedes 贷款利差收入在 10％左右。

随着商业化微型金融的发展，微型金融在国际上已逐渐形成一种产业，引起了许多跨国金融集团的投资兴趣。截至目前，有些微型金融机构已经成功地从国际资本市场进行了融资。不过，微型金融的商业化经营趋势亦引发了一些学者的争议，他们提出追求盈利的商业化微型金融将使微型金融偏离社会扶贫的初始目标，导致微型金融机构远离边远地区的贫困人群。关于微型金融的商业化发展趋势对减贫目标的潜在负面影响，目前尚缺乏系统的实证研究，但努力追求扶贫和财务可持续的"双赢"，将是未来微型金融发展亟须大力探索和创新的重点之一。

四、微型金融运作机制的不断创新

微型金融主要是为无法从正规金融体系中获得金融服务的小企业、穷人和贫困家庭发放微型信贷及办理其他金融业务，帮助其进行生产性活动。但小企业、穷人和贫困家庭这些特定对象通常缺乏可信的资信记录，也不能提供足够的合格抵押物，因而需要微型金融机构采取有别于常规模式的风险控制手段。在此方面，一些微型金融组织已创造并运用了小组联保贷款、动态激励、定期还款、担保替代等新型金融合约方式，达到了有效克服信息不对称障碍，保证较高贷款偿还率的效果。其中小组联保方式是一种替代正规抵押担保的机制创新，借款小组由成员自发组成，成员之间负有连带责任，名义上不要担保，但实际上小组成员相互之间用人格进行担保。动态激励也是一种有助于降低微型金融组织风险并培养优质客户的有效创新。在无限期重复博弈的环境下，通过将借贷双方对未来的预期和对历史记录的考察纳入合约框架，为借款者提供了更强的还款激励，促进借款者采取合作策略，形成隐性长期契约。而整贷零还的分期偿还机制则可以形成早期风险预警，缓解借款人到期统一还款的压力，确保贷款偿还的安全性与流动性。

一些微型金融组织还通过充分利用本土化资源来进行风险管理并提高效率。例如，在印度尼西亚人民银行的乡村信贷部体系中，作为整个体系核心的村银行的员工主要来自当地，这些员工熟悉当地风土人情和文化背景,熟练掌握当地语言,从而就充分利用了农村本土化的社会资源来解决逆向选择与道德风险问题,同时还节约了成本,使信贷员无须花费太多的人力、物力进行贷前调查与贷后审查,实现交易费用的节省。

农村地区往往地广人稀,开设分支机构的成本很高。肯尼亚商业银行通过设立"移动"支行这一创新形式为原来"与世隔绝"的社区提供金融服务。肯尼亚的 Equity Building Society(EBS),曾是一家住房抵押贷款银行,后来将其业务集中于中低收入借款人以及农村地区的客户。鉴于在偏远地区设立永久性的支行并不具有财务可行性,EBS 就建立了"移动"支行——具有特殊功能的车辆,包括适应各种地形的驾驶功能,稳定的声音和数据通讯功能以及备用电源等,来使边远农村的顾客方便地得到金融服务(赵冬青,2009)。

近年来,随着互联网技术的发展和普及,P2P(Person-to-Person,意即个人对个人)在线贷款的概念浮出了水面。其中,英国的 Zopa、美国的 Prospe,还有以"慈善型"投资为主的 Kiva 均是在线贷款领域较为成功的网站。P2P 在线贷款是一种以互联网为平台的融资模式,也是目前微型金融在网络时代的新趋势。在线贷款主要有以下特点:一是隐蔽性强,其组织方式非常灵活,会员无须面对面交流,仅需借助虚拟的网站即可实施开展借款活动;二是传播速度快,基于互联网实时通讯软件及添加广告链接等形式,很短的时间内可将信息迅速传播;三是范围广,将需要借贷人群资金短缺的信息在网络公布后,容易引起广泛的关注度(邢增艺等,2010;罗洋等,2009)。与一般微型金融相比,在线贷款模式的交易更加快捷和便利。无疑,活跃的微型金融运作机制创新,对于实现微型金融的可持续发展、为低收入人群提供更为充分的金融服务,具有重要的作用。

参考文献

[1] Adams, D. W. Are the Arguments for Cheap Agricultural Credit Sound? In:Adams, D. W. , D. H. Graham and J. D. Von Pischke(eds.). Undermining Rural Development with Cheap Credit. Boulder, CO:Westview Press,1984.

[2] Banerjee,A. , E. Duflo, R. Lennerster and C. Kinnan. The Miracle of Microfinance? Evidence from a Randomized Evaluation. IFMR Research Working Paper Series No. 31,2009.

[3] Banerjee, A. V. , T. Besley and T. W. Guinnane. The Neighbor's Keeper: The Design of a Credit Cooperative with Theory and a Test. The Quarterly Journal of Economics,1994, 109 (2):491-515.

[4] Berger, A. N. and G. F. Udell. Small Business and Debit Finance. In:Acs, Z. J. and D. B. Audretsch(eds.). Handbook of Entrepreneurship,2000.

[5] Berger, A. N. and G. F. Udell. Small Business Credit Availability and Relationship Lending: The Importance of Bank Organizational Structure. The Economic Journal,2002,112:32-53.

[6] Castello, C. , K. Stearns and R. P. Christen. Exposing Interest Rates: Their True Significance to Microentrepreneurs and Credit Programs. Cambridge, Mass. :ACCIÓN International,1991.

[7] Chowdhury, P. R. Group-lending: Sequential Financing, Lender Monitoring and Joint Liability. Journal of Development Economics,2005,77(2).

[8] Christen, R.P. , J. McDonald The Microbanking Bulletin. The Economics Institute, Boulder,1998.

[9] Christen, R. P. , E. Rhyne and R. C. Vogel. Maximizing the Outreach of Microenterprise Finance: The Emerging Lessons of Successful Programs. Washington, DC: IMCC, Unpublished Report,1994.

[10] Claudio, G. -V. Cheap Agricultural Credit: Redistribution in Reverse. In:Adams,D. W. , D. H. Graham, and J. D. Von Pischke(eds.), Undermining Rural Development with Cheap Credit. Boulder,CO:Westview Press,1984.

[11] Coleman, B. E. Microfinance in Northeast Thailand: Who Benefits and How Much? World Development,2006,34(9):1612-1638.

[12] Conning, J. Outreach, Sustainability and Leverage in Monitored and Peer-monitored Lending. Journal of Development Economics, 1999, 60 (1):51-77.

[13] de Aghion, B. A. and J. Morduch Microfinance beyond Group Lending. Manuscript, University College London and Princeton Univ. ,1998.

[14] Diamond, D. W. Financial Intermediation and Delegated Monitoring.

Review of Economic Studies,1984,51:393-414.

[15] Fernando, N. A. Understanding and Dealing with High Interest Rates on Microcredit, A Note to Policy Makers in the Asia and Pacific Regions. Asian Development Bank,2006.

[16] Ghosh, P. and D. Ray. Information and Repeated Interaction: Application to Informal Credit Markets. Mimeograph, Department of Economics, Texas A & M University,1999.

[17] Grootaert, C. , T. V. Bastelaer, The Role of Social Capital in Development, Cambridge. Cambridge Univ,Press,2002.

[18] Guttman, J. M. Assortative Matching, Adverse Selection, and Group Lending. Journal of Development Economics,2008,87(1):51-56.

[19] Hartarska, V. Governance and Performance of Microfinance Institutions in Central and Eastern Europe and the Newly Independent States. World Development,2005,33(10).

[20] Hulme, D. and P. Mosley. Finance Against Poverty. London: Routledge,1996.

[21] Jain,S. and G. Mansuri. A Little at a Time:The Use of Regularly Scheduled Repayments in Microfinance Programs. Journal of Development Economics,2003,72(1):253-279.

[22] Johnson, S. and B. Rogaly. Microfinance and Poverty Reduction. Oxfam,1997.

[23] Krahnen, J. P. and R. H. Schmidt Development Finance as Institution Building—A New Approach to Poverty-oriented Banking. Boulder,CO: Westview Press,1994.

[24] Kroszner, R. S. Community Banks: The Continuing Importance of Relationship Finance. http://www. federalreserve. gov/newsevents/ speech/kroszner20070305a. htm,2007-03-05.

[25] Laffont, J.J. and T. N'Guessan Group Lending with Adverse Selection. European Economic Review,2000,44(6):773-784.

[26] Leland, H. E. and D. H. Pyle. Informational Asymmetries, Financial Structure, and Financial Intermediation. The Journal of Finance,1977, 32(2).

[27] Littlefield, E. , J. Murduch and S. Hashemi. Is Microfinance an Effec-

tive Strategy to Reach the Millennium Development Goals? Washington, DC:CGAP Focus Note, No. 24,2003.

[28] Mahjabeen, R. Microfinancing in Bangladesh: Impact on Households, Consumption and Welfare. Journal of Policy Modeling, 2008, 30 (6): 1083-1092.

[29] Maitreesh, G. Group Lending, Local Information and Peer Selection. Journal of Development Economics,1999,60(1).

[30] Meyer, R. L. The Demand for Flexible Microfinance Products: Lessons from Bangladesh. Journal of International Development, 2002, 14 (3): 351-368.

[31] Mohieldin, M. S. and P. W. Wright. Formal and Informal Credit Markets in Egypt. Economic Development and Cultural Change,2000,48(3).

[32] Montgomery, H. and J. Weiss. Modalities of Microfinance Delivery in Asia and Latin America:Lessons for China. China & World Economy, 2006,14 (1):30-43.

[33] Montgomery, R. Disciplining or Protecting the Poor? Avoiding the Social Costs of Peer Pressure in Micro-credit Schemes. Journal of International Development,1996,8(2):289-305.

[34] Morduch, J. and B. Haley. Analysis of the Effects of Microfinance on Poverty Reduction, NYU Wagner Working Paper No. 1014, 2002.

[35] Morduch, J. Microfinance Sustainability: A Consistent Framework and New Evidence on the Grameen Bank. Manuscript, Harvard,1997.

[36] Morduch,J. The Microfinance Schism. World Development,2000,28(4): 617-629.

[37] Pollinger,J. , J. Outhwaite and H. Cordero-Guzmán. The Question of Sustainability for Microfinance Institutions. Journal of Small Business Management,2007,45(1):23-41.

[38] Remenyi, J. and B. Quinones. Microfinance and Poverty Alleviation: Case Studies from Asia and the Pacific. New York:Pinter Publishers Ltd. 2000.

[39] Rhyne,E. The Yin and Yang of Microfinance:Reaching the Poor and Sustainability. Microbanking Bulletin,1998.

[40] Rosenberg, R. Microcredit Interest Rates. Occasional Paper No. 1,

CGAP, World Bank,2002.

[41] Schreiner, M. Formal ROSCAs in Argentina. Development in Practice, 2000,10(2): 229-232.

[42] Steel, W. F. , E. Aryeetey, H. Hettige and M. Nissanke. Informal Financial Markets under Liberalization in Four African Countries. World Development,1997,25(5).

[43] Stiglitz,J. Peer Monitoring and Credit Markets. World Bank Economic Review,1990,4(3):351-366.

[44] Tedeschi, G. A. Here Today, Gone Tomorrow: Can Dynamic Incentives Made Microfinance More Flexible? Journal of Development Economics, 2006,80 (1):84-105.

[45] Bastelaer, V. T. Does Social Capital Facilitate the Poor's Access to Credit? A Review of the Microeconomic Literature. World Bank, Social Capital Initiative, Working Paper No. 8,1999.

[46] Varghese,A. Bank-moneylender Linkages as an Alternative to Bank Competition in Rural Credit Markets. Oxford Economic Papers,2005,57 (14):315-335.

[47] Varian, H. R. Monitoring Agents with Other Agents. Journal of institutional and Theoretical Economics,1990, 145(1):153-174.

[48] Vinelli, A. Financial Sustainability in U. S. Microfinance Organizations: Lessons from Developing Countries. In: Carr, J. H. and Z. Y. Tong (eds.). Replicating Microfinance in the United States, Washington DC, 2002:137-165.

[49] Von Pischke, J. D. Innovation in Finance and Movement to Client-centered Credit. Journal of International Development,2002,14: 369-380.

[50] Weiss, J. and H. Montgomery. Great Expectations: Microfinance and Poverty Reduction in Asia and Latin America. Oxford Development Studies,2005,33(3-4).

[51] Woller, G. From Market Failure to Marketing Failure: Market Orientation as the Key to Deep Outreach in Microfinance. Journal of International Development,2002,14(13).

[52] Yunus, M. Credit is a Human Right. Grameen Bank, Dhaka,1994.

[53] 爱德华·肖. 经济发展中的金融深化(中译本). 上海:上海三联书店,1988.

[54] 陈鸿祥.微型金融组织发展的比较优势与建议措施.金融发展研究,2010 (9).

[55] 陈明.对我国农村微型金融的认识与思考.南方农村,2009(6).

[56] 崔德强,等.有特色的 BRI 模式——印度尼西亚人民银行小额信贷模式剖析.中国农村信用合作,2008(7).

[57] 丁武民,等.微型金融在我国的发展与探索.中国渔业经济,2010(2).

[58] 高艳.我国农村非正规金融的绩效分析.金融研究,2007(12).

[59] 龚明华.现代金融中介和金融市场理论.北京:经济科学出版社,2006.

[60] 顾建强.我国商业银行发展农村微型金融模式的探讨.新金融,2009(8).

[61] 顾宇娟.格莱珉银行模式与我国农村金融改革相关问题分析.商业时代,2008(14).

[62] 侯世宇.美国《社区再投资法案》理论争议与实践述评.河南金融管理干部学院学报,2005(6).

[63] 黄娇梅.城乡统筹背景下发展农村微型金融的探讨.重庆职业技术学院学报,2008(6).

[64] 贾立,等.印度微型金融运作模式及其启示分析.南亚研究季刊,2011(1).

[65] 焦瑾璞.创造良好环境推动微型金融规范持续发展.黑龙江金融,2009 (11).

[66] 李波.对微型金融的认识及发展建议.武汉金融,2009(3).

[67] 李新,杨苗苗.我国微型金融深化发展路径探讨.武汉金融,2009(11).

[68] 李新.完善支持微型金融发展的财政政策.中国财政,2010(22).

[69] 李长健,等.农民权益保护视野下我国农村微型金融发展研究.桂海论丛,2011(1).

[70] 李振江,张海峰.微型金融业务的四种模式.农村金融研究,2008(12).

[71] 刘冬,王志峰.国际商业银行从事微型金融的业务发展模式经验及启示.武汉金融,2010(10).

[72] 刘雅祺,等.微型金融的发展现状及我国特色模式.农村金融研究,2008 (10).

[73] 罗纳多·I.麦金农.经济发展中的货币与资本(中译本).卢骢译.上海三联书店,1988.

[74] 罗洋,等.微型金融的新趋势:P2P 在线贷款模式.黑龙江金融,2009(9).

[75] 马丽娟.经济发展中的金融中介.北京:中国金融出版社,2005.

[76] 农业银行国际业务部课题组.印尼人民银行在农村的商业化运作.农村金

融研究,2007(10).

[77] 欧阳勇,等.金融理论教程.成都:西南财经大学出版社,2006.

[78] 桑媛媛.非正规金融理论综述.义乌工商职业技术学院学报,2009(1).

[79] 王丽,等.完善社会主义新农村微型金融服务体系的对策研究.全国商情,
2010(9).

[80] 文维虎.农村微型金融服务模式的比较分析.西南金融,2009(4).

[81] 谢欣.玻利维亚阳光银行的草尖金融.银行家,2008(6).

[82] 谢欣.微型金融组织对农村金融难题的纾解.农村金融研究,2011(1).

[83] 邢增艺,等.网络借贷:微型金融发展新趋势.前沿,2010(23).

[84] 徐淑芳.全球微型金融的现状与发展趋势.金融研究,2007(9).

[85] 杨苗苗,等.亚洲微型金融运作模式及启示.现代经济,2009(8).

[86] 赵冬青.微型金融商业化的国际经验.中国农村信用合作,2009(1).

[87] 赵冬青,王康康.微型金融的历史与发展综述.金融发展研究,2009(1).

[88] 赵冬青,王康康.微型金融机构如何实现商业化运作.中国农村金融,2010
(2).

[89] 赵冬青,等.印度微型金融对我国农村金融发展的启示.金融理论与实践,
2008(6).

[90] 赵敏.孟加拉乡村银行模式与我国农村小额信贷的发展.山东社会科学,
2007(8).

[91] 郑乔.印尼人民银行小额信贷的做法与启示.农村金融研究,2010(5).

[92] 郑寿明,等.农村微型金融组织制度缺陷与改进路径.福建金融,2010(7).

第三章　微小贷款实践

第一节　微小贷款的产生与发展

微小贷款,以国际流行观点来说,是指专向中低收入阶层提供的小额度的持续的信贷服务活动,并且这类为特定目标客户提供特殊金融产品服务的项目或机构需追求自身财务的自立和持续性。这构成它与正规金融机构的常规金融服务、一般政府或捐助机构长期补贴的发展项目和传统扶贫项目的本质差异。

一、国外微小贷款的产生与发展概况

国际上主要的微小贷款项目[①]集中在亚、非、拉等发展中国家。由于发展过程中地域、国情、人文环境等因素的不同,世界各国开展的微小贷款种类多样,产生了各具特点的运作模式。在众多的国际微小贷款项目中,以孟加拉乡村银行、印度尼西亚人民银行的农村信贷部、玻利维亚的阳光银行和拉丁美洲的村银行这四种微小贷款运作模式最为著名。其

---

① 为全面介绍国际微小贷款发展情况,本章节不仅仅以微小贷款为分析对象,还讨论既包括个人贷款也包括群组贷款的微小贷款运作模式。

中,孟加拉乡村银行模式和玻利维亚阳光银行模式为面向群组的团体贷款模式,印度尼西亚人民银行模式和拉丁美洲村银行模式为面向个人的微小贷款模式。

（一）孟加拉乡村银行模式

孟加拉乡村银行由尤努斯教授在1976年亲自创建的,是世界上影响较大的金融扶贫模式。孟加拉乡村银行模式向贫困人口贷款,但不直接与单个贫困农户发生联系,而是与项目实施最基层的小组和中心发生联系。其主要特点有:(1)层级组织结构（借款小组—乡村中心—支行—分行—总行）。一般5人自愿组成一个小组,5～6个小组组成一个中心,借款小组和乡村中心是GB运行的基础。GB总行下,各地设分行。一个分行下有10～15个支行,每个支行管理120～150个乡村中心,支行在财务上自负盈亏。(2)小组贷款制度。小组成员之间具有连带担保责任,贷款发放一般按"2—2—1"顺序,先贷给两个组员,观察两周后再贷给另外两名组员,最后贷给小组组长。贷款期限为一年,分期等额还款,对借款上限进行控制。(3)小组会议和中心会议制。通过乡村中心会议保持业务过程的透明度,乡村中心定期召开会议,进行集中放款和还贷,集体进行培训,以便于成员之间互相监督。

（二）印度尼西亚人民银行模式

印度尼西亚人民银行是世界上为农村提供金融服务的最大国有商业性金融机构,依靠遍布全国的村级信贷部和服务站降低成本,主要业务集中在小企业贷款和小额信用贷款上。其主要特点有:(1)有效的治理结构。印度尼西亚人民银行模式以村信贷部为基本经营单位,每个村信贷部平均覆盖16～18个村,平均服务4500个储蓄者和700个借款者。村信贷部具有贷款决定权,独立核算,自主经营,下设服务站负责吸收储蓄和回收贷款。(2)内部激励机制。村银行推行利润分享计划,每年经营利润的10%在下年初分配给职员。约为月薪的2.5倍。(3)商业化管理方案。村信贷部接近客户以减少信息不对称,通过管理体系的简化缩短贷款流程,降低贷款交易成本和管理成本,并采用市场化利率定价方式。

(三)玻利维亚阳光银行模式

玻利维亚阳光银行前身是一个以捐款为资金来源的非营利组织,1992 年被批准为专门从事微小贷款的私人商业银行,但其作为非政府组织的职能依然存在。玻利维亚阳光银行模式也实行团体贷款制度,其与孟加拉乡村银行存在的差异在于只注重银行业务的开展,不提供其他社会性服务。其主要特点有:(1)团体贷款制度。贷款小组由 3～7 人组成,小组成员交叉担保彼此的贷款。贷款发放时所有会员可同时获得贷款,利率相对较高,年均贷款利率 47.5％～50.5％。(2)灵活的偿还形式。借款者可按周偿还,也可按月归还,贷款期限也非常灵活。(3)部分担保方式。要求借款者参加储蓄,并从贷款中扣留,以作为一种平衡补充,对贷款进行部分担保。

(四)拉丁美洲村银行模式

拉丁美洲村银行是以村为基础的半正规会员制机构,20 世纪 80 年代中期在拉丁美洲国际社区自助基金会的基础上创建。拉丁美洲村银行模式由社区管理的信贷和储蓄组织提供农村地区的金融服务,宗旨是减少贫困,便利社区会员得到贷款。其主要特点有:(1)会员小组制度。标准的村银行为 30～50 个成员(5～7 人的连带小组)组成,会员拥有村银行所有权。(2)自主决定存贷利率。会员自主决定存贷利率,与商业银行相比,存贷利率都较高。(3)贷款与储蓄挂钩。贷款与储蓄相关且储蓄没有利息,成员从银行的再贷款和投资盈利中分红,红利则按照成员对银行的储蓄贡献比例分配。

(五)国家级微小贷款批发基金模式

为了集中管理国内外捐助机构和政府的扶贫资金,并推动微小贷款机构的持续发展,孟加拉国政府于 1990 年设立了农村就业支持基金会(PKSF)。其主要特点是:一是资金由国内外赠款和国际金融组织贷款组成。二是仅对符合其标准的合作机构提供能力建设和免于担保的微小贷款批发业务。三是进行现场调查、审计和提交会计报表,对合作机构实行监督,并帮助其制定长期发展规划。

综上,国际微小贷款发展具有以下几个鲜明的特征。

1. 制度主义成为国际微小贷款的主流

目前世界上存在的微小贷款以其服务的目的可分为制度主义和福利主义两大流派。福利主义微小贷款组织以社会发展为首要目标,旨在帮助穷人解决基本生存问题;而制度主义微小贷款组织则更强调机构的商业可持续性,尤其是财务可持续性,在此基础上扩大业务覆盖率,为广大中低收入群体提供信贷服务,不强调提供社会服务的职能。

实践证明,制度主义更符合微小贷款商业化的要求,成为国际微小贷款的主流发展趋势。福利主义微小贷款试图通过培训、教育等方式从根本上提高贫困人群改善生活水平的能力,这种理念应当提倡,但是对于从事微小贷款业务的机构而言,应当在实现机构可持续发展的基础上量力而为,或者通过提供适当的培训来降低信贷风险、提高业务质量,而单纯的社会福利职能更多地应当由政府机构承担。

2. 可持续性发展的基础在于机构运营的商业化和利率的市场化

从国际微小贷款发展经验来看,无论是福利主义还是制度主义,都主张扶贫不能一味地依靠政府发放补贴,扶贫机构也不能充当一个“送钱”的行政机关,这样的机构无法实现可持续发展,反而使贫困人群丧失一个持久、稳定的融资渠道。微小贷款组织的可持续发展不能依靠政府补贴、慈善性捐款等资金来源来维持,商业化经营是微小贷款实现可持续发展的必然选择。而微小贷款商业化运作要求微小贷款利率的选择需以市场机制为基础,以实现机构自身财务独立和可持续性为目标,考虑到微小贷款的管理成本较高,因而能覆盖微小贷款运营成本的利率通常高于正规金融机构主导的商业贷款利率。当前,国际微小贷款组织普遍注重贷款可得率,而非利率高低的问题。一些国家在利率覆盖风险和成本的基础上,甚至完全放开利率管制,由机构根据市场决定利率,如孟加拉国、印度尼西亚等。

3. 微小贷款的还款率比传统商业贷款还款率更高

有数据显示,国际上微小贷款的偿付率超过了98%,在部分转型国家更是高达99.8%,贷款逾期率(一期以上未还款)为1%～3%,贷款不良率小于0.3%,这些指标足以说明微小贷款的优越性。究其原因,一是微型企业(包括个体经营户)缺乏可靠的融资来源,如果银行愿意雪中送炭,它们将非常珍惜,而不会冒险失去银行融资的途径;二是微型企业很少拥有显赫的社会背景、政治权力,对它们的贷款很少受到非市场因素的干扰;三是微型企业在其业务规划中更倾向于谨慎,尽可能避免超出实际需要的贷款,以确保有充足的还款能力,不至于损害其难得的资金来源。

二、微小贷款在中国的发展

一般来讲,微小贷款可以由商业银行专属机构、农村信用合作社等正规金融机构提供,也可以由专门的微小贷款机构(如小额贷款公司)提供,因其具有帮助贫困农民和资金可持续发展的双重目标,作为一种重要而有效的农村金融服务在全球范围内得到迅速的发展。我国20世纪90年代开始进行了试点并在近几年推广,取得了非常好的经济效益和社会效益。

国内常见的微小贷款方式有两种:一是以群组方式发放的信用村镇贷款;二是以个人贷款方式发放的微小贷款,其中信用村镇方式开展得较早也较为广泛。不可否认,信用村镇模式的实践非常成功,在浙江省的大多数地区,信用村镇模式已经基本实现了全覆盖,有效缓解了农户贷款难问题,为农村经济大发展不断"造血"。

但是,信用村镇模式能否长期持续发展是一个有待考虑的问题。一方面,80后、90后新生代农民群体逐渐成长为农村中家庭的当家人,他们的生活环境和生活模式与原先已大不相同,更注重个人的自主性和私密性,加上基于"熟人社会"的人际信任结构面临严峻挑战,信用村镇模式所强调的村长乡邻约束作用对他们是否仍然具有高度的有效性以及他们是否愿意以群组贷款的方式获得贷款值得商榷。另一方面,城镇化进程中微小贷款的资金更多是用于小微企业的生产经营性需求,对贷款项目的评估或许需要一种更为有效的方法。信用村镇模式针对的是传统的农业贷款需求,在对传统农业有较为深入了解的情况下可以有效评定农户信用等级、控制贷款风险,但若贷款项目发生变化,转变为个体经营活动或者小微企业生产活动时,对贷款项目本身或客户个人能力的评估就显得尤为重要。而这,恰恰是微小贷款模式的技术核心。重视对客户还款意愿和还款能力的分析,以现金流为第一还款来源,微小贷款模式能对客户个人进行全面而有效的评估,充分准确地判断贷款风险。在传统农业和现代农业并存的情况下,信用村镇模式和微小贷款模式并存可以满足新农村建设的多样化资金需求,而随着县域经济的转型和城镇化建设的深入,微小贷款模式应逐渐占据更大的比例,发挥更大的作用。

而就银行自身来说,信用村镇模式也需进行优化和提升。从根本上说,信用村镇模式是由金融机构"让利"实现的,而"让利"其实是一种并不符合市场经济的行为,尤其是在利率市场化的趋势下,银行吸收存款利率高,降低贷款利率更难以实现。遍布县域的农行社等小微金融机构作为独立的法人机构,以可持续发展为第一要务,虽然从社会责任角度而言,应适度"让利"于农民、个体工商户、微小企业等弱势群体,但较低利率的贷款额度(深度)、所能有效覆盖的广度及所能承受的风险(风度)间的均衡问题值得研究,较优惠利率的贷款显然不宜贷给较富裕且求进一步发展壮大的阶层。信用村镇模式倘若能在原有基础上提升技术水平,如尝试与微小贷款 IPC 技术以及纪律约束的融合,其未来的发展前景将更值得期待。

第二节　微小贷款及其基本特征

一、微小贷款

近些年,微小贷款正日益成为小额信贷中重要产品之一。一般而言,微小贷款是指以个人贷款模式向农村和城镇中的个体工商户和微型企业主提供的小额短期准信用贷款,使其能够以合理的价格,方便、及时和有尊严地获得高质量的融资服务。不同于传统的以扶贫为目标的小额贷款模式,微小贷款强调以商业化市场模式解决高成本及高风险问题,注重机构自身的可持续发展和盈利性目标。其主要服务对象是既无法获得面向传统农业的财政贴息贷款也无法获得需要抵押担保的商业银行贷款但却有迫切融资需求的个体工商户和微型企业主,他们是社会上的中低收入阶层,拥有自己的微型企业和一定的从业经验,具有产生收入和创造就业的能力。

表 3-1　相关概念辨析

	资金来源	服务机构	服务对象	服务内容	服务目的	经营目标
普惠金融	财政资金、商业资金等	政府部门、非政府组织、所有金融机构	社会所有阶层和群体，包括穷人和中低收入者	综合金融服务，主要包括微型金融服务	日常生活、生产经营、扩大再生产	兼具商业可持续性和扶贫功能
微型金融	财政资金、捐赠、商业资金等	非政府组织、部分专业金融机构	无法获得正规金融机构服务的中低收入群体	存贷、汇兑、保险等	日常生活、经营、扩大再生产	兼具商业可持续性和扶贫功能
小额贷款① (小额信贷)	商业资金、政府补贴或公共基金	非政府组织、部分专业金融机构	农户、个体工商户、微型企业主等金融弱势群体	团体贷款和个人贷款	经营和扩大再生产	商业可持续
微小贷款	商业资金	部分专业金融机构	个体工商户、微型企业主	个人贷款	经营和扩大再生产	商业可持续

二、微小贷款基本特征

（一）小额度

IFC 将微小贷款定义为金额在 10 万美元以下的小企业贷款和 1 万美元以下的个体经营户或微型企业贷款，我国界定小额的标准一般为 10 万元。要注意的是，贷款额度的标准并不是绝对统一和固定不变的，而是具有相对性和动态性，需与地方经济发展水平和服务对象需求特征相适应。

（二）短期限

微小贷款主要针对生产经营性贷款用途，所选项目能产生稳定现金流，可在较短时间内实现预期回报，一般贷款期限在一年以内。

---

① 小额信贷是一种特殊的，不需要借款者提供任何抵押的小额贷款，基于实践中并不存在纯粹的信用贷款的现实，本书对两者不加以区分而统一使用"小额贷款"的概念。

（三）高利率

微小贷款以商业可持续为经营目标，其利率需要覆盖贷款机构的高成本并为商业机构创造一定的经济效益，因而利率较高，年利率通常在15％左右。

（四）分期还

一般为按月等额还款，技术成熟之后也可视投资项目的具体情况选择按月还款或者按季还款，但分期还款的原则不可改变。

（五）无抵押

足值的抵押品并不是微小贷款的必要条件，微小贷款凭着"改变不了别人，就改变自己；没有不还款的客户，只有做不好的银行"信条，通过勤勉的实地调查、交叉检验等技术有效突破抵押，提供弱担保的准信用贷款。

（六）弱担保

微小贷款所需担保也仅仅只是道义担保。所谓道义担保，是指担保人一般不承担实际上的连带还款责任，而是对借款人形成道义上的约束，强化借款人的还款意愿，同时缓解银行与借款人之间信息不对称的程度。微小贷款中，家庭成员、邻居等与借款人关系密切的人均可以成为其担保人，而且担保手续便捷，只要担保人承诺愿意担保并签字即可。

第三节　微小贷款的营运

一、发展目标

国际主流观点认为，各种模式的小额贷款均包括两个层次的目标：一是为大量中低收入（包括贫困）人口提供金融服务；二是保证微小贷款机构自身可持续发展。如何协调这两个既相互联系又相互矛盾的目标之间的关系是微小贷款组织必须考虑的问题。在商业化运作的微小贷款模式中,由市场化的利率定价手段和有效的成本控制手段保证的财务可持续性乃至高盈利性是金融机构开展微小贷款业务的首要目标,与此同时实现一定程度的对金融弱势群体的帮扶功能。

(一)可持续发展目标

微小贷款作为商业性金融机构为适应市场竞争和客户需求而开展的创新型业务,出发点在于开辟新的利润增长点,提高机构自身盈利水平。市场化定价方式决定的可持续发展利率(较高的利率)是微小贷款可持续发展的基础。然而较高的利率并不是仅出自高盈利性目标而作出的选择。事实上,高利率具有多方面的成因,是一个可以实现金融机构与借款客户双赢的选择。

1. 覆盖成本和瞄准目标客户的需要

覆盖成本。微小贷款具有相对于商业贷款更高的成本:第一,不同的业务操作方式导致了微小贷款的交易成本更高。微小贷款多采用"送贷上门"形式,需要微贷员上门营销及实地调查,而不是像商业银行那样在银行等客户;一般商业银行贷款是按年还款或者到期一次性还本付息,而微小贷款机构一般是按月还款;微小贷款的单笔贷款操作成本与商业银行贷款相差无几,但由于微小贷款额度小,在同样贷款余额的情况下微小贷款的笔数比商业银行贷款高很多,操作成本由此翻倍增加。因操作方式不同而发生的相关费用,从贷款的需求方转移到贷款的供给方,导致微小贷款机构成本的提高。第二,微小贷款业务对于微贷员的高要求导致了其管理成本更高。微小贷款是一项劳动密集型业务,依赖的是微贷员多方面的综合技能,因而需要对微贷员进行集中而具有针对性的培训才能快速培养出一批符合微小贷款要求的优质微贷员。同时,在微贷业务中,适当的激励制度不可或缺。第三,微小贷款的风险高于商业银行贷款,需要提取更高的风险准备金,增加了微小贷款机构的成本。以上三因素的叠加导致了微小贷款产品的成本高于普通商业银行贷款产品的成本,为了覆盖较高的成本,微小贷款机构不得不提高利率以实现财务可持续。

瞄准目标客户。高利率可以有效避免寻租行为的产生,也可以扭转传统的"信贷配给"机制,从而筛选出微小贷款的目标客户群体。低利率条件下,一方面,资金需求增加,不仅形成了更大的供需缺口,也由于贷款群体的扩大而增加了识别目标客户的难度;另一方面,低利率导致的寻租行为使低息贷款往往到达富裕户或权力所有者手中,偏离了目标群体,造成信贷资金的低效率。高利率贷款条件则可以避免上述问题的发生。当微小贷款利率高于普通商业贷款利率时,作为理性的经济人,非目标客户群体会退出对微小贷款资金的争夺,权力阶层也会对此失去兴趣,从而更好地发挥微小贷款目标瞄准机制的作用,满足那些无法从正规金融机构得到金融服务的群体对于资金的需求。理论上的分析也证明了高利率对于传统"信贷配给"机制的扭转,使微小贷款达到目标客户手上,也可以提高还款率。[①]

此外,高利率可以对客户产生谨慎投资、精心经营的动力和压力,从而实现激励其积极创造财富的初衷;也不会由于低利率而对客户形成"白送"的心理暗示和即使不还也没有关系的错误认识。

2. 基于客户资金的可得性和可接受性的需要

对于金融弱势群体而言,资金的可得性比利率更为重要。巧妇难为无米之炊。穷人之所以贫困,微小企业之所以无法扩大规模,根本在于没有资金的支持,原本充裕的劳动力资源无法资本化而成为沉没成本。若是弱势群体中的多数能以适当的方式得到少许资金支持,其本人及家人的人力资本与货币资金结合起来就可能创造出可期的经济效益;值得关注的还有:实践中的低利率资金往往被垒大户集中于当地权贵阶层中,相反弱势群体根本得不到任何资金支持。

资金供给可以给微小企业带来高回报。微小企业在资金匮乏的状态下得到金融服务,其边际报酬率必然很高。而由于县域微小企业一般以家庭为单位进行经营,可以有效控制工资成本;同时,尽管微小企业劳动生产率可能不高,但因更多地使用剩余劳动力而较少投入资金,较为合理地利用了农村和城镇的生产要素,从而使微小企业的资金回报率较高。

---

① 详见章元《非对称信息下的团体贷款研究》,2004 年复旦大学博士学位论文。尽管该文中以团体贷款为例进行证明,但相关观点和分析方式也适用于个人贷款。

零隐性成本的微小贷款高利率与传统商业贷款总成本相比并不特别昂贵。微小贷款强调无隐性成本，要求微贷员"不喝客户一口水，不带走客户半片纸"，即除客户支付公开的利息之外，没有任何其他费用。所以，微小贷款中合同写明的贷款利率即为客户需要支付的总费用。而传统贷款方式中，客户可能需要以请客吃饭等方式维护与信贷员或者贷款管理人员之间的关系，额外费用较高，其书面贷款利率与额外费用加总得到的贷款总利率与微贷利率相比可能并不低多少。且微小贷款以让客户方便、及时和有尊严地得到贷款为目标，这样高质量的服务让客户对于高利率的支付更加心甘情愿。

（二）金融弱势群体造血功能目标

微小贷款由于面向的是个体工商户或者微型企业主等金融弱势群体而天然具有了"造血"式扶贫的社会功能。弱势群体因为客观条件的制约在正规金融市场上获得贷款的机会极小，致使他们丧失了改善自身经济地位的机会。若能有更多的金融机构能为他们提供商业性可持续的金融支持，相当一部分人是能够在很大程度上提高自身收入的，这对于推进社会的公平和稳定具有重要意义。同时，"大中企业强国，小微企业富民"，包括个体工商户、家庭作坊等的微型企业无疑是这一切的源泉，解决微型企业融资问题无疑让这些小业主在创业初期得到珍贵如血液的资金，得到更大机会的生存权和发展权，从而实现对金融弱势群体的帮扶功能。

二、经营理念

微小贷款以其强势服务理念著称，力求让客户获得方便、及时和有尊严的贷款体验，其高质量的服务主要体现在主动营销、方便快捷、零隐性成本和延伸服务四个方面。

（一）主动营销

个体工商户、微小企业主贷款难，主要难在大多没有和正规金融机构交往的经验、相互间缺乏基本的了解，同时其资金需求呈现"金额小、期限短、需求急、次数频"等特点，金融机构为追求商业化可持续发展，其客户需达到一定的规模。因此,银行必须采取"主动上门市场营销"方式。如有些商业银行在微小贷款营销时,发挥"扫楼"或"扫街"精神,挨家挨户分发宣传单,解释信贷产品,引起客户兴趣,并随着项目的推进,综合运用各类喜闻乐见的广告营销手段,主动发掘弱势群体的金融需求。

(二)方便快捷

微小贷款具有期限短和需求急的特点,因而放款需在短时间内迅速完成。为此,微小贷款业务设计了一套高度标准化的操作流程,以求对客户的贷款需求作出快速反应。首先,在客户来到银行申请贷款时填写贷款申请表,由前台接待员进行初次分析和筛选,这是微贷业务开始的第一道程序。其次,一旦客户通过了前台接待员的审核并提交了填写完整的贷款申请表,微贷部门马上安排微贷员进行实地调查,一般在客户申请的第二天进行。微贷员在实地调查的当天或者第二天完成调查报告,召开审贷会并由审贷会作出贷款决定,随即进入贷款发放阶段。成熟的微小贷款项目往往能在 2～3 个工作日内处理一笔贷款申请。

(三)零隐性成本

零隐性成本是由微贷员工作纪律所保障的。微贷员有一套严格的工作纪律,要求"不喝客户一口水,不带走客户半片纸",更不允许拿客户的东西或让客户请客吃饭,使客户不必支付贷款利息之外的成本。一个典型事件是,当微贷员在客户家进行实地调查时,中午 11 点前必须离开,避免让客户为微贷员准备午饭而付出额外的成本。假如实在无法推脱而与客户一起消费,则要求微贷员为共同消费买单,之后可由银行报销。在这套严格的工作纪律下,客户获得微小贷款所需支付的仅为贷款合同写明的利息费用,让客户获得有尊严的贷款体验。需指出的是,微小贷款对这套纪律实施违规零容忍度,一旦发现微贷员违规,轻则批评,重则开除。

(四)延伸服务

微小贷款鼓励微贷员与客户建立良好的私人关系,在微贷业务之外提供延伸服务。一方面是帮助客户解决经营上、生活上的问题，既拉近了彼此距离，让微贷员能够身临其境地深入感受和细致观察客户的真实经营情况，又因获得了与客户的同行、合作伙伴、客户的客户甚至客户的竞争对手直接接触的机会而可能掌握大量的第一手资料。另一方面掌握着大量经营信息、管理信息、行业特点和职业特点等行业信息的信贷人员常常成为客户的免费咨询顾问，在日常交流沟通过程中，微贷员也把银行审慎经营的观念和做法介绍给客户以强化其还款意愿。以此为切入点，微贷员往往能得到微型企业的一些深度信息，而这恰恰是报表所不能反映的企业经营管理的真实情况。

三、经营风险

微小贷款风险是指微小贷款机构在面向目标客户群体发放微小贷款的活动中，由于各种事前无法预料的因素的影响，使该业务的实际收益和效果与预期发生背离，从而导致贷款还款率低下的可能。以风险来源为分类标准，微小贷款风险包括外部风险和内部风险。

（一）外部风险

1. 信用风险

信用风险又称违约风险，主要是指借款者逾期不还，造成贷款坏账，资金损失。而从导致违约的原因出发，又可分为还款能力风险和还款意愿风险。

还款能力风险是一种客观存在。客户将贷款资金投入特定的投资项目中，该项目产生的收益成为偿还贷款的第一还款源，倘若该项目经营失败，第一还款源就无法保证，从而出现还款能力风险。微小贷款客户从事的大多是涉农产业或者工商业初创期，受自然条件、市场信息、自身因素等的制约，项目失败的可能性较大。

还款意愿风险则是由客户的主观因素，即客户的道德品质决定。良好的道德品质要求客户有偿还债务的意愿，而且要具备在负债期间主动承担各种义务的责任感。客户的还款意愿风险是一个动态概念，既包括在取得贷款后，有意选择高收益项目而在主观上忽视由此带来的资金风险，也包括在项目经营过程中缺乏偿还贷款的责任感，从而经营的谨慎或努力程度不够,还包括在经营成功后,隐瞒自己的确切收益,逃避偿还贷款等情况。

2. 自然风险

我国是一个自然灾害频发的国家,大量的自然灾害对微小贷款项目的成功实施和目标群体的人身和资产安全都带来极大的威胁,从而导致微小贷款业务产生大量的呆坏账。

3. 市场风险

微小贷款客户群体主要从事涉农产业或者处于创业初期的微型工商企业,面临着较大的市场风险。第一,市场信息建设落后,微型企业主缺乏价格、技术等市场信息。第二,涉农产业生产周期长,生产结构不易调整,在面临不利市场环境时,缺乏主动调整的能力。第三,因客户素质、基础设施建设、生产规模等方面的限制,远期、期货、期权等现代化的避险工具难以有效地普及。同时,随着我国经济金融化和全球化进程的加快,农产品的价格日益受到游资和全球市场的影响。这些都导致投入涉农产业的微小贷款面临着较大的市场风险。微型工商企业也因其规模小、收益低而处于较大的市场风险敞口中。

(二)内部风险

1. 操作风险

操作风险主要涉及微小贷款机构内部运作效率及效能方面的风险。微小贷款是一项劳动密集型活动,在业务开展流程中需要微贷员大量的人力投入,同时也是一项高技术业务,贷款的有效性在很大程度上依赖微贷员对贷款流程的严格遵守和执行。但在实际操作过程中,由于人员较少等因素的制约容易造成工作不到位,从而带来操作风险。

2. 管理风险

管理风险主要是指微小贷款机构由于内部管理上的原因给贷款造成损失的风险。主要表现在两个方面:一是重放轻管,在对微小贷款的认识上,存在着认为微小贷款额度小、风险分散,有损失也不大的错误认识,从而片面地追求放贷规模而忽视了对其风险的管理;二是管理不到位,微小贷款作为一种创新的信贷服务,不仅需要对贷款业务进行管理,也需要对从事贷款业务的微贷员进行管理。但在现实中,因为思想认识、机制设计等方面的原因，在对微贷员的管理上往往会出现权责利不对等的情况，从而产生管理风险。

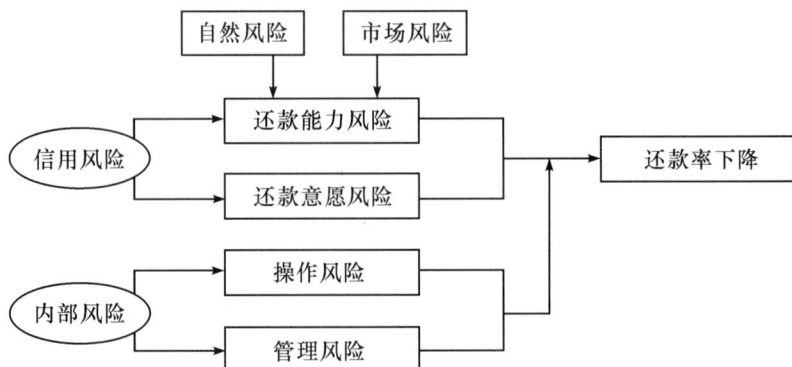

图 3-1　微小贷款风险分析

从作用机理看，市场风险和自然风险影响的是微小贷款项目的成功率，从而成为产生还款能力风险的主要原因。信用风险则是客户的还款能力和还款意愿综合作用的结果，是外部风险的主要表现。而主要表现为操作风险的内部风险又进一步提高和加剧外部风险发生的可能性和危害性，微小贷款机构需具备有效的风险管理能力和高效的风险控制手段。

四、客户选择

微小贷款风险控制的起点在于挑选出具备还款意愿和还款能力的优质客户。对于在正规金融机构求贷无门的个体工商户和微型企业主等金融弱势群体而言，要申请微小贷款有四个条件不可或缺。

（一）良好的道德品质

银监会有金融机构不准放贷的"九类人"规定，将不具备良好道德品质的人排除在贷款客户之外。诚信是对市场经济行为主体的基本要求，尤其是在具备支农支小社会功能的微小贷款业务中，客户更应该以感恩的态度充分谨慎地使用贷款，以诚相对。客户的道德品质是衡量客户还款意愿的重要标准。

（二）强烈的贷款需求

金融业务的开展是为满足客户特定的金融需求,只有具有强烈贷款需求的客户才是微小贷款业务的目标客户。在强烈的贷款需求下,客户具备强烈的劳动意愿,有足够的动力将金融资源和劳动力资源以及技术资源相结合而转化为经济效益,创造出可观的财富,从而具备足够的还款能力。

（三）一定的从业经验

一定的从业经验能够保证客户对于所投资项目有必要的了解,能够进行科学而理性的管理和经营,是衡量客户盈利能力乃至还款能力的重要指标。国内外微小贷款业务一般要求客户具备三个月以上从业经验。

（四）真实的资金用途

客户申请微小贷款时须讲清楚贷款用在何处。微贷员通过贷前审查、贷中调查、贷后监督全程监控客户资金的用途,确保客户资金用在实处,严防资金挪用。

可见,微小贷款把客户群体定位于具备发展潜力和盈利能力的个体工商户或微型企业主。这种市场定位既不同于一般意义上的个人贷款或企业贷款,也与尤努斯所办的穷人银行的市场定位有着本质的区别。尤努斯的穷人银行解决的是穷人的吃饭问题,是人的基本生存问题,而微小贷款要解决的则是微型企业维持和扩大再生产的发展问题。

五、分析方式

传统贷款存在抵押物崇拜现象,贷款风险的评估是以抵押物是否足值为主,以财务分析为辅,而微小贷款则是基于对客户真实现状分析,抵押、担保只是形式和名义上的。微小贷款以分析评估借款人的现金流和个人品质为核心,通过实地调查来获取反映借款人身份、品质、还款能力和还款意愿的信息,并借助于交叉检验的方法来验证信息的真实性,由此来决定是否授信,并灵活地确定贷款额度、期限和还款方式,从而更好地满足客户多元化的贷款需求。一是要对客户现金流和应收账款的真实性和可靠性进行分析；二是对客户还款能力的判断，不把贷款投入的收益作为还款来源来考虑，而只是判断客户现有的经营能力是否能够偿还贷款；三是考虑客户是否具有还款意愿，即是否诚实。在对微型企业进行分析时，是将贷款客户的家庭和生意作为同一个经济单元来分析。其核心当属交叉检验技术。

（一）基于财务信息的交叉逻辑检验

是由微贷员亲自访问客户的经营场所和家庭住宅，与客户的朋友亲戚进行面对面的接触，通过标准化的分析手段，形成客户真实的损益表、资产负债表和现金流量表，并对表内财务信息进行逻辑检验和不对称的偏差分析，从而对客户真实的现金流量、应收账款以及还款能力和风险状况作出真实的判断或估算，之后根据客户的实际情况确定贷款额度和还款计划。对客户还款能力的评估一般强调以整个经济单位（业主家庭和企业）作为分析的对象，偿还贷款的责任由整个经济单位承担。

（二）基于软信息的交叉逻辑检验

是由微贷员对客户的基本信息（包括性格、嗜好、声誉、生活环境等）、经营信息（包括经营经验、经营动因等）、经营实体信息（包括企业管理方式、规范程度、上下游合作方评价等）进行收集，并对这些信息的逻辑对称性进行分析，从而对客户贷款目的和用途的真实性、客户的经营潜力和还款意愿作出判断与评估。有时候，客户也会被要求以个人的家庭用品或企业的重要资产作为抵押品，从而规避客户的道德风险。

综合微小贷款的运营要点，双方可持续发展的微小贷款可用以下公式表示：

微小贷款＝弱势群体＋零隐性成本＋可持续发展利率（较高利率）＋强势服务＝微"笑"贷款。

其营运主要特征如表 3-2 所示。

表 3-2　微小贷款的主要特征

	微小贷款营运主要特征
发展目标	以较高利率为基础的高盈利性,兼顾对金融弱势群体的帮扶功能
经营理念	以方便快捷、零隐性成本和延伸服务为核心的强势服务理念
风险来源	主要表现为信用风险的外部风险和主要表现为操作风险的内部风险
客户选择	具有良好道德品质、强烈贷款需求和一定从业经验的个体工商户和微型企业主
分析方式	以现金流为第一还款来源,重分析轻抵押的物退人进式分析方式

第四节　微小贷款的运行机制

所谓运行机制,通常是用来表达有机体内各组成部分相互联结、相互制约并相互协调的运转,以共同实现其总体功能的这样一种综合体概念。对于微小贷款的运行机制,由于微小贷款建立在农村(包括乡村和小城镇等地区)金融系统之内,因此,其运行机制体现的功能就在于实现农村金融系统的整体服务功能,即通过不同模式微小贷款的运行,在一定层面上实现农村金融的供需均衡(如图 3-2 所示)。

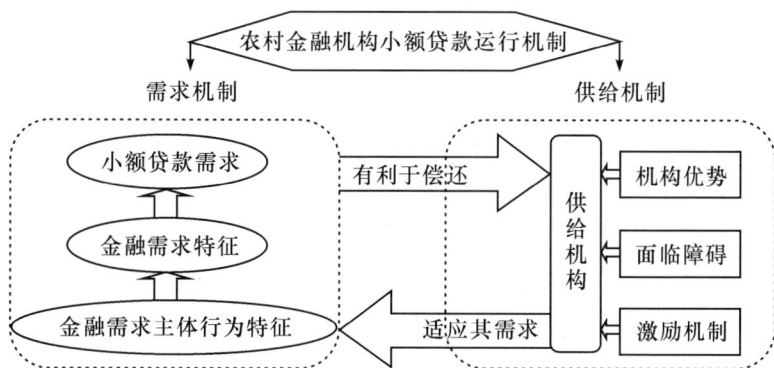

图 3-2　微小贷款的运行机制

微小贷款的运行机制包括需求机制和供给机制两个方面。需求机制是微小贷款运行的基础,就农村金融系统而言,不同的需求主体由于其经济行为的不同,因而其对于金融服务的需求也存在不同的特点。而供给机制涵盖的是面对一定的微小贷款需求市场，贷款机构如何在合理的利润目标下开展微小贷款业务。下面主要就微小贷款的供给机制在小组贷款模式和个人贷款模式两个不同条件下的运行机理进行简单的探讨。

一、小组贷款模式的运行机制

小组贷款模式运作的核心是联保贷款技术。在理论研究中，大多以不完全信息下，微小贷款机构与借款人之间存在的逆向选择与道德风险问题为背景，探索联保小组的连带责任机制，引起组员的自我选择和自动匹配强化组内监督，以解决逆向选择问题和道德风险问题。

（一）筛选和自动匹配机制

小组贷款模式通过联保小组制度，引导借款人在形成联保小组时进行自我选择，最终使得风险水平相近且互相之间比较了解的借款人自动组成联保小组。通过这种选择性配对，小组贷款模式实际上把本应由微小贷款机构承担的风险识别责任的绝大部分，转嫁给了相互之间更加了解的潜在客户群体，并由他们内部将高风险的借款人驱逐出去，实现小组的安全性和同质化。

下面通过一个简单的模型来表明上述筛选机制和自动匹配功能。

考虑一个完全竞争市场上的微小贷款机构所面临的情况，假设微小贷款机构（MFI）面向许多潜在借款人，并且每一个借款人都面临一个融资问题，如果没有贷款就不能开展独立的投资项目，但无力为银行提供任何担保品。首先，把所有借款人按其潜在投资项目的风险程度，简单地划分为安全型（S）和风险型（R）两类。其次，假定每一个借款人投资项目风险类别的信息，是借款人之间的共同知识。最后，假定借款人的偏好特征或效用函数都是风险中性的，这一假定可以简单地以预期收益率代替效用来优化借款人的行为。

因此，对于安全型借款人（S）来说，每投入一单位资金，他将以 P_s 的概率得到一个收益 Y_s（Y_s 同时包含本金和收益率，所以对于每一单位贷款来说，$Y_s > 1$）；而风险借款人（R）项目成功的概率为 P_r（$Y_r < Y_s$），如果成功则有收益率 Y_r（$Y_r > Y_s$）。为了分析的简便，假定两类借款人具有相同的预期收益率,即 $P_sY_s = P_rY_r$。

考虑两人小组的情况,两类借款人独立从事投资项目活动,组内的两人彼此承担连带偿还责任。也就是说,对其中任何一员,如果投资成功则支付本利 R;如果投资项目失败,自己无法支付本利,另一人必须承担连带偿还责任 C。则安全型借款人的选择问题如下:

当安全型借款人与风险型借款人结成小组时,安全型借款人的期望收益为:

$$E_{sr} = P_sY_s + P_s[(1-P_r)C]$$

当安全型借款人与安全型借款人结成小组时,安全型借款人的期望收益为:

$$E_{ss} = P_sY_s + P_r[(R+(1-P_s)C)]$$

由 $P_r < P_s$ 可推出 $E_{sr} < E_{ss}$,即安全型借款人与风险型借款人结成小组时,安全型借款人的期望收益小于与安全型借款人结成小组时的期望收益。因此,安全型借款人是不愿意与风险型借款人结成小组的。由于风险型借款人为少数,最终风险型借款人会被排除出联保小组。

通过上述过程可证明,在联保小组形式下,安全型借款人只愿与安全型借款人组合,潜在借款人按照风险特征自动分类匹配,则风险型借款人只能被筛选出局,由此贷款机构与客户信用发现过程相关的交易成本减少,同时逆向选择问题得到缓解。

(二)组内制约机制

微小贷款运作的一个重要问题是,要确保借款人诚实使用资金,增强偿还的可能性,降低违约风险。小组贷款模式的解决方法是通过联保小组对小组成员借款人实行监督,并通过联保小组组内的连带责任制度,即如果组内借款人不还款,其他成员就要付出罚金有效减少事前道德风险与事后道德风险。

下面同样通过一个简化的模型说明小组贷款模式的组内制约机制。

考虑贷款发放后的一个两人小组的情况。小组中两个成员 A 和 B,面临着一个简单的还款博弈。博弈结构如表 3-3 所示。

表 3-3　两人小组的还款博弈

		B		
		还款	不还款	
A	还款	$R_1-(L+r)$　$R_2-(L+r)$	$R_1-2(L+r)$	$R_2-g(L,r)$
	不还款	$R_1-g(L,r)$　$R_2-2(L+r)$	(2)　$R_1-f(L,r)$ (1)①$R_1-f(L,r)-g(L,r)$	$R_2-f(L,r)-g(L,r)$ $R_2-f(L,r)$

在博弈开始时,两人的项目收益都已经实现,分别为 R_1 和 R_2,贷款金额为 L 单位,利率为 r。假设在本模型中,如果一人不还款,为了不影响整个小组的再贷款,另一人将替他偿还所有本息。同时,加入惩罚机制,贷款机构对违约者的惩罚为 $f(L,r)$,在这里,函数 $f(L,r)$ 可以指具体的罚款,也可以代表由于失去再贷款资格或再贷款优惠损失的机会成本;民间对不守信者的惩罚为 $g(L,r)$,在这里,$g(L,r)$ 可以为具体的罚款,也可以指道德舆论上的压力。

分析此博弈矩阵,当 B 选择还款时,A 还款的损益为 $R_1-(L+r)$,不还款的损益为 $R_1-g(L,r)$,只要惩罚 $g(L,r)>(L+r)$,A 会选择还款;当 B 选择不还款时,A 还款的损益为 $R_1-2(L+r)$,不还款的损益为 $R_1-f(L,r)$,只要惩罚 $f(L,r)>2(L+r)$,A 会选择还款。因此,只要满足:

$$g(L,r)>(L+r)且 f(L,r)>2(L+r)$$

则无论 B 还不还款,A 都会选择还款。同理,无论 A 还不还款,B 也会选择还款。该博弈的均衡结果为 A、B 都还款。因此,从理论上说,小组贷款模式组员之间的连带责任制度产生的组内制约机制,大大降低了借款人的贷款违约率。

(三)动态激励机制

小组贷款模式中的动态激励机制,通过未来贷款的可得性对于本期贷款偿还起到激励作用。在放款的过程中,从提供较小额度的贷款开始,在及时归还的前提下,才开始发放数额较大的贷款。如果微小贷款不能及时偿还,进一步的信用渠道就将被切断。这种逐步增加贷款额度

---

① 表 3-3 中(1)表示 B 先不还款时 A、B 的损益,B 不还款在先将多承受民间惩罚 $g(L,r)$;同理,(2)表示 A 先不还款时的情况。

的连续放款方式形成了贷款中的动态激励机制,当借款者预料到在未来可以获得贷款、甚至更大规模贷款时,将会增加其还贷的意愿。在微小贷款实践中,相对于传统贷款方式而言,微小贷款保持较高的还贷率,其中动态激励机制发挥了重要的作用。

为了说明未来贷款可得性的预期对于本期贷款偿还的影响,通过一个赖账与信贷配给的模型,分析连续贷款对于贷款偿还的激励机制。

假设有一个借款人,他可能会有意赖账,这也就意味着不再能得到后续贷款,但是他总可以找到第二个最优的替代贷款来源,而且从下一期开始可以保证获得利润 A。假设在每一期,借款人想象未来 N 期的情况,并将他现在的决定对未来 N 期收益和损失的影响考虑在内。假设 $f(L)$ 表示每笔大小为 L 的贷款所带来的产出价值,并且当 L 上升时, $f(L)$ 的值也增加。

对于利率 r 和某个贷款规模 L,当且仅当时 $f(L)-L(1+r)>A$,借款人会贷款。那么,如果借款人没有选择赖账,则他从整个未来计算的时间范围 N 期中的收益为:$N[f(L)-L(1+r)]$;如果借款人选择赖账,则 N 期总收益为:$f(L)+(N-1)A$。

为了使赖账不会发生,则必须有:

$$N[f(L)-L(1+r)]>f(L)+(N-1)A$$

将上式变换一下,可以得到:

$$f(L)-[N/(N-1)]L(1+r)>A$$

考察 N 的值,当 N 越小时,$f(L)-[N/(N-1)]L(1+r)$ 越小,赖账的发生就越大(极端的情况是当 $N=1$ 时,借款人根本不考虑当前行为的未来后果,借款人将总会赖账);当 N 越大时,$N/(N-1)$ 的值越趋近于 1,$f(L)-[N/(N-1)]L(1+r)$ 的值越接近 $f(L)-L(1+r)$(极端的情况是当 N 趋近于无穷大时,$f(L)-[N/(N-1)]L(1+r)=f(L)-L(1+r)$,而 $f(L)-L(1+r)>A$ 成立是借款人贷款的前提),因此借款人赖账的可能性就越小。连续放款形成的动态激励机制就是在使 N 值不断延长的条件下,对借款人形成有效的还款激励。

(四)定期还款机制

在大多数微小贷款运行中,最少被关注但也是最不寻常的一个特征,就是微小贷款的偿还从贷款刚一发放就已经开始。许多微小贷款机构都采用了不同于传统商业银行贷款的整贷零还制度,该制度要求借款人在贷款和进行投资后不久,就开始在每周(或每两周、每月)进行一次还款,一般每次的还款额度根据贷款本金和全部利息之和除以总的还款次数来确定。

整贷零还制度有几重优点:第一,定期还款的计划可以起到甄别不守纪的借款人的作用,具有一种"早期预警"功能,从而提早发现那些具有较大潜在风险的贷款,警示可能出现的问题,从而避免所有的贷款风险在期末时集中暴露,进而为微小贷款机构尽早减少损失。第二,分期还款的方式让微小贷款机构掌握了现金流,避免了被消费或转移的可能性。第三,分期还款的方式还有一个显著的特征,即当客户的实际贷款额随着还款过程的进行逐次减少的时候,微小贷款的"有效利率"将大大高于贷款合同上载明的水平。这一特征在许多贷款利率受到严格管制的地区,可以构成一种迂回地收取较高利息的权宜之策。

整贷零还制度是一种基于"现金流"理念的贷款管理技术,该技术在加强微小贷款机构自身现金流管理的同时,对借款人的现金流入也提出了较高要求。

二、个人贷款模式的运行机制

个人贷款模式的核心贷款技术通过准确的市场定位和主动的营销策略,融合 IPC 微小贷款技术和人员培养模式,以标准化的微贷操作,充分利用客户的"软信息"与交叉检验、自编财务报表等核心环节对陌生客户作出快速决策,为客户提供可持续的金融服务。显然,这种以信贷分析为核心的个人贷款模式产生的成本作为贷款数额的百分比来看是非常高的,而 IPC 技术的一个重要方面就是通过特殊的运行机制将这些成本控制在可以接受的范围之内。

(一)标准化管理体制

微小贷款管理程序的标准化完全是由小客户的特点决定的。微小贷款客户具有文化层次总体较低、数量多、需求额度小、用款急、没有或很少有银行认可的报表和抵押资产、找不到好的保证人等明显特征,因此需要在每个业务环节加以特别注意。

微小企业贷款模式通过合理设定审批权限,推行标准化的审批流程提高审批效率,其业务流程充分体现标准化管理的要求。微小贷款的个人贷款模式通过贷款机构在管理层次上的简化,实行扁平化管理,减少中间管理环节,将更多的资源集中到信贷支持上,从而提高效率降低成本。此外,为了提高微小企业贷款业务的劳动生产率,设计和使用适用于微小信贷技术要求的计算机管理信息系统,有效减少信贷分析、信贷发放、贷款监控和回收过程中的管理成本,从而实现整个贷款业务流程的效率最大化。

标准化的微小贷款业务流程主要由贷款营销、贷款申请受理、贷款调查、贷款决策、贷款发放、贷后监控组成。业务流程充分体现标准化管理,以达到在2～3个工作日内处理一笔贷款的效率,取得成本和质量控制的预期效果。

(二)贷款经理人制度

在借鉴商业银行客户经理制的基础上,个人贷款模式的贷款经理人制度指的是通过相对严格的选拔和专业化的内部培训,培养微小贷款的信贷员队伍。微小企业贷款主要面对的是从事小型商业活动的客户,要求信贷员在实地调查的基础上确定客户的信贷资格,并在发放贷款后跟踪还贷情况。微小贷款的信贷员工作和传统信贷相比,个人责任更大。因此,信贷员需要具有更好的交流沟通和分析问题的能力、认真负责的工作态度以及吃苦耐劳的敬业精神。

在贷款经理人制度下,微小贷款机构根据信贷员的级别、工作年限和工作业绩,给予不同的授信额度(这里的授信额度主要指单笔贷款的授信额度),在授信额度以内,信贷员有权直接发放贷款。此外,微小贷款机构定期对信贷员进行定量考核和定性评价,主要包括信贷员的工作态度和工作能力等。同时,通过责任追究制度,信贷员对一笔贷款的全过程负责,其收入也直接跟信贷业绩挂钩。这种激励和约束机制促使信贷员必须通过"频繁地访问"客户来获取大量的"软信息",既要非常关注贷款的规模,又要高度重视资产的质量,严格地监控客户以降低违约贷款率,带来了较好的经济效益。

(三)IPC 技术的客户选择机制

IPC 技术的核心主要包括两个内容:一是考察借款人偿还贷款的能力;二是衡量借款人偿还贷款的意愿。首先要考察企业的经营状况和盈利能力,考察企业的现金流。现金流量表能直接反映企业的偿债能力和支付能力。因此,IPC 技术的重点是充分利用客户的"软信息"与自编财务报表、交叉检验等分析借款人的还款能力与还款意愿。

1. 通过考察还款意愿减少道德风险

IPC 技术减少道德风险主要是通过考察借款人的个人品质,实施激励机制,运用分级的原则,并实行严格的贷款监督和回收机制。信贷技术中对借款人还款意愿的考察与还款能力的分析具有同样重要的作用,IPC 技术通过分析上述"软信息"判断客户的还款意愿。

2. 通过分析还款能力降低风险成本

降低风险的一个主要措施是准确地评估借款人的还贷能力,设计出适合目标群体的金融产品来降低信贷风险。在评估客户偿还贷款的能力方面,IPC 技术强调以整个经济单位(业主家庭和企业)作为分析的对象,偿还贷款的责任由整个经济单位承担。根据所采集到的数据编制出企业和家庭的资产负债表、损益表、现金流量表,预测未来的现金流量,以评估客户的还款能力。进而在金融产品设计方面,设计适合于微小企业运作的贷款期限和还贷计划,有利于提高借款人的还贷能力。

3. 交叉检验确认还款能力和还款意愿

在借贷关系中,借款人总是比贷款机构拥有更多的相关信息,造成严重的信息不对称。交叉检验是一种确认客户向信贷员提供信息的真实性的方法。交叉检验主要是针对与客户的还款能力和还款意愿相关的信息和数据进行验证,通过多种检验证明所获得的数据和信息是真实的。交叉检验的基本原理是从不同的角度验证客户提供信息和数据的真实性。客户可能有意或无意地提供了某些不真实的信息,但不真实的信息必然有漏洞或者相互矛盾的地方,必然不能自圆其说。从不同角度考察,这些矛盾就会显现出来。

第五节　微小贷款运营保障

一、组织架构

国际经验表明,一个金融机构要开展微小贷款业务,首先要任命一个项目主管和一个跨部门的领导团队。微小贷款项目主管推动整个战略实施,负责微小贷款业务实施各阶段的工作,负责组织和实施以下工作:(1)确定微贷员的选择标准并指导招聘工作;(2)制定微贷员和有关员工的培训项目要求;(3)规定并不断完善微小贷款的条款、方针和业务流程;(4)完善业务评估工具,建立信息交流机制支持微贷员的工作;(5)制定微小贷款的工作手册、表格和工作报告;(6)参与并支持审贷会的工作;(7)完善微小贷款监控流程;(8)提出控制微小贷款风险水平的策略;(9)规定微小贷款对管理信息系统的需求;(10)确定合同及其实施的有关规定;(11)帮助建立和管理微小贷款的激励体系;(12)提出微小贷款的成长与扩张策略,使微小贷款业务适合不同地区的市场需求。

微小贷款主管的上述工作要由一个他领导的跨部门团队来共同完成,在银行内部建立一支核心团队来监督和管理微小贷款的设计、发展和实施是重要的,它可以对微小贷款业务中出现的挑战作出系统的反应。这个跨部门团队应包括信贷部门和支行的负责人,财务、管理信息系统、人力资源、市场营销、管理、审计等部门的负责人,相当多的时间和精力应当用于该核心团队成员的选择和培训上,对发展组织内部能力具有极端的重要性。

微小贷款业务的开展需与商业银行传统贷款业务进行物理和财务上的分离,独立运作。物理上的隔离是为了减少微贷员与老信贷员之间的接触,避免工作程序与方式高度标准化的微贷员被老信贷员传统的工作作风所同化,也是为了减少不当竞争和不必要的摩擦。财务独立要求银行在微小贷款业务成本、利润的计量和核算上独立进行,这是微小贷款业务差异化的评价标准所要求的,同时便于实现与银行其他业务之间的风险隔离。

在微小贷款业务试点阶段,可以考虑在总行建立"支行式"的事业部模式。这个事业部独立经营、独立考核,人力、财力和行政都相对独立,对银行现有组织结构的影响不大,而且即使经营不成功,对全行其他业务的影响也比较小。同时,微小贷款事业部管理层级少,组织架构清晰,易于大规模快速拓展。当微小贷款业务模式成熟并形成一定的规模之后,可以挑选个别支行或者地区组建专业支行,逐步推广。

二、人员安排与制度基础

一个完整的微小贷款流程只需要五位工作人员即可完成,包括一位前台接待员,两位微贷员,两位审贷会成员。客户首先在前台接待员的协助下填写贷款申请表,这是客户进入微小贷款程序的第一步,也是微小贷款业务风险控制的第一步。前台接待员在向客户阐释清楚微小贷款的基本要件之后,帮助客户梳理自己的基本情况并尽可能详细地填写申请表,同时在交谈中观察客户,进行初步的客户筛选。当前台接待员判断客户符合微小贷款基本条件后,将其申请表上交给特定的两位微贷员,进入第二步程序:实地调查。微贷员在仔细阅读客户申请表,掌握其基本情况并对相关行业进行必要了解的基础上安排现场调查,一般在填写申请表的第二天进行。现场调查遵循"眼见为实"和"两人四眼"原则,微贷员需正确运用微小贷款相关技术收集全面而真实的信息,并在调查结束之后及时进行信息整理和分析,编写调查报告。审贷会一般由主调查员、两名资深微贷员三人组成,根据微贷员的调查报告提出意见,并最终作出贷款决定,包括贷款额度、利率、期限以及还款方式;暂时不能决定的,可要求微贷员收集更多的信息后再次召开审贷会。

微小贷款业务的开展以"制度先行"为基础,先制定基础性的规章制度并准备好必要的标准化文件,然后在其指导下开展业务。规章制度主要包括微小贷款业务流程、微小贷款业务考核办法、微贷员工作纪律等,标准化文件主要包括营销资料和记录表格,包括宣传手册、微贷员名片以及客户申请表、现场调查初步记录表和自编的资产负债表和损益表等。这些制度和文件需进行本土化的创新,以体现当地小微企业需求的特点和适应实际经济情况。

三、管理信息系统

微小贷款业务不仅要对过程中的相关纸质文件存档管理,而且要求建立功能完善的管理信息系统,对客户信息进行电子化管理。

管理信息系统的具体功能如图 3-3 所示。

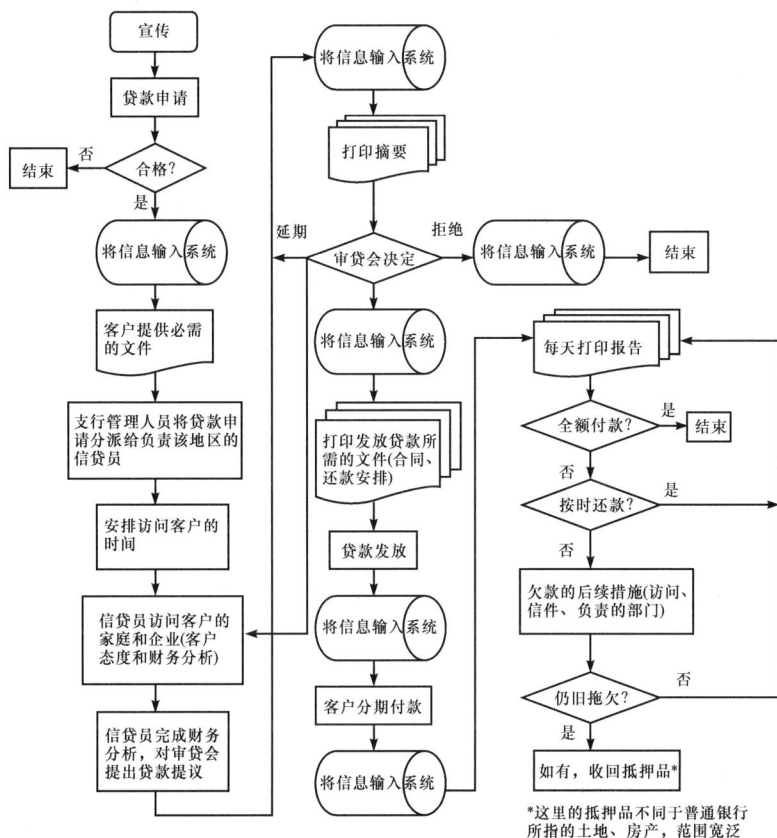

图 3-3 管理信息系统

资料来源:赵坚、金岩:《微小企业贷款的研究和实践》,中国经济出版社 2007 年版,第 54 页。

微小贷款业务中有大量相互独立的活动:客户信息收集与分析、贷款决定与发放、不同的还款期限与不规则的还款、对不同企业或行业的经济特点分析。这些都对管理信息系统有不同的要求,使得管理信息系统有了丰富的内容。

四、绩效评价

微小贷款业务开展的成果最终要体现在一系列的财务指标和效率指标上。由于微小贷款不同于传统的贷款业务,不同的贷款机构会采用不同的方式来评价这项业务,再加上微小贷款产生的社会和经济影响,目前并没有一种统一的方式来评价微小贷款。但无论从哪个角度来评价微小贷款,以下的若干指标(见表 3-4)都可以反映出微小贷款机构提供微小贷款的业务经营情况。需注意,微小贷款业务是自成体系、独立核算的,因而所有的指标计算都只涉及微小贷款单项业务,而与银行的其他业务完全分开。

表 3-4　微小贷款业务评价指标

	具体指标及计算公式
经营效率指标	• 客户平均成本＝运营费用/平均客户数量 • 管理成本比率＝运营费用/平均贷款组合数量 • 每单位贷款的运营成本＝该期运营成本/该期发放的贷款总额 • 每个微贷员平均负责客户数量＝客户总量/微贷员总数
贷款组合质量指标	• 坏账比率＝坏账总价值/贷款组合总量 • 风险贷款率＝(超过 30 天的逾期贷款＋重议的贷款数量)/贷款总量
贷款增长指标	• 贷款组合增长率＝当年的贷款组合总量/上一年的贷款组合总量－1 • 净收入增长率＝当年净收入/上一年净收入－1
自我生存比率	• 运营的自我生存率＝运营收入/(运营费用＋财务费用＋坏账准备金) • 财务的自我生存率＝运营收入/(运营费用＋财务费用＋坏账准备金＋通货膨胀的资本损失成本)
利润指标	• 资产回报率＝(经营收入－所得税)/平均资产 • 净资产回报率＝(经营收入－所得税)/平均净资产

资料来源:据赵贤、金岩:《微小企业贷款的研究与实践》,中国经济出版社 2007 年版,第 61—68 页资料整理而成。

分析这些指标的目的主要是明确提供微小贷款业务与提供传统贷款业务在财务、经营战略以及社会影响方面的区别,进而比较它们在成本和利润上的不同。这有助于微小贷款机构发现提供微小贷款业务所面临的外部和内部环境的不同,并确定实现最终目标的战略计划和组织人员安排。

五、信贷员招聘与培训

在招聘方面，首先需构建信贷员的能力模型，重点就表达沟通能力、亲和力、财务及数学能力、文字表达能力、性格、品行等方面的能力要求制订相应的招聘程序和题目库。招聘程序包括招聘公告、简历收集、笔试(逻辑及智力数学、作文)、集体面试、单独面试、体检、政审、报名录用等八个主要环节，确保招聘质量；整个培训期间，坚持"先固化，再优化"的原则，主要包括理论培训和实践培训两方面，建立理论和实践培训相结合的培训体系。理论培训方式主要是通过由微贷岗位优秀的员工自编本土化课程讲义担任内部讲师并主讲，在教室集中学习理论知识，并辅助性采用一些交互方式的培训，如小组讨论、案例分析和角色扮演等。在最初的理论培训结束之后，整个培训过程应该通过接触微小贷款的潜在客户来转向实际的应用，这种实地的培训主要包括个人工作和小组合作的方式，通过实践培训导师队伍实行"1＋1"或"1＋2"师徒式实习以固化微贷技术。

参考文献

[1] 杜晓山,刘文璞,张保民,等.中国公益性小额信贷.北京:社会科学文献出版社,2008.

[2] 范香梅,彭建刚.国际小额信贷模式运作机制比较研究.国际经贸探索,2007(6).

[3] 郝芳.农村信贷的思考——联保贷款的缺陷与创新.价值工程,2006(10).

[4] 焦瑾璞.探索发展小额信贷的有效模式.中国金融,2007(2).

[5] 裘益群.国外小额信贷模式及对我国的启示.经济师,2007(6).

[6] 唐红娟,李树杰.农户联保贷款的运行机制及其实践分析.金融理论与实践,2008(6).

[7] 王健康,高沐晗.农村小额信贷自组织制度缺陷及完善.财经理论与实践,2006(7).

[8] 王三贵,李莹星.印尼小额信贷的商业运作.银行家,2006(3).

[9] 王曙光,乔郁.农村金融学.北京:北京大学出版社,2008.

[10] 熊学萍.农户联保贷款制度的博弈机制及其完善.理论月刊,2005(11).

[11] 张改清,陈凯.小额信贷的小组联保机制运行机理与创新研究.生产力研究 2003(3).

[12] 赵坚,金岩.微小企业贷款的研究与实践.北京:中国经济出版社,2007.

第四章　微小贷款理论之一：定价

第一节　微小贷款运作模式

微小贷款提供信贷服务的对象为金融弱势群体，不仅包括数量巨大的农村地区急需发展资金的农户，还包括具有发展潜力的众多小企业、微型企业，以及城镇创业人员、个体户、再就业人员等人群。这类客户通常具有两个基本特征：一是贷款额度小，导致对其贷款的单位资金成本高；二是缺乏有价值的抵押担保物品，使得贷款机构面临更大的信用风险。因此，微小贷款在运作上需要通过特殊的贷款技术解决成本和风险问题。

微小贷款包括直接向个人贷款和通过小组贷款两种客户组织形式。根据目标客户的差异，两种形式采用的贷款技术也有着本质上的区别，主要分为小组联保贷款技术和 IPC 技术两类。依据服务客户的不同和贷款技术的不同，本书将微小贷款的运作模式分为小组贷款模式和个人贷款模式两类，见表 4-1。

表 4-1 微小贷款运作模式的比较

	小组贷款模式		个人贷款模式	
目标客户	农村地区急需发展资金的农户		村镇具有发展潜力的中小企业、微型企业,以及城镇创业人员、个体户、再就业人员	
贷款技术	小组联保技术	以中心会议等制度控制成本	IPC 技术	以扁平化的管理体制控制成本
		通过小组联保方式或有条件的长期获得信贷控制风险		通过信息密集型个人现金流分析控制风险

资料来源:Shari B. and C. Churchill. Regulation and Supervision of Microfinance Institutions:Experience from Latin America, Asia and Africa. The Microfinance Network Occasional Paper, Washington, No. 1, 1997.

一、小组贷款模式

小组贷款模式是指以小组联保的形式发放微小贷款,其国际代表模式就是孟加拉乡村银行模式。我国农村信用社仿效孟加拉乡村银行模式实行的农户联保贷款也是一种小组贷款模式;部分地区依托信用户、信用村、信用镇等载体发放的农户小额贷款广义上而言也该属小组贷款模式。小组贷款模式的运作流程可用图 4-1 来表示。

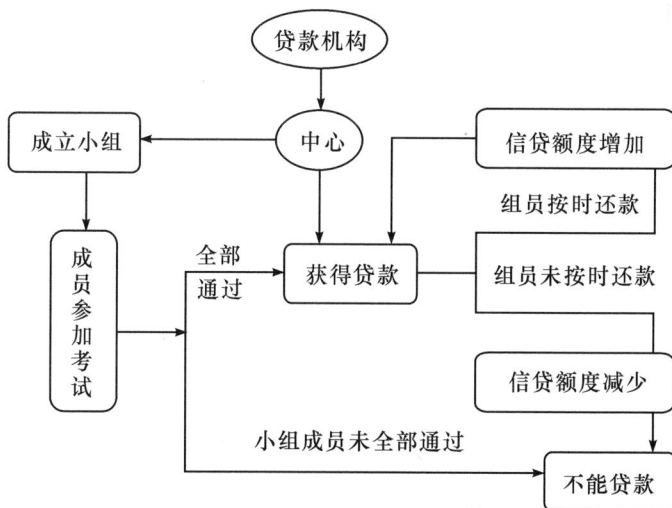

图 4-1 小组贷款模式的放贷流程(以 GB 模式为例)

小组贷款模式的主要特点为:第一,客户目标直接对准"群体",他们是农村或乡镇社区居民,多为农业小生产者;第二,采用一套自我组织、自我管理、自我约束的组织方式(联保小组和中心会议制度),通过自治组织相互间的责权界定和定期活动,培养责任感和合作意识;第三,连续贷款原则,提高贷款还付率。其核心为小组联保的贷款技术。

多户联保:小组贷款模式针对联保小组提供微小贷款服务,能够组成经贷款机构认定的联保小组是获得授信的先决条件和基本要求。小组贷款的目标群体是有需求而未获得信贷服务的人群,不排斥赤贫户也不排斥中等收入以上的农户,但要求必须能够组成联保小组。

责任连带:联保小组成员只要有一个人还不了款,则整个小组就此失去借款资格。在借款人不能归还贷款本息时,联保小组的其他成员必须代为还款。

整贷零还,连续放款:借款人拿到贷款后,分期陆续归还本金和利息。第一年的贷款额一般比较小,如果组员能按时还款,累积到一定的份额,小组的信用额度就会增加。

二、个人贷款模式

个人贷款模式指的是直接对个人发放微小贷款,其国际代表模式是印度尼西亚人民银行村信贷部模式。我国部分城市商业银行于 2005 年由国家开发银行从德国国际项目咨询公司引进的以 IPC 技术为核心的微小企业贷款模式也属于个人贷款模式。个人贷款模式的运作流程可由图 4-2 表示。

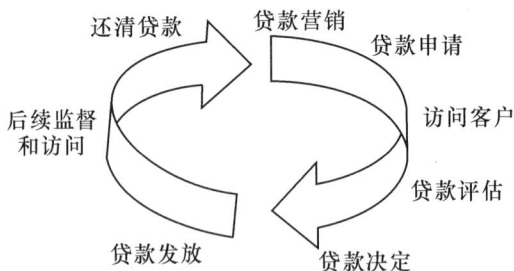

图 4-2　个人贷款模式的放贷流程(以微小企业贷款模式为例)

个人贷款模式的主要特点为:第一,通过准确的市场定位和主动的营销策略,直接向个人发放微小贷款;第二,实行扁平化的管理体系,缩短贷款申请及审批流程;第三,融合 IPC 微小贷款技术和人员培养模式,以标准化微小贷款操作技术充分利用客户的"软信息"与交叉检验、自编财务报表等核心环节对陌生客户作出快速反应。

标准化管理:个人贷款模式的目标客户往往具有"金额小、期限短、需求急、次数频"的特点,因此微小贷款机构在管理层次上实行扁平化管理,将更多的资源集中到信贷支持上。微小企业贷款模式通过合理设定审批权限,推行标准化的审批流程提高审批效率,其业务流程充分体现标准化管理的要求。

贷款经理人制度:微小贷款经理人制度借鉴了商业银行客户经理制,主要指通过相对严格的选拔和专业化的内部培训,培养微小贷款的营销队伍。营销队伍中的信贷员培训掌握基本微小信贷技术和金融知识。通过信贷员有效地收集和处理借款人的信息来替代抵押担保物品。

IPC 技术:IPC 技术注重考察客户的还款意愿和还款来源,了解客户的诚信状况和真实的现金流,重视"眼见为实"和"交叉检验"。通过标准化的分析手段,结合实际情况进行贷款风险评估,最后依据客户的实际情况确定度身定制的还款计划。

第二节　微小贷款定价

一、微小贷款定价的原则与方法

(一)微小贷款的定价原则

风险与收益对称是贷款科学定价的基本原则。综观各类微小贷款机构,贷款利率的定价原则主要包括利润最大化原则、风险防范原则、竞争市场份额原则和保持现金流量原则等。从理论上讲,微小贷款主要有以下几类定价原则,见表 4-2。

表 4-2　微小贷款定价原则

项目	特点
成本导向型定价原则	核心是贷款利率能够弥补贷款机构提供贷款服务的成本且有一定的盈利空间 基础在于对客户的数据挖掘和对综合业务的盈利状况判断
市场导向型定价原则	利率主要以标准利率为基价,根据不同因素适当加点核定 利率一般是不固定的,随市场行情变化而随时调整 主要集中于一般农户贷款、个体工商户贷款和中小民营企业贷款等,在农村信用社贷款占有率比较高
风险导向型定价原则	核心是对贷款的违约事件作分析 风险溢价是对贷款机构承担风险的补偿,影响贷款风险的主要因素包括贷款对象、贷款方式、贷款形态和贷款期限等 采用内部评级法将农户划分为不同的信用等级,根据信用等级风险系数,信用、保证和抵押等各种贷款方式以及贷款期限定出风险系数
竞争型定价原则	核心是建立与市场上定价相同的贷款定价策略以维持现有市场定价格局 主要集中在服务区域内的黄金客户,农信社主动营销 利率一般不上浮或少上浮
政策型或优惠型定价原则	主要集中于一些扶贫贷款、国家助学贷款及农民创业担保基金贷款中的养殖业和农副产品加工业等 执行基本利率,利率一般上浮的幅度不超过 20% 在农村信用社贷款中的比重较低

从理论上讲,微小贷款的贷款利率等于无风险收益率加上该笔贷款的风险溢价和目标收益率。而坚持风险与收益对称的定价,就是要求微小贷款的贷款利率必须覆盖每笔业务的成本和费用、风险损失和盈利目标,兼顾市场竞争策略,从而使微小贷款机构的价格竞争建立在理性定价的基础上。

(二)微小贷款的定价目标

1. 成本、风险与收益对称

贷款定价最基本的要求是使贷款收益足以弥补贷款的各项成本。微小贷款的成本除了资金成本和各项管理费用外,还包括因贷款风险而带来的各项风险费用,如为控制不良贷款和追偿风险贷款而花费的各项费用等。此外,微小贷款的利率必须反映不同客户的信用状况和具体贷款的风险程度,做到低风险对应低利率,高风险对应高利率,通过合理的利率水平保障微小贷款机构经营的良性循环和发展。

2．差别化定价

差别化指贷款利率定价应根据不同客户对象、贷款品种、贷款方式、贷款期限和风险种类等，在进行成本、风险、收益等核算的基础上，实行差别化定价。微小贷款机构实行差别化定价能够保证微小贷款的安全性和收益性，使得有限的贷款能够以最合适价格发放到最合适的借款人手中。

3．盈利性和合规性

盈利性指贷款价格要体现贷款机构的利润目标。微小贷款机构作为一个非公益性法人组织，其各项开支必须由其自身的经营收益支付，而发放贷款是其获取收入的主要来源。制定合适的微小贷款利率有利于增加微小贷款机构的收入，改善其经营绩效，促进微小贷款的可持续发展。

然而，微小贷款的利率水平必须遵守国家的有关法律、法规和金融政策，贷款定价要按照规定的方法和程序进行。特别是当前我国农村金融市场利率尚未完全市场化，农村金融体系尚待完善，国家对于金融业的管制还比较严格，因此微小贷款的利率水平要能够体现国家的金融财政政策。

（三）微小贷款定价的市场化原则

理论上讲，贷款利率的确定应该考虑以下因素：一是利率的补偿功能，即利息必须弥补经营成本，并获得一定的收益。二是利率的过滤功能。适宜的利率起着某种过滤和分流的功能。三是利率的投资回报功能。关于微小贷款的定价，国内相关理论研究认为，影响微小贷款利率的主要因素包括：经营成本、机会成本、风险溢价、拖欠率、贷款规模、通货膨胀率以及各种补贴和收入等。① 因此，合理的贷款利率应该能补偿管理费用、资金成本、与通货膨胀有关的资金损失以及贷款损失，同时考虑资金来源成本、贷款管理成本、客户承受能力和农村资金市场需求状况。

首先，从需求方面分析，微小贷款的借款人首先考虑的不是利率问

① 张改清、陈凯：《中国微小贷款的利率探析》，《商业研究》2003 年第 16 期。

题,而是能不能获得借贷资金的问题。由于贷款数额小,利率稍高一些,他们是完全可以承受的。同时,微小贷款的借款者从事生产活动,不必为自己支付工资,所以,资金的回报率非常高,完全可以接受市场化的贷款利率。其次,从供给方面分析,因为每一笔微小贷款仅仅几千到几万元,仅为银行一般贷款业务的大约 1%,而操作成本却相差无几。为达到在满足低收入群体信贷需求的同时保证微小贷款项目或机构自身可持续发展的目的,微小贷款机构需要制定可覆盖成本的利率水平。最后,从市场规模方面分析,中国农村对微小贷款的需求巨大,农村信贷的需求价格弹性小,微小贷款机构能够且必须通过较高的市场化贷款利率满足如此大规模的贷款市场。因此,对微小贷款的定价需要坚持市场化的定价原则。

(四)微小贷款的定价方法

在对微小贷款进行定价时,三种有代表性的商业银行贷款定价方法值得借鉴:一是基于市场结构的银行贷款定价方法,该方法运用微观经济学中的厂商理论,针对银行所处的市场结构,分析银行贷款定价行为。二是基于关系型贷款的银行贷款定价方法,其产生的基础是银行与企业在密切的业务合作基础上所获得的后者的专有信息,银行以此作为贷款决策的依据。三是基于风险的贷款定价方法,该方法准确地抓住了贷款定价的核心——风险,在风险度量的基础上对贷款进行科学定价,根据贷款风险确定利率。

针对微小贷款业务的特点,基于风险的创新型贷款定价模型不一定适合于为其定价。对于这些基于风险的贷款定价理论,一般要求贷款人能提供较完善的信息,需要完整的较长时期的历史数据,尤其是企业的各项财务指标以及信用状况信息,而微小贷款的需求者通常不具备提供这种信息的能力。相比较而言,贷款利率定价的几种传统模型更适合于为微小贷款定价。下面选取两种有代表性的定价方法分别进行分析。

1. 加成定价法

该模式认为,任何贷款的利率(P)都由四部分组成:(1)筹集贷款资金成本(资金成本率 C_1);(2)银行的非资金性营业成本(贷款费用率 C_2);银行对贷款违约风险所要求的补偿(风险补偿 R_1);(3)银行预期利润水平(目标收益率 R_2)。

该方法的模型表示为：

贷款利率＝筹集贷款资金的成本＋银行的非资金性营业成本＋银行对贷款违约风险所要求的补偿＋银行预期利润水平

即：$P = C_1 + C_2 + R_1 + R_2$

其中，资金成本指银行为筹集贷款资金所发生的成本。在实际操作时，主要考虑借入资金的成本。贷款费用又称"非资金性操作成本"，如对借款人进行信用调查、信用分析所支付的费用、抵押物鉴别、估价费用、贷款资料文件的工本费、专用器具和设备的折旧费用等。风险补偿费在贷款定价中主要考虑违约风险和期限风险。目标收益是为银行股东提供一定的资本收益率所必需的利润水平。

该模型属于"成本导向型"模式，它能直观地表现贷款的价格结构，但是需要银行能够精确地归集和分配成本，同时要求银行能充分估计贷款的违约风险、期限风险及其他相关风险。

虽然一般银行难达到以上要求，但是对于微小贷款业务而言，可以与其他贷款业务进行横向对比分析。资金成本率 C_1 可以看作是基本相同的；而对于等额的资金贷出，银行的目标收益率 R_2 是相同的。也就是说，微小贷款业务与其他贷款业务的定价差别在于 C_2 和 R_1。对于相同的贷款额度，微小贷款的额度越小、分得越细，就需要多倍的信用调查信用分析费用、资料文件的工本费用和多倍的抵押物鉴别、估价费用和信贷员的工资津贴，即微小贷款业务的 C_2 要远远高于其他业务。对于风险补偿 R_1，微小贷款的违约风险与其他业务相比，存在一定的不确定性。一方面，微小贷款因其数额小，还贷压力轻，潜在违约风险较低；另一方面，微小贷款者一般实力较弱、抗风险能力较差，潜在违约风险较高。微小贷款因充分分散，非系统风险较小；但从贷款分类和资金运用来看，一般而言微小贷款的系统风险较大。总的来说，风险补偿 R_1 的定性定量确定还需进一步的研究。综合而言，因为微小贷款业务的 C_2 远高于其他贷款业务，所以，微小贷款利率定价应较高。

2. 领导定价法

该定价模式是国际银行业广泛采用的定价方法，也称基准利率加点模型，其核心是确立基准或参照利率。通过选择某种利率作为基准或参照利率(I),然后针对客户贷款项目的违约风险程度和贷款的期限风险,确定不同的风险溢价(R)。由基准或参照利率加上风险溢价"点数",也即通常所说的加价,便构成了具体贷款项目的实际利率。

该方法的模型表示为:

$$
\underset{利率}{贷款} = \underset{上加收的预期利润)}{\underset{所有经营和管理成本之}{优惠利率(包括银行在}} + \underbrace{\underset{违约风险溢价}{\underset{借款人支付的}{由非优惠利率}} + \underset{期限风险溢价}{\underset{款人支付的}{长期贷款借}}}_{加价}
$$

或

$$
贷款利率 = 基准利率 + 风险溢价点数
$$

即:$P = I + R$

结合微小贷款机构的具体情况,浮动点数的影响因素包括:企业信用等级、资金用途、管理成本、担保方式、客户综合贡献率、支农政策、其他因素等。按照贷款利率定价必须遵循风险与收益对等的原则,结合微小贷款机构经营过程中的经验数据,确定出各因素的权重,然后根据各项贷款利率浮动参考指标的等级或程度,查找对应的浮动系数及对应权重。最后,根据浮动系数和权重确定利率浮动点数。其计算公式为:

$$
利率浮动点数 = \sum(浮动系数 \times 权重) \times 100\%
$$

该模型主要考虑客户的违约风险和信用等级等来确定不同水平的利差,更具有针对性和灵活性,能对贷款业务加以细分,制定出更贴近市场的贷款价格,更好地对利率政策作出反应,以体现国家宏观调控的意愿。随着银行经营环境和经营条件的改变,以及自身经营策略的变化,公式中的有关变量可以随时进行重新修订,以更好地反映环境的变化和体现"客户导向"或者"市场导向"的定价策略。

对于微小贷款业务而言,借款者一般信用等级较低,或者说难以提供足够的资料信息证实自己较高的真实信用等级,这要求较高的风险加点;微小贷款业务额度非常小,属于零售业务,也要求较高的贷款利率。总的来说,微小贷款利率定价高于一般贷款业务。

二、小组模式贷款定价

(一)小组贷款模式定价的类型

小组贷款模式的客户对象主要是贫困农户和一般种养业农户,其信贷需求多为农户生产、生活型贷款或农户经营型贷款,是农村信用社等农村金融机构针对农户这个群体的垄断性信贷产品。因此,小组贷款模式在选择贷款定价方式时,可主要从微小贷款机构自身的成本费用角度,采用"成本导向型"的成本加成定价方式。

1. 农户生产生活型微小贷款定价

选择"成本导向型"贷款定价模式进行统一定价。

一方面,农户生产、生活型微小贷款是农村金融针对农户这个群体的垄断性信贷产品。因此,贷款机构在选择贷款定价模式时,基本不需要考虑客户需求、同业竞争等因素的影响,只需要从自身的成本角度出发进行贷款定价。

另一方面,自 20 世纪 90 年代末农村信用社开始推广农户小额信贷以来,现已有较健全的信用评级制度,以及对这类贷款的违约概率和违约损失率有长期的积累,为"成本导向型"贷款定价提供有效支撑。

"成本导向型"定价公式可简单表示为:

$$贷款利率＝筹资成本率＋经营成本率＋预期损失率$$
$$＋无风险收益率＋目标利润率$$

其中:

$$筹资成本率＝\frac{存款平均利率\times存款}{(存款＋拆入资金)}＋\frac{拆入资金利率\times拆入资金}{(存款＋拆入资金)}$$
$$＋存款固定成本率＝\frac{存款应分摊的各项费用}{存款平均余额}$$

$$经营成本率＝贷款费用率＋税负成本率$$
$$＝\frac{应分摊的各项费用}{贷款平均余额}＋税负成本率$$

各项费用包括应分摊的人工费用、与贷款相关的业务管理费、营销费、手续费等。税负成本率所指的税负目前主要是贷款营业税、贷款印花税等。

预期损失率＝违约概率×违约损失率

无风险收益率＝内部资金上存利率×(1－法定存款准备金率
－备付金率)＋法定存款准备金利率
×法定存款准备金率＋备付金利率×备付金率

目标利润率可根据不同时期情况调整确定。

2. 农户经营型贷款定价

设计引入"成本加成"定价法的"价格领导型"贷款定价模式定价。

经营型贷款即农户生活生存型微小贷款额度之外的农户贷款。农户生产生活型贷款主体基本包含了农户经营型贷款的贷款主体，农村信用社在长期信贷业务中积累的农户小额信贷评级资料历史数据可得到充分利用。

农户生产生活型贷款定价所使用的成本加成定价法已根据筹集信贷资金的成本以及管理费用确定了利率水平，可直接作为"价格领导型"定价模式中的基准利率计算的基础。

因此，引入"成本加成"定价法的"价格领导型"定价公式可简单表示为：

贷款利率＝基准利率×(1＋风险溢价点数)

其中：

基准利率＝筹资成本率＋经营成本率＋无风险收益率
＝同期农户小额信用贷款利率－预期损失率－目标利润率

风险溢价点数＝违约概率×违约损失率

违约概率参照农户小额信用贷款评级中各等级违约概率确定；违约损失率参照贷款担保方式不同违约损失率确定。

(二)小组贷款定价模型的构建——基于成本加成的定价

"成本导向型"的定价模式是我国农村信用社现行的小组贷款模式贷款定价适合的方法。现对这种模型的计量方式进行分解，综合对比国内与此相关的文献的具体做法，全面考虑各个因素，结合小组贷款运行的实际，把成本加成定价法中的各个部分进行细化，最终构建出比较便捷的计量模型。

1. 风险溢价率的计量

以内部信用评级(IRB)核心技术确定风险溢价率。贷款的违约概率

(PD)和违约损失率(LGD)是 IRB 的核心技术。该方法确定风险溢价的步骤如下:(1)根据历史资料,从客户自身的信息、客户面临的外部环境、贷款的方式和用途、客户偿债能力、客户在农村信用社的存贷款记录等方面选择若干变量作为违约概率模型的解释变量,并以大量客户历史贷款数据进行回归,得到模型中各解释变量的系数值,构造 PD 计算模型。(2)以历史数据平均法为依据,按照每一类别贷款抵押担保方式,将不同抵押担保方式的违约贷款损失额与贷款发放总额之比作为该种贷款抵押担保方式的违约损失率。

此外,若贷款期限较短(12 个月内),可不考虑期限风险,贷款风险溢价直接等于贷款违约概率和违约损失率的乘积。

2. 贷款资金成本率的计量

资金成本是贷款机构贷款利率的重要组成部分,是指根据贷款的自然期限在金融市场上融入同种性质的资金所必须付出的成本。[①] 以资金历史平均成本和边际成本的加权来计算资金成本率。

第一,计算资金的历史加权平均成本,该方法将每一种资金来源的平均成本,乘以每一种资金来源占资金总额的比重,然后加总。用公式表示为:

$$CT_n = I_n / f_n$$
$$CT = CT_1(F_1/TF) + CT_2(F_2/TF) + \cdots + CT_n(F_n/TF)$$

其中,I_n 为第 n 种资金来源的利息支出,f_n 为第 n 种资金来源的可用资金,CT_n 为第 n 种资金来源的平均成本,CT 为可用资金的历史加权平均成本,F_n 为第 n 种资金来源的数量,TF 为贷款机构获得的资金总额。

第二,计算资金的边际成本。资金边际成本反映了计划新增资金的成本,是指贷款机构吸收一个单位资金所需付出的成本增量。只有边际资产回报大于边际成本,贷款才能获得利润。边际成本按加权求和可以得到新增加资金的加权边际成本,用公式表示为:

---

① 一般来说,资金成本是包括利息在内的花费在吸收资金上的一切支出,即利息和营运成本之和,它反映了为取得贷款资金而付出的代价,资金成本除以所吸收的资金总额就是资金的成本率。在这里,为了计算的方便,仅考虑资金的利息成本,而对于获取这些资金所付出的营运成本等其他费用,放在后面的贷款经营成本中一起进行分摊。

$$MC_n = NI_n / Nf_n$$

$$MC = MC_1(NF_1 / NTF) + MC_2(NF_2 / NTF) + \cdots + MC_n(NF_n / NTF)$$

其中，MC_n 为第 n 种资金来源的边际成本，NI_n 为第 n 种资金来源新增的利息支出，Nf_n 为第 n 种资金来源新增的可用资金，MC 为贷款机构新增资金的平均边际成本，NF_n 为第 n 种资金来源的数量，NTF 为贷款机构新增的资金总额。

第三，以这两种方法为基础，通过计算两种成本的加权成本确定资金成本。计算公式为：

$$FC = \frac{1}{N}[CT(MCT / TT) + MC(MMC / TT)]$$

其中，FC 表示最终的年资金成本率，MCT 为历史资金总额，MMC 为新增资金总额，TT 为所有用于贷款的资金总额，N 为贷款年限。

需要注意的是，由于农村信用社的存款[①]有不同的项目，不同类型的存款所支付的利息率有很大的差异，且因期限不同，利息也不同。因此，对于历史资金成本和边际资金成本必须按照资金来源种类的不同及期限的不同来加以计算。确定了 CT 和 MT 之后，再根据上式来计算最终的资金成本率。

3. 贷款经营成本率的计量

贷款费用是贷款非资金性经营成本，包括信贷人员的工资、福利、奖金，对借款人进行信用调查和分析所发生的费用，管理贷款时使用的器具和设备成本，抵押物的鉴别、估价及维护费用，贷款资料、文件的工本费、整理保管费用，贷款本息回收的费用等。对于贷款费用，有学者提出用作业成本法来计量。

当前我国农村信用社的功能较为单一，绝大部分农村信用社仅办理本币存贷业务或者有部分中间业务。基于以上经营现状，设计农村信用社作业成本法的应用如表 4-3。

---

① 农村信用社贷款资金来源主要有自由资本金、吸收存款、从中国人民银行获得再贷款以及从其他金融机构拆借资金。资本金的成本将放在贷款目标利润中进行考虑。而从中国人民银行获得再贷款以及从其他金融机构拆借资金按规定不能用于发放贷款，于是农村信用社当前发放贷款的资金成本就只需考虑其吸收存款的成本。

表 4 -3　作业及作业成本动因①

序号	作业名称	作业成本动因	作业动因率
1	打印单据	单据张数	单据总成本/单据张数
2	受理贷款申请	申请笔数	贷款受理总成本/申请数
3	贷款人资信状况审查	审查人数	审查总成本/审查人数
4	审核贷款安排	审查笔数	审核总成本/审核笔数
5	贷款柜台发放	发放贷款笔数	柜台发放贷款总成本/发放笔数
6	贷后管理	管理客户数	管理总成本/客户数
7	检查担保物	检查次数	检查总成本/检查次数
8	邮寄催收书等单据	邮寄单据客户数	邮寄单据总成本/客户数
9	结算申请	结算申请笔数	结算总成本/申请笔数
10	转账	转账笔数	转账总成本/转账笔数
11	汇兑	汇兑笔数	汇兑总成本/汇兑笔数

　　假设某一客户的贷款过程包括提出申请、填写单据、资信审查、贷款安排审核、贷款柜台发放、贷款发放后的管理、检查担保物、邮寄催收书等项作业,则对贷款来说,受理该客户的贷款申请笔数为 l,填写单据的张数为 n,资信审查的人数为 m,贷款安排审核与贷款柜台发放笔数为 a,贷款发放后增加的管理客户数为 l,检查担保物的次数为 b,邮寄催收书数量为 c,将以上各项作业的数量与表 4-3 中第四列的作业成本动因率相乘,就可以得到为该客户发放贷款所产生的经营成本。

　　4. 贷款目标利润率的计量②

　　目标利润是指贷款管理层期望的资本从每笔贷款中应该获得的最低收益水平。鉴于我国农村信用社的发展情况,资本金获取一定目标利润构成贷款利率定价的一个重要部分,本书以风险管理的核心技术——经济资本为基础来确定农村信用社的目标利润率。

　　经济资本(EC)是指在给定的置信水平下,贷款机构用来抵御由风险

　　①　该表资料参考了李学文:《农村信用社贷款定价问题研究》,2008 年湖南农业大学硕士学位论文。

　　②　参考了李明贤、李学文:《农村信用社贷款定价问题研究》,中国经济出版社 2008年版。

带来的非预期损失的资本量,也称风险资本。在数额上与非预期损失
(UL)相等,是一个管理会计上的概念。在经济资本核算体系下,贷款定
价模型中某笔贷款的资本目标利润率单笔贷款经济资本比例目标经济
资本回报率,单笔贷款的经济资本比例为该笔贷款配备的经济资本与贷
款金额的比值,目标经济资本回报率为管理层所要求的经济资本回报水
平,一般分为经济资本基础回报率和目标增加值率两部分。经济资本基
础回报率是资本作为一种资源要求的最低回报率,目标增加值率是贷款
所要求实现的资本的经济增加值目标比例,贷款可根据自身的发展战略
和业务发展计划制定适合的比例。

因此,使用经济资本概念确定贷款目标利润,首先要计算出贷款的
非预期损失,然后根据农村信用社信用等级与置信度关系求出经济资本
乘数,将经济资本乘数与非预期损失的乘积作为配备给该笔贷款的经济
资本,该数量的经济资本能够保证贷款机构在未来某一时间段内因贷款
损失而破产的可能性不高于(1-信用等级置信度)。将所配置的经济资
本和贷款总额的比值,与管理层确定的目标经济资本回报率相乘,就可
以得到该笔贷款所要求的目标利润率。

非预期损失的计算应用最广泛的是资产变动法,该方法以每个交易
或每类业务为基础进行计算。可将一笔如贷款的经济资本金看做是非
预期损失的一个倍数,即 $EC=M \times UL$,其中 M 为经济资本乘数,它取决
于置信区间的概率要求,业务上取决于农村信用社对其信用等级的要求
程度。表 4-4 给出了一个农村信用社信用等级与对应的置信水平的关系
示例。

表 4-4　农村信用社信用等级与对应的置信度

信用等级	置信度 $Z(\%)$
AAA	99.99
AA	99.95
A	99.85
BBB	99.65

资料来源:李明贤、李学文:《农村信用社贷款定价问题研究》,中国经济出版社 2008
年版。

单笔贷款的预期损失和非预期损失 UL 表示为:

$$EL = EAD \times PD \times LGD$$

$$UL = EAD \times \sqrt{PD \times \sigma_{LGD}^2 + LGD^2 \times \sigma_{PD}^2}$$

其中,EAD 为风险敞口即贷款总额,σ_{LGD},σ_{PD}分别表示违约损失率和违约概率的单位标准差。在时间 T 时,X_T 是实际损失的随机变量,X_T 通常服从 χ^2 分布,Z 是贷款机构为每信用等级设定的置信度,如 BBB 级需要达到 99.65%,即在未来一段时期内贷款机构破产的可能性不应高于 0.35%,ν 是贷款机构在时间 T 为抵御非预期损失需要的最少经济资本,于是有:

$$P_r\{X_T \leqslant \nu\} = Z$$

其中 $P_r\{x \leqslant \nu\}$ 表示满足条件 $x \leqslant \nu$ 的概率,将变量进行代换后重新得到:

$$P_r\{X_T - EL \leqslant EC\} = Z$$

将 $EC = M \times UL$ 代入上式有:

$$P_r\{\frac{X_T - EL}{UL} \leqslant M\} = Z$$

在置信度 Z 已知条件下,根据计算得到的 UL 与 EL,结合 X_T 服从 χ^2 分布的特征,可以求出上式中 M 的数值,得到需为该笔贷款配置的经济资本总量。将 EC 除以 EAD,再与目标经济资本回报率相乘,就得到了贷款的目标利润率。

5. 综合调整点数的确定

综合调整点数既不反映贷款的成本,也不反映贷款的风险,而是结合贷款经营管理特征、国家货币政策和影响贷款利率的其他一些因素来设定的,包括贷款成本控制变量、客户利率优惠变量和政策变量等。

(1)贷款成本控制变量

为促进贷款机构降低经营成本,在贷款利率定价模型中引入一个成本控制变量 CC。CC 是一个分段函数,其具体取值根据经营成本的目标水平与实际水平之间的偏离程度来决定。即:

$$CC = \begin{cases} CC\left(\dfrac{h}{h^*}\right), & h > h^* \\ 0, & h \leqslant h^* \end{cases}$$

其中，h 为实际经营成本衡量变量，可以是以绝对数量衡量的经营成本，也可以是以经营成本与贷款总金额的比值或其他相对值来衡量；h^* 为目标经营成本水平，是贷款机构事先制定的成本目标，也可以是绝对值和相对值，但必须与其他的衡量标准相一致。

$CC\left(\dfrac{h}{h^*}\right)$ 为一函数关系式，可以是线性函数，也可以是非线性函数，其函数值负数，且当 h 与 h^* 的比值越大时，CC 函数值的绝对值越大。

上式的经济解释为：当贷款机构的经营成本控制在目标值之内时，在贷款定价公式中成本控制变量的取值 0，成本控制变量对最终贷款利率不产生任何影响；当实际经营成本值大于目标值时，成本控制变量的取值为负值，经营成本的超目标水平将导致最终贷款利率的降低，且当成本超出目标规模越大时，该负函数取值越小，对最终贷款利率水平的降低作用越大。

我国农村信用社在农村金融市场上几乎处于垄断地位，作为可以"左右"价格的贷款主体来说，在贷款利率中加入这样一个非正的成本控制变量可能会降低其贷款利率水平，但为了有效控制经营成本，防止经营成本增长过快，提高农村信用社效率，同时降低微小贷款客户的负担，加入这样一个变量有一定的必要性。对于其中经营成本的目标水平值 h^*，以及函数 CC 的具体形式，可以根据不同农村信用社的实际灵活确定。

（2）优质客户利率优惠

仅从贷款成本、风险和利润来确定贷款价格的话，该定价模式将与传统的成本加成模式无太大区别，忽略了农村信用社与客户的关系，对需求方利益不够重视，不利于稳定客户关系。于是需要在定价模式中加入一个客户利率优惠变量，该变量取值为 0 或者负值，针对优质客户，可以在贷款利率上给予一定的优惠，以保留这些优质客户并吸引更多的优质客户。但是优质客户的优惠要合理控制利率优惠水平，不能大幅度影响农村信用社收入水平，防止影响商业可持续性。

（3）政策性利率调整

农村信用社是农村金融市场的供给主体，面临着服务"三农"的特殊经营环境。而国家十分重视"三农"问题，将增加农民收入、缩小城乡差距、加快农村经济增长作为近年来工作的重中之重，农村信用社等微小贷款机构必须考虑国家货币政策、投资政策以及宏观经济变量来对贷款利率进行调整。政策性利率调整主要有两个方面的因素：第一，对国家重点支持的农户小额信贷、农村科技推广等类型贷款，在考虑补偿成本的基础上以相对较低的贷款利率水平来配合国家的宏观经济政策，促进"三农"相关产业和经济发展，具体优惠力度可根据农村信用社的经营绩效、资金实力和承受能力来确定。第二，在物价变化较大的阶段，物价的变动不能通过资金利息成本的变化体现在贷款利率中，因而需要在贷款利率定价中设置变量单独考虑通货膨胀水平的影响，如当前 CPI 持续上涨，应相应提高贷款利率的水平。

第三节　个人模式贷款定价

（一）个人模式贷款定价类型

个人贷款模式针对微小企业主和个体工商户进行信贷服务，客户对象的信贷需求具有多样化和个性化的特点，贷款的定价需要一种"客户导向型"的定价方式。因此，微小贷款机构在对个人贷款进行定价时，应从客户成本的视角出发，选择客户盈利分析法进行贷款定价。

1. 非充分竞争时微小企业贷款定价

非充分竞争背景下微小企业贷款定价一般多遵循有利于弥补资金成本、创造价值回报、防范风险、实现战略预期的原则和综合体现经济增加值的要求，通过差别化的定价政策，筛选出微小企业目标市场和客户，设计引入"客户盈利分析"贷款定价模式的"价格领导型"贷款定价模式分别定价。

"客户盈利分析"贷款定价模式的"价格领导型"贷款定价公式可简单表示为：

$$贷款利率 ＝ 基准利率 \times （1＋风险溢价点数）$$

$$风险溢价点数 ＝ 贷款风险度测算点数 － 存贷比贡献测算点数$$

$$－ 中间业务贡献度测算点数 ＋ （一）调整项目$$

各类测算点数依据贷款机构业务操作特点而定。

2. 市场深化中微小企业的贷款定价

随着竞争的加剧,为使微小贷款机构的贷款收入充分弥补贷款违约损失和发放成本,需要以最恰当的定价来保持贷款机构与重要客户的长期良好的合作关系,确保重要客户对微小贷款机构持续的利润贡献。选择"客户盈利性分析"贷款定价模式。

"客户盈利性分析"贷款定价公式可简单表示为:

贷款利率＝维护客户关系费用－存量贷款收益－收费业务收益
　　　　＋拟发放贷款全额×(资金成本率＋分摊的各项费用率
　　　　＋风险调整)]/[拟发放贷款全额×(1－营业税及附加)]

采用客户盈利分析法得出的贷款利率更富有市场竞争力,体现了贷款"以客户为中心"的经营理念,实现差别化定价的个性化经营模式。通过这种差别定价,吸引和保留那些真正为贷款带来合理利润的客户。

(二)个人贷款定价模型的构建——基于成本收益的定价

考虑到不同的贷款方法都有其应用前提条件和适用性,个人微小贷款(或称微小企业贷款)应从市场营销的角度出发进行贷款定价,遵循"以市场价格为参考,变动成本为下限,充分考虑客户风险(违约和利率期限风险)及客户对银行的贡献度"的客户盈利分析定价机制。[1]

客户盈利分析本质上是一种"成本—收益"定价法,银行在为每笔贷款定价时,需要全面考虑客户与银行各种业务往来的整体成本和综合收益。

从这个意义上讲,该定价方法实际上是在为整个客户关系定价,定价的基准是银行从客户处得到的整体收益率,即客户的贡献度,可简单表示如下:

$$R_e = \frac{I - C}{L - D}$$

---

[1] 需要指出的是,客户盈利分析定价法是建立在银行与客户所具有的历史关系的基础上,其计算的收入是银行过去为客户服务中已经实现的收入,而不是预期、潜在的收入。因而这种方法比较适用于与银行往来关系密切、资金需求量较大的客户,而对于新开户企业及有发展潜力的客户则不宜采用。

式中,R_e 表示客户贡献度,相当于银行从客户那里得到的税前净收益率;I 表示银行对某客户提供贷款和其他服务的收入之和,可称为账户总收入,包括贷款利息、贷款承诺费、现金管理服务费、结算费用、财务顾问费用和数据处理费用等;C 表示银行对该客户提供贷款和其他服务的总成本,包括银行员工的工资和奖金、客户信用调查评估费用、存款利息支出、账户管理费用以及筹集可放贷资金的成本;L 表示银行对该客户的贷款额;$\overline{D}$ 表示该客户在银行的平均存款余额剔除法定准备金后的可再投资部分;$(L-\overline{D})$ 表示银行使用的超过该客户存款的可放贷资金净额。

因此,该模型在贷款定价时主要考虑三个部分:向客户提供贷款和其他服务而产生的总收入 I,向客户提供贷款和其他服务而产生的总费用 C 和银行的目标利润 P_t,也即:$I=C+P_t$。

1. 客户带来的总收入的计量

来自客户的总收入 I 可以分为三大部分,即存款产生的收入 I_d,主要是客户存款中除去准备金、备付金和浮存部分之后实际可用于投资的部分所产生的收入 I_1;贷款产生的收入,包括直接的利息收入和收费;中间业务收入 I_m,除存贷款业务之外所有银行服务所产生的收入。因此,$I=I_d+I_t+I_m$。具体计算如下。

(1)存款账户收入

存款账户收入 I_d 主要是客户存款中除去法定存款准备金和平均浮存额部分之后实际可用于投资的部分所产生的收入。年度存款账户收入的一般计算公式:

$$I_d=\overline{R}\times[(1-s_1-s_2)\times\overline{D}-\overline{D_f}]+r_s\times s_t\times\overline{D}$$

式中,$\overline{R}$ 表示盈利性资产的平均投资收益率,$\overline{D}$ 表示存款平均余额(一般取日均余额),$\overline{D_f}$ 表示平均浮存额,s_1、s_2 分别表示存款准备金率和存款备付金率,r_s 表示存款准备金利率。

(2)贷款账户收入

假定银行目前准备向客户提供第 n 笔贷款,则贷款总收入 I_1 可采用下式计算:

$$I_1=R_n\times L_n\times T_n\times\alpha_n\times F_n\times I'_l$$

式中,R_n、L_n、T_n 和 α_n 分别表示第 n 笔贷款的利率、贷款(或承诺)额度、贷款期限和预期提款比率（对确定性贷款 $\alpha_n = 1$）；F_n 表示银行对第 n 笔贷款的收费。I'_1 表示定价时对该客户已经发放或承诺的贷款收入（含利息收入和收费）。在确定第 n 笔贷款价格时，由于利率和收费都是价格的组成部分，因此，式中就有两个变量：R_n 和 F_n，这两个变量将作为贷款价格组合的主要成分。

（3）中间业务收入

理论上，中间业务收入可以通过下式计算得到：

$$I_m = \underbrace{\sum_k f_k}_{\text{已实现收入}} + \underbrace{\sum_j f'_j}_{\text{潜在收入}}$$

式中，f_k 表示第 k 项中间业务收取的费用，f'_j 表示预计能够实现的第 j 项中间业务的收费。

综上，可以这样计算来自客户的总收入：

$$I + I_d + I_1 + I_m = \bar{R} \times [(1 - s_1 - s_2)] \times \bar{D} - \bar{D}_f] + r_s \times s_t$$
$$\times \bar{D} + R_n \times L_n \times T_n \times \alpha_n + F_n + I'_1$$
$$+ \underbrace{\sum_k f_k}_{\text{已实现收入}} + \underbrace{\sum_j f'_j}_{\text{潜在收入}}$$

2. 客户服务花费的总成本的计量

银行为客户提供产品和服务的总成本 C 包括三类：一是资金成本 c_m，即为筹集放贷资金所付出的利息和支付客户存款利息；二是经营成本 c_0，原则上指客户提供所有服务和管理所花费的成本 c_r，包括客户活期和定期存款的管理成本、支票账户的管理成本、贷款的管理成本以及与中间业务收入对应的服务成本等；三是风险成本，主要是客户的贷款、保函和信用证等业务的违约和期限风险。

这里违约风险的设定较为困难，由于目前我国商业银行风险操作和管理水平较低，本书认为我国经营微小贷款的城市商业银行可以根据信用等级、贷款风险度或设定的其他指标来评定贷款的质量等级，如借鉴科普兰方案（见表 4-5），根据测出的贷款风险给出相应的风险溢价。

表 4-5　科普兰(Kopeland)贷款质量等级与风险溢价的关系建议

风险等级	风险溢价
无风险	0.00％
轻微风险	0.25％
标准风险	0.50％
特别关注	1.50％
次级	2.50％
可疑	5.00％

资料来源：毕明强：《基于贡献度分析和客户关系的商业银行贷款定价方法研究》，《金融论坛》2004 年第 7 期。

另外，期限风险的测量，在这里可以借鉴根据国债期限结构复利模型[1]实证分析的对市场利率期限风险进行的模拟和估算。模型如下：

$$Y = Ae^{BT}$$

Y 为国债到期年收益率（复利），是指购买国债后一直持有到期满时的年收益率，是指将来的利息收入和本金收入等于现时国债购买价格的年折现率；e 为自然对数的底；T 为到期期限，A、B 为结构参数。

$$R_d = A(e^{BT} - 1)$$

其中 R_d 为贷款期限风险补偿率，A、B 为结构参数，可以根据我国国债利率的情况统计得出，e 为自然对数的底，T 为贷款到期期限。

于是得到成本的计算公式：

$$C = c_m + c_0 + c_r$$

3. 银行目标利润的计量

目标利润是每笔贷款所配置的资本的预期收益。资本的配置方法有三种，即按经济资本、按监管资本和按权益资本配置。按照不同方法配置的资本计算出的目标利润很可能是不同的（即使目标利润率是相同的）。根据资本配置方式不同，我们把目标利润的确定方法分为高级法和基本法两种，前者按照经济资本进行配置和计算，后者按照监管资本

---

[1]　由于我国目前实行的是单利计算，忽略了货币的时间价值，而事实上，交易双方从事投资活动，是以复利到期收益率为衡量基准的；再者，单利结构并不能有效地反映投资的流动性偏好和预期。因此，本书采纳的是基于复利基础的模型。

口径进行配置和计算。由于不需要计算非预期损失,本文按基本方法计算出年度目标利润。[①]

银行的目标利润也即银行资本必须从每一笔贷款中获得一定的最低收益。可用以下公式来计算:

$$P_t = LR \times ROE \times T_n$$

其中,LR 为资本充足率,我国目前和巴塞尔协议保持一致为 8%;ROE 即为银行管理层决定的资本目标收益率;T_n 为第 n 笔贷款的额度。

4. 定价模型的确定

由于在均衡的价格条件下定价模型基本满足 $I = C + P_t$,把前面讨论的各项分别代入,并经推导得出:

$$\bar{R} \times [(1 - s_1 - s_2) \times \bar{D} - \bar{D}_f] + r_s \times s_t \times \bar{D} + R_n \times L_n \times T_n \times \alpha_n + F_n + I'_1 + \sum_k f_k + \sum_j f'_j = c_m + c_0 + c_r + Tax + LR \times ROE \times T_n$$

上式中如果其他条件给定,就可以计算新增一笔贷款的利率 R_n 了。

当然,在实际操作中,很多条件并不是一成不变的,而贷款利率也未必能够完全按照银行的成本和收益目标来确定。因此,贷款机构应根据市场情况灵活掌握每笔贷款的价格变化,同时借款人也可以根据自身情况选择不同的价格组合。

第四节　微小贷款定价的实证研究

众多研究表明,基于"成本加成"的定价方法(即成本加成法)较适合小组贷款模式的微小贷款定价,基于"成本—收益"的定价方法(即客户盈利分析法)则较适合个人贷款模式的定价。然而,贷款定价是一个实践性很强的活动,微小贷款的定价不仅需要理论的支撑,还需要从实际运作情况出发,给予实践上的支持。这里设定了不同运作模式下的两个

---

① 理论上建议用高级法。但在实际中银行能够准确计算各项经济资本之前,可以用监管资本来代替。相对于经济资本的概念,监管资本是一个平均的资本配置概念,而一般重点客户的信用风险要比平均水平低,因此按监管资本计算出的贷款价格可能要比实际水平偏高。

仿真案例进行实证研究,分别对前文构建的两种定价模型进行算例的应用,求出小组贷款模式下农村信用社的微小贷款利率和个人贷款模式下城市商业银行的微小贷款利率,并将它们分别与某机构现行贷款利率进行比较,以深入地理解微小贷款定价的机理,同时在现行微小贷款利率的基础上探讨定价模型的可行性和合理性问题。

一、小组贷款定价模型案例研究

鉴于微小贷款机构的管理数据难以统计,同时又涉及机构的商业机密,有较高的保密性要求,此处设定一个小组贷款定价的仿真案例,以期对建立的模型进行模拟的实证应用。

（一）模型应用的案例设定

例 1　某地一名非社员农户向该地区农村信用社提出贷款申请,申请农户小额贷款 10000 元人民币,贷款期限为 1 年。

另假设,农村信用社用于发放这 10000 元贷款的资金全部来源于农村信用社吸收的存款,且各期限存款皆为整存整取形式。存款利率、法定准备金率、法定准备金利率等依据现行利率水平而定。

（二）定价模型各基础变量的计算

1. 贷款风险溢价率

首先,计算该农户的贷款违约概率。获取该农户的房产价值、金融资产拥有量、家庭年纯收入、家庭支出总额、家庭劳动力人口数、有无拖欠记录、当前家庭负债总额、是否有担保抵押、贷款额度、基层农信社与农户的距离等 10 个指标的数据,进行相关处理后,代入贷款违约概率公式：

$$PD = \frac{1}{1 + \exp[-(b_0 + b_1 A_1 + b_2 A_3 + b_3 B_1 + b_4 C_1 + b_5 D_4 + b_6 E_2 + b_7 E_3 + b_8 F_2 + b_9 F_2 + b_{10} G_2)]}$$

得到该农户的贷款违约概率 PD。由于 PD 计算公式需要以大量历史数据为基础来确定各指标系数,在这里,忽略公式的具体形式和计算,假设计算出来该农户的贷款违约概率 $PD=4\%$。[①]

其次,计算该农户贷款的违约损失率。同样,对于违约损失率也需要以历史数据为基础来计算。由于缺乏数据资料,不能对计算的过程进行详细介绍,此处简单地以违约损失率来代替。由于该农户小额贷款是信用贷款,查表可得,信用贷款的违约损失率为 45%,所以该农户贷款的贷款违约损失率 $LGD=45\%$。

由于该农户此项贷款的期限为 1 年,该项贷款的期限风险可以忽略不计,因此期限风险系数 $TR=0$。

在以上计算基础上,可以得到该农户此项贷款的风险溢价率=$(PD+TR)\times LGD=(0.04+0)\times 0.45=0.018$。

2. 贷款资金成本率

由于用于发放这 10000 元贷款的资金全部来源于农村信用社吸收的存款,吸收存款要上缴存款准备金,统一按照 16.5%[②]的存款准备金率计算,农村信用社发放 10000 元的贷款所需要吸收的存款数为元 11967。

假设吸收的 11967 元存款中,有 2000 元计划由新吸收的 2 年期定期存款来提供(当前吸收该类型存款的年利率为 3.9%);有 2967 元计划由新吸收的 5 年期定期存款来提供(当前该类型存款的年利率为 5.0%);有 3500 元来自 2 年前存入的 5 年期定期存款(存款年利率为 3.6%);有 3500 元来自 1 年前存入的 3 年期定期存款(存款年利率为 3.3%)。所有定期存款都是整存整取形式。

按照上节中确定的计算资金成本率的方法,该笔贷款所要支付的资

[①]　由于对农户平均违约概率的研究需要使用到农村信用社内部很多历史资料和数据,而这些数据有较高的保密性要求,导致当前研究中并没有对农户平均违约概率水平的分析,根据张玉(2007)对内蒙古赤峰市 6 个农村信用社的调查,该市农村信用社 2006 年所有贷款客户的平均违约概率为 20%多,而且违约的主要是中小企业和一些地方政府担保的贷款,真正纯农牧区农村信用社客户违约概率并不高,在 10%以下。考虑到很多学者认为中国农民的信用水平还是较高,主动违约的概率水平较低,我们这里取农户贷款违约概率 $PD=4\%$,这个数据只是作为一个算例假设数据,每个农村信用社都可以有不同的违约概率水平。

[②]　中国人民银行为保证农村地区信贷资金充足,在当前紧缩流动性的前提下,对农村信用社仍执行较低的存款准备金率。2010 年度人民银行共上调 6 次法定存款准备金率,其中对农村信用社等中小法人金融机构,仅上调 3 次。目前,农村信用社执行比大型商业银行低的优惠存款准备进率。截至 2011 年 3 月 25 日,涉农贷款比例较高、资产规模较小的农村信用社执行的存款准备金率为 16.5%。

金利息成本率确定过程如下:

第一步,确定历史资金额和历史资金利息成本率。

由已知假设可知,该笔贷款中的历史资金额＝3500＋3500＝7000元,其中3500元2年前存入的5年期定期存款在贷款期间需要支付的利息为135.11元(复利计算)[①],获得可用资金2922.5元(扣除了存款准备金)[②];3500元1年前存入的3年期定期存款在贷款期间需要支付的利息为119.31元(复利计算)[③],获得可用资金2922.5元。可得历史资金利息成本率为0.0435[④]。

第二步,确定计划新增资金额和新增资金利息成本率。

该笔贷款中的计划使用新增资金额＝2000＋2967＝4967元,其中2000元2年期定期存款在贷款期间需要支付的利息为78元(复利计算)[⑤],获得可用资金1670元(扣除了存款准备金)[⑥];2967元5年期定期存款在贷款期间需要支付的利息为148.35元(复利计算)[⑦],获得可用资金2477.45元[⑧]。可得新增资金利息成本率为0.0546[⑨]。

第三步,确定最终加权资金利息成本率。

计算两种成本的加权成本,得到该笔贷款最终资金利息成本率为0.0481[⑩]。

3. 贷款经营成本率

由于当前很少有农村信用社采用作业成本管理,而且即使是采用了作业成本管理的农村信用社,其管理数据也不对外公开,因此本书在用作业成本法计算农村信用社该笔贷款的经营成本时,只能对作业成本动因率做一个大概的估计,如表4-6所示。

[①] $3500[(1+3.6\%)^3-(1+3.6\%)^2]\approx135.11$

[②] $3500\times(1-16.5\%)=2922.5$

[③] $3500[(1+3.3\%)^2-(1+3.3\%)]\approx119.31$

[④] $(135.11/2922.5)\times(3500/7000)+(119.31/2922.5)\times(3500/7000)\approx0.0435$

[⑤] $2000[(1+3.9\%)-1]=78$

[⑥] $2000\times(1-16.5\%)=1670$

[⑦] $2967[(1+5.0\%)-1]=148.35$

[⑧] $2967\times(1-16.5\%)\approx2477.45$

[⑨] $(78/1670)\times(2000/4967)+(148.35/2477.45)\times(2967/4967)\approx0.0546$

[⑩] $0.0435\times(7000/11967)+0.0546\times(4967/11967)\approx0.0481$

表 4-6　农村信用社作业成本动因率①

作业	作业动因率
打印单据	0.5 元/张
受理贷款申请	120 元/申请
贷款人资信审查	100 元/人
审核贷款安排	90 元/笔
贷款柜台发放	60 元/笔
贷后管理	80 元/户
检查担保物	72 元/次
邮寄催收书等单据	1 元/户
结算申请	10 元/笔
转账	5 元/笔
汇兑	5 元/笔

　　假设在贷款发放到回收过程中,受理该客户的贷款申请笔数为1,填写单据的张数为6,资信审查的人数为1,贷款安排审核与贷款柜台发放笔数为1,贷款发放后增加的管理客户数为1,检查担保物的次数为2,预期邮寄催收书数量为3,将以上各作业的数量与表4-6中的作业成本动因率相乘,就可以得到为该客户发放贷款所产生的经营成本 $0.5 \times 6 + 120 + 100 + 90 + 60 + 80 + 72 \times 2 + 1 \times 3 = 600$ 元,则该笔贷款的经营成本率为 $600/10000 = 0.060$。

　　4. 贷款目标利润率和综合调整点数

　　(1)贷款目标利润率

　　为计算贷款的目标利润率,农村信用社首先要根据 PD 建立一个如表 4-7 所示的风险等级对应表,以 PD 确定客户等级。

---

　　①　表中的估计水平与一些学者的研究相符合,如陈鹏、孙涌(2007)采用作业成本法对贵州地区的部分农村信用社存贷款服务成本进行研究,结果表明乡镇农村信用社存贷款成本区间为[5.47%,7.13%],而县市级农村信用社存贷款成本区间为[10.52%,13.62%],本书使用表中假设算出来的贷款资金利息成本+经营成本=0.0852+0.021=0.1062,没有偏离上述研究结果。

表 4-7 客户风险等级对应①

违约概率区间	10 级	描述
0%～0.5%	AAA	最佳
0.5%～1%	AA	优秀
1%～3%	A	良好
3%～6%	BBB	较好
6%～10%	BB	一般
10%～15%	B	尚可接受
15%～30%	CCC	关注
30%～100%	CC	预警
100%	C	判断违约

由于 $PD=4\%, LGD=45\%, EAD=1000$,则:

$$EL=EAD\times PD\times LGD=180$$

$$UL=EAD\times\sqrt{PD\times\sigma_{LGD}^2+LGD^2\times\sigma_{PD}^2}$$

$$=10000\times\sqrt{0.04\times0.45\times0.55+0.45^2\times0.04\times0.96}\approx1330$$

BBB 级农户的置信度 $Z=99.65\%$,将以上数据代入 $P_r\{\dfrac{X_T-EL}{UL}\leqslant M\}=Z$,根据 X_T 服从 χ^2 分布,可得出 $M\approx0.28$。于是,分配在该笔贷款上的经济资本额 $=0.28\times UL\approx372$ 元,经济资本比率 $372/10000=0.0372$。假设该农村信用社管理层的目标经济资本回报率为 20%,则该笔贷款的目标利润率 $=0.0372\times20\%\approx0.0074$。

(2)综合调整点数

假设该农村信用社的经营成本控制在目标值之内,成本控制变量取值为 0,该农户为非农村信用社社员和优质客户,对其利率优惠水平为 0。

但是由于申请的 10000 元贷款属于小额信用贷款范畴,根据国家对"三农"的支持政策和央行对农户小额贷款的大力支持,农村信用社对该农户的小额贷款可以给予一定的优惠,优惠程度为 1%。

---

① 表中违约概率区间的划分只是一个示例,非统一标准,可结合实际确定。

(三)最终贷款利率的确定

通过以上计算过程,得到该农户所申请贷款的各项基础变量的数值为:

风险溢价率=0.018

资金成本率=0.0481

经营成本率=0.060

目标利润率=0.0074

综合调整点数=-0.01

因此,该农户的该项微小贷款的最终利率水平为:

R =风险溢价率+资金成本率+经营成本率+目标利润率
+综合调整点数

=0.018+0.0481+0.060+0.0074-0.01=0.1235=12.35%。

二、个人贷款定价模型案例研究

前文从理论上构建了一个个人贷款的定价模型,并对模型中各基础变量进行了分解和计量。本节同样以实际案例来阐述上述定价模型在实际中的应用过程。

由于对个人贷款模式选取的是建立在"成本—收益"定价基础上的客户盈利分析模型,而贷款机构管理数据的保密性,在此同样设定一个个人贷款定价的仿真算例,以期对建立的模型进行模拟的实证应用。

(一)模型应用的案例设定

例 2 某地一个企业 G,向该地区某城市商业银行 Z 申请额度为50000 元,期限为 1 年的微小企业贷款。

另假设,预计企业 G 贷款承诺的使用率为 80%。

各存款利率、法定准备金率等依据现行利率水平计算。

下面将在一系列假设的基础上,运用个人贷款定价模型,计算银行对该企业该项微小贷款应实行的贷款利率。

（二）定价模型各基础变量的计算

1. 银行给客户贷款获得的收入

假设 G 企业在银行的原始平均存款额为 8000 元,提供 5+5 的补偿存款,即按照贷款承诺的 5% 加上实际使用贷款额的 5% 进行补偿存款;同时银行要求收取的承诺费用率为 0.125%,假定没有其他中间业务费收入。

贷款定价的组合如表 4-8 所示。

表 4-8　G 企业在 Z 银行的存款额①

项目	金额（元）	备注
原始平均存款额	8500	
补偿存款	4500	$50000×5\%+40000×5\%$
平均浮存额	3000	
实际存款额	10000	
法定准备金	1650	$10000×16.5\%$
可投资净额	8350	

注:实际存款额＝原始平均存款额＋补偿存款－平均浮存额;可投资净额＝实际存款额－法定准备金

已知法定存款准备金率为 16.5%,法定存款准备金利率为 1.62%,营业税率为 5%。假设 Z 银行存款投资的收益率为 5.8%,暂不考虑中间业务费收入。

则有:

贷款利息收入＝$40000×r$

贷款承诺费收入＝$10000×0.125\%=12.5$

客户存款账户收入＝$8350×5.8\%+1.62\%×1650=511.03$

因此,税后总收入＝$(40000×r+12.5+511.03)×(1-5\%)$

2. 银行为客户贷款支付的成本

（1）贷款资金成本

同普通商业银行分总、分、支三级行对内部的资金流向实行统收统

---

① 在这里,原始平均存款额指 G 企业在 Z 银行已有的存款,平均浮存额指 G 企业在 Z 银行的在途资金。

支的模式不同,经营个人微小贷款的商业银行具有简化的管理体制,因此,忽略银行内部形成的资金转移价格,贷款资金成本即为筹集放贷资金所付出的利息和支付客户存款利息之和。

假设筹集放贷资金所付出的利率为市场无风险收益率,并以一年期定期存款利率3%来代表市场无风险利率,同时活期存款利率为0.40%。

则有:

筹集放贷资金的利息支出=50000×3%=1500

客户存款利息支出=10000×0.40%=40

因此,贷款资金成本=1500+40=1540。

(2)经营成本

假定通过作业成本法计算出 Z 银行的成本对象的费用如表 4-9 所示。

表4-9　Z银行的成本对象的费用

作业对象	单位成本(元)
提现	0.17
转账	0.08
存款	0.21
活期存款账户维护	5.24
退账	2.8
定期存款账户维护	8.26
电子转账	2
工资发放	780
贷款受理费用	0.006

同时 G 企业在该支行的账户活动如表 4-10 所示。

表4-10　G企业在该支行的账户活动和经营成本

账户对象	数量	费用(元)
提现	3292	559.64
转账	4435	354.8
存款	1120	235.2

续表

账户对象	数量	费用(元)
活期存款账户维护	5	26.2
退账	57	159.6
定期存款账户维护	6	49.56
电子转账	214	428
工资发放	2	1560
贷款申请	40000	240
合计		3613

由此,通过作业成本进而计算出经营成本,Z 银行为 G 企业账户服务付出的经营成本为 3613 元。

(3)风险溢价

根据科普兰(Kopeland)贷款质量等级与风险溢价的关系建议,并假设 G 企业根据信用等级或设定的其他指标来评定贷款的风险等级为轻微风险,对应表 4-5 查得 G 企业的风险溢价率为 0.25%,则风险溢价为 $40000×0.25\%=100$ 元。

3. 银行目标利润

根据巴塞尔协议的资本充足率要求,Z 银行的资本充足率为 8%,即 8% 来自资本金,92% 来自银行负债,则贷款资本金支持率为 $\dfrac{8\%}{8\%+92\%}×100\%=8\%$。

假设银行的资本税前目标利润率为 18%,则银行给 G 企业贷款的目标利润为 $8\%×18\%×4000=576$ 元。

(三)最终贷款利率的确定

通过以上计算过程,得到该企业所申请贷款的各项基础变量的数值为:

银行给客户贷款获得的收入 $I=(40000×r+12.5+511.03)×(1-5\%)$

银行为客户贷款支付的成本 $C=1540+3613+100=5253$

银行目标利润 $P_t=576$

最后,在均衡的价格条件下定价模型满足 $I=C+P_t$,得到等式:

$$(4000 \times r + 12.5 + 511.03) \times (1 - 5\%) = 5253 + 576$$

计算上式可得该企业该项微小贷款的最终利率水平 $r = 14.03\%$。

三、贷款定价的有效性分析

(一)小组贷款定价与现行利率的比较

1. 模型结果的合规性检验

根据例 1 的计算结果，该项农村信用社农户小额贷款的利率为
12.35%。当前中国人民银行规定的 6 个月至 1 年内贷款基准利率为
6.06%，农村信用社允许的贷款利率浮动区间为[0.9,2.3]，即其允许的
贷款利率区间为[5.45%,13.94%]，根据构建的小组贷款模型计算出来
的贷款利率 12.35%位于中国人民银行所允许的范围内，是可行的贷款
利率水平。

2. 与现行利率水平的对比分析

为了更加清晰地比较本书定价模型得出的贷款利率和我国农村信
用社现行贷款利率，在这里对农村信用社当前贷款利率水平进行一个简
单的介绍。

面对服务于"三农"的特殊经营环境，农村资金需求量大而供给严重
不足使得农村信用社处于农村金融市场的垄断地位，这为其最大限度地
提高贷款利率提供了可能性。在这种观念的影响下，一些农村信用社并
不重视贷款定价问题，只在政策允许的范围内尽可能地提高贷款利率。

因此，尽管有部分联社制定的定价管理办法比较详细，但仍有相当
大比例的农村信用社仅仅照搬人民银行贷款定价模板，在充分利率浮动
政策的基础上，结合以往的利率水平进行粗略的计算后得到。表 4-11 列
举了当前我国部分地区农村信用社的贷款利率水平。

表 4-11　当前我国部分地区农村信用社贷款利率　　　(单位:%)

地区		6 个月内	6 个月~1 年	1~3 年	3~5 年	5 年以上
A	社员利率	11.169	12.699	12.852	13.158	13.311
A	非社员利率	11.826	13.446	13.608	13.932	14.094

续表

地区		6 个月内	6 个月~1 年	1~3 年	3~5 年	5 年以上
B	社员利率	8.244	9.396	9.504	9.720	9.828
B	非社员利率	8.604	9.756	9.864	9.960	10.224
C	社员利率	10.512	11.808	12.096	12.384	12.672
C	非社员利率	11.664	13.14	13.464	13.788	14.112
D	社员利率	12.701	14.288	14.641	14.994	15.347
D	非社员利率	12.960	14.580	14.940	15.300	15.660
E	社员利率	9.855	11.205	11.34	11.61	11.745
E	非社员利率	11.169	12.699	12.852	13.158	13.311

资料来源:贷款利率数据取自各地区农村信用社网站。

上文计算出的贷款利率水平为 12.35％,基本处于当前各地农村信用社微小贷款利率的平均水平。然而,考虑到当前农村信用社倾向于对小额信用贷款在基准利率上最大程度上浮导致贷款利率可能存在的一定程度的虚高,本书定价模型计算得出的 12.35％的 1 年期贷款利率比农村信用社现行贷款利率水平略低,似乎也有一定的合理性。

因此综合来看,本书构建的小组贷款定价模型得出的结果较为合理,模型具有一定的适用性。

(二)个人贷款定价与现行利率的比较

个人贷款的 IPC 技术由国家开发银行在 2005 年从 IPC 引进,并首先在台州市商业银行(现更名为台州银行)和包头市商业银行进行试点。在此,本书以这两家城市商业银行为范本,对模型的定价结果进行比较分析。

1. 与现行利率水平的对比分析

台州市商业银行(以下简称台商行)的小本贷款定价采取市场化的定价策略。在中国人民银行放开贷款利率上限后,贷款总体的利率框架设置充分考虑两方面的市场因素:一是同业尤其是市场定位和业务发展模式与台商行相似或相近的机构的利率水平;二是客户所能接受的一般利率水平。

　　台商行核心的定价方法为简化的"成本—收益"定价法,即"存贷挂钩、利率优惠"的"存款积数"定价法。这种方法通过创设"存款附加积数"的概念,以客户每天账户余额的累加数与其贷款预计积数的"积数比"设定不同的利率档次。每次贷款时计算机系统会自动选择相应的利率档次,并在客户贷款后核减掉一定的数额,据之后的日常经营情况再累存积数。

　　表 4-12 显示了台商行小本贷款大致的利率水平。

表 4-12　台州地区各项贷款年化利率期限分布

贷款期限		6 个月以内	6 个月～1 年	1～3 年
农村信用社		10.44%	10.63%	8.96%
民间借贷		13.1%	14%	11%
台商行小本贷款	第一次借贷	11.88%	14.4%	18%
	第二次借贷	11.16%	12.96%	16.2%
	第三次借贷	10.44%	11.16%	12.96%

　　资料来源:根据台商行提供的调研资料整理而成。

　　前文算出的贷款利率水平为 14.03%,与台商行 1 年期小本贷款的利率相近。

　　比较台商行"存款积数"定价法与本文构建的"客户盈利分析法"可知,"存款积数"实际上是一种高度简化的"客户盈利分析法",它将客户对银行的综合收益(主要是存款的贡献)以积数形式累加,并在贷款利率中核减,以体现考虑客户对银行的贡献后给予的优惠,提高了定价的可操作性。

　　然而,简单地采用"存款积数"定价法会把客户对银行的综合收益片面化,造成一些质地优良而存款量较少的客户无法得到合理的贷款利率。相比之下,本书在客户盈利分析法框架下构建的个人贷款定价模型能够较好地在体现客户综合贡献度的基础下合理制定贷款利率,但该模型需要全面精确地衡量银行整体内部成本和客户给银行带来的综合收益。从我国大部分城市商业银行的现有基础来看,短期内成本管理相对落后,实现"分产品核算"和"分客户核算"需要银行管理体系的进一步规范和提高。

　　2. 测算点数的分解及优化的可能

　　包头市商业银行(以下简称包商行)也是按照市场化、商业化的原则来确定小企业贷款价格的。包商行认为"高"利率[①]正是处于成长期、边际利润率较高的小企业和需要覆盖小企业贷款高成本和高风险的银行实现商业可持续的市场基础,因此小企业贷款业务必须要靠"高"利率和高效率的策略取胜。

包商行具有标志性的微小贷款年利率为 18%,其中包含贷款筹资成本、管理、营销及人工费用大约为 18%;风险加价 3%左右;此外还有 1%的一般准备计提。由此算来,包商行的微小贷款利率中,银行的利润率约有 6%[②]左右。

而根据本书个人贷款定价模型计算得出的贷款利率中,银行的利润点数仅为 1.44%(即 576/40000=1.44%)。考虑到城市商业银行微小贷款的替代品一般有着较高的寻租成本,[③]更"高"的利率能够被市场接受。由于本书选择的定价模型在银行目标利润的计量上参考的是普通商业银行的保守算法,鉴于经营微小企业贷款的城市商业银行的特殊性,如何对该基础变量进行更为合理的修正,提高银行的利润点数,是一个有待进一步完善的问题。

参考文献

[1] Altman,E. Valuation, Loss Reserves, and Pricing of Commercial Loans. Journal of Commercial Lending,1993,79(8):56-62.

[2] Anthony Bottomley. Interest Rate Determination in Underdeveloped Rural Areas. American Journal of Agricultural Economics,1975,57(2):279-291.

[3] Duval, A. The Impact of Interest Rate Ceilings on Microfinance. CGAP Donor Breif, No.18. Washington, DC:CGAP,2004.

[4] Fernando, N. A. Understanding and Dealing with High Interest Rates on Microfinance:A Note to Policy Makers in the Asia and Pacific Region. Asia Development Bank,2006.

---

① 此处的"高"利率代表合理的市场化利率,并非一定是高昂的利率水平,仅仅是指比传统的普通商业银行贷款利率偏高。

② 18%−8%−3%−1%=6%

③ 例如,全国有些地方的农信社曾经一段时间内有不成文规定,每 1 万元贷款要拿出300 元的"好处费"。而且,农信社对担保、抵押的要求较高,也会因此产生不少相关费用。

[5] Helms，B. and X. Reille. Interest Rate Ceilings and Microfinance:The Story so Far, CGAP Occasional Paper,No. 9. World Bank，2004.

[6] Hudon，M. Fair Interest Rates When Lending to the Poor. Ethics and Economics，2007,5 (1).

[7] Karlan,D. S. and J. Zinman. Credit Elasticities in Less-developed Economies:Implications for Microfinance. American Economic Review,2008，98:3.

[8] Porteous，D. Competition and Microcredit Interest Rates. Focus Note，2006(33).

[9] Repullo R. and J. Suarez. Loan Pricing under Basel Capital Requirements. Journal of Financial Intermediation，2004，13(4):496-521.

[10] Saleem，S. T. On the Determination of Interest Rates in Rural Credit Markets:A Case Study from the Sudan. Cambridge Journal of Economics,1987,11(2):165-172.

[11] 安文波.中国小额信贷利率——案例研究.对外经济贸易大学硕士学位论文,2007.

[12] 毕明强.基于贡献度分析和客户关系的商业银行贷款定价方法研究.金融论坛,2004(7).

[13] 曹辛欣.小额信贷的利率分析.黑龙江对外经贸,2007(5).

[14] 陈彬瑞.对农信社贷款利率浮动幅度扩大效应及其定价模式的调查与思考.金融与经济,2005(2).

[15] 陈鹏,孙涌.边际约束及成本结构变动下的农村金融改革与发展.管理世界,2007(3).

[16] 陈燕玲.论利率市场化后的贷款定价模式选择.安徽大学学报(哲学社会科学版),2002(5).

[17] 戴季宁,樊金元.安徽省农村信用社贷款利率定价机制模式探索.财贸研究,2006(6).

[18] 方贤军,李权利,葛延青.商业银行小额贷款利率定价研究.金融经济,2010(2).

[19] 何嗣江,史晋川.弱势群体帮扶中的金融创新研究——以台州市商业银行小额贷款为例.浙江大学学报(人文社会科学版),2009(4).

[20] 李明贤,李学文.农村信用社贷款定价问题研究.北京:中国经济出版社,2008.

[21] 李学文. 农村信用社贷款定价问题研究. 湖南农业大学硕士学位论文, 2008.

[22] 梁山. 对农户小额信贷需求、安全性、盈利性和信用状况的实证研究. 金融研究, 2003(6).

[23] 刘芬, 张凡凯. 农村信用社贷款定价机制与模型设计初探. 福建金融, 2008(12).

[24] 罗骏, 何勇. 农村信用社贷款定价策略探析. 价格理论与实践, 2005(12).

[25] 苏文兵, 周齐武, 莫迁. 客户盈利能力分析:基于客户成本的视角. 当代财经, 2008(10).

[26] 汤敏. 小额信贷为什么要有高利率. 四川经济研究, 2007(3).

[27] 田径, 王晓东. 揭密小额信贷——利率篇(一). 西南金融, 2007(6).

[28] 王春宏. "成本加成"法利率定价模式在农信社的应用效果分析. 黑龙江金融, 2006(10).

[29] 王皓东, 马勇, 贾敏. 利率市场化进程中的贷款定价模型. 统计与决策, 2007(2).

[30] 王树娟. 我国农村信用社贷款定价模式研究. 西北农林科技大学硕士学位论文, 2006.

[31] 王颖千, 王青, 刘薪屹. 利率市场化趋势下商业银行贷款定价的思考. 新金融, 2010(2).

[32] 王昭祥. 基于客户盈利分析的贷款定价研究. 西南财经大学硕士学位论文, 2007.

[33] 王卓. 农村小额信贷利率及其需求弹性. 中国农村经济, 2007(6).

[34] 魏晓琴, 罗婷. 基于客户盈利性分析的商业银行重要客户贷款定价实证研究. 商场现代化, 2005(30).

[35] 叶肄聪. 村镇银行贷款定价模型选择的研究, 财经界, 2010(1).

[36] 殷兴山. 宁波市银行机构贷款利率定价机制的情况调查. 银行家, 2006(3).

[37] 游国雄. 对农村信用社贷款利率定价问题的思考. 金融经济, 2007(11).

[38] 于宁, 于左, 丁宁. 信用、信息与规则——守信/失信的经济学分析. 中国工业经济, 2002(6).

[39] 余莉娟. 我国商业银行小企业贷款定价模式的研究. 安徽大学硕士学位论文, 2010.

[40] 余永峰. 台州市商业银行经营模式的启示. 金融论坛, 2006(12).

[41] 张改清, 陈凯. 中国小额信贷的利率探析. 商业研究, 2003(16).

[42] 张衍骏.优化中小银行金融服务模式的思考——台州金融服务模式剖析.
西南金融,2009(12).

[43] 张玉.农信社贷款客户违约问题分析.中国农村信用合作,2007(10).

[44] 周振海.基于垄断和价格管制条件下的中国农村小额信贷市场分析.金融
研究,2007(8).

第五章　微小贷款理论之二：风险管理

第一节　微小贷款风险分析

微小贷款产生的背景之一是传统金融机构在为弱势群体提供融资服务时的低效率。这种低效率产生的根本原因在于弱势群体融资业务的高风险及高成本性与金融机构追求资金安全及盈利性之间的矛盾。从因果关系来看，金融机构正是为了实现对融资服务风险的有效管理，才导致了高昂的运行成本。因此，风险问题是理解贫困群体融资困境的核心。

（一）微小贷款风险分类

美国学者海恩斯（J. Haynes，1895）最早提出了风险的概念，并对风险的本质进行了分析。他将风险定义为一种概率事件，即损失可能发生也可能不发生，也即某种事件或行动的实际结果与人们对该结果的期望值之间存在偏差。基于海恩斯的逻辑，本文将微小贷款风险定义为微小贷款机构在面向目标群体发放微小贷款的活动中，由于各种事先无法预料的因素的影响，使该业务的实际收益和效果与预期发生背离，从而导致贷款还款率低下的可能。

以微小贷款机构为研究出发点，微小贷款风险可以划分为外部风险和内部风险两大类。微小贷款的外部风险主要表现为信用风险。而微小贷款机构在贷款流程、管理制度上存在的内部缺陷则会进一步提高和加剧外部风险发生的可能性和危害性。因此,微小贷款风险管理的重点在于对微小贷款目标客户的信用风险进行有效的管理,同时通过组织结构设计与管理制度创新为风险管理创造良好的内部环境。

(二)微小贷款风险成因

金融业是经营风险的行业。一定程度上而言,信贷机构正是实现了对贷款风险的有效管理从而获得了利息收入。一般贷款也面临着借款者逾期不还的信用风险及内部风险,因此单纯的风险问题并不是微小贷款目标群体存在融资困境的根本原因所在。两者的区别在于传统金融机构能够对一般贷款风险进行有效的管理,而微小贷款目标客户的特点及传统金融机构的外生性导致传统金融机构在为目标客户提供融资服务时面临着信息处理机制和博弈参与能力缺失的双重约束,限制了其风险管理能力的发挥。

1. 信息不对称与信息处理机制

有效的市场可以很好地将供给和需求进行配对,最终达到的结果应该是供求基本平衡。市场之所以有这样的能力是因为其具备完善的信息处理机制(见图 5-1),可以在交易前,交易中发现、收集、筛选并利用信息,在交易后收集、监控信息,从而供给需求双方可以在这个信息基础之上做到彼此匹配,有效地完成交易,实现共赢(王元,2006)。

信息发现 → 信息收集 → 信息筛选 → 信息利用

图 5-1　信息处理机制示意

然而,微小贷款目标群体信息的相关特征,导致传统金融机构缺乏相应的信息处理机制。第一,目标群体的信息呈现出碎片化的特征,分散在日常生活中,且不同类型的信息交织在一起,不易发现、筛选能够用以判断主体是否具备成功完成借贷交易能力的信息。第二,目标群体信息异质化现象突出,即单个个体间的个人信息结构和内容存在明显差异,金融机构很难用一个定式去审查每一个个体,且目标群体所在地区往往存在基础设施落后、交通通信条件差、人口分布零散等问题,导致信

息收集的成本过大。第三,目标群体的信息大多为难以量化和传递的
"软信息",如人品道德、家族状况、历史行为及口碑等,这些带有人格化
特点且模糊性的信息往往仅在一定的社区范围内有效,传统金融机构往
往很难加以利用。第四,目标群体可以利用作为信用增级的抵押品一般
为土地、房屋、劳动力以及农机具等,这些抵押品的执行难度大或者没有
市场机制对其进行合理估价,也就是说传统金融机构很难有效利用这些
抵押品含有的有关借款者还款意愿和还款能力的信息。

　　信息处理机制的缺失导致了借贷双方之间出现了严重的信息不对
称问题。Stiglitz 和 Weiss(1981)研究指出,由于借贷双方之间存在着严
重的信息不对称,利率这一价格机制将会失灵,导致市场无法实现市场
出清,并引发逆向选择问题和道德风险问题。

　　信息经济学以签订合约为时间界限,将不对称信息分为两类,并以
此定义逆向选择和道德风险问题(见图 5-2)。第一类为发生在签约前的
"隐藏知识"或"私人信息",即在签订合约前,一方对信息的了解程度大
于另一方,有些信息只有一方当事人知道,另一方并不知情。在信息经
济学中,该现象被称为"逆向选择",亦称为"签约前机会主义"。第二类
为发生在签约后的"隐藏行动",即签约时双方都了解相关情况,但签约
后有一方可以利用对方不了解的签约后信息,采取"偷懒耍滑"或"不尽
力"行为,给对方带来损失。在信息经济学中,该现象被称为"道德风
险",亦称"签约后机会主义"。

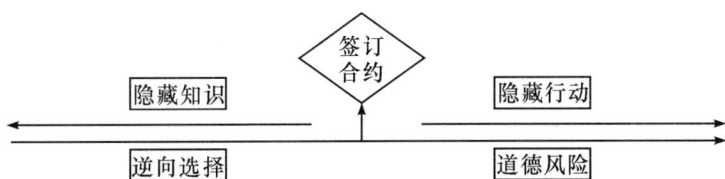

图 5-2　逆向选择与道德风险

　　按照信息经济学的分析逻辑,本文选择"签订贷款合同"和"项目成
功/失败"作为两个重要的时间节点,将整个贷款流程划分为贷前、贷中
和贷后三个阶段,对不同阶段的信用风险进行了分类(见图 5-3)。其中
以项目成功(失败)为限,道德风险分为事前道德风险与事后道德风险。
根据所针对的借款人行为,事前道德风险可以分为项目选择中的道德风

险和努力程度选择中的道德风险（聂强，2010），前者指在项目的潜在收益与风险成正比的一般情况和有限责任约束的条件下，借款人具有投资一个高风险项目的激励；后者指借款人可能在项目经营中存在懈怠的倾向，导致项目成功的概率降低。而事后道德风险可以分为项目审计中的道德风险和执行偿付中的道德风险，前者指项目收益实现后，借款人可能谎报项目收益状况，从而产生了对项目收益进行审计的要求；后者指项目收益实现后，借款人没有还款意愿，恶意赖账，即策略性违约风险。

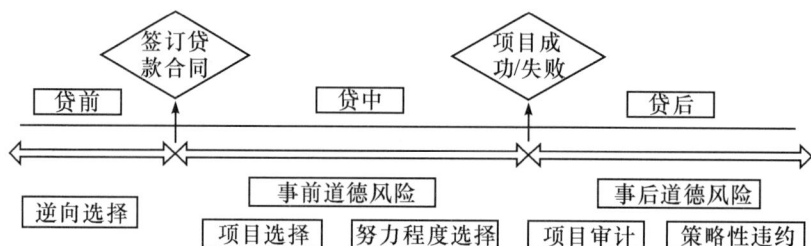

图 5-3　贷款中的信用风险

由图 5-3 可知，传统金融机构在面向微小贷款目标客户时，由于信息交互能力的不足而存在着严重的信息不对称问题，从而在贷前、贷中、贷后各个阶段都面临着较大的信贷风险。而民间借贷之所以能够有效率地运行，一个重要的原因便是其存在着有效的信息处理机制，可以最大限度地发现、收集并利用能够消除借贷双方信息不对称促进交易完成的有效信息。一方面，民间借贷一般发生在一定的社区范围内，而社区本身就具有生产信息的作用，同时地理位置的集中性也使得贷方能够以较低的成本获得有关借方使用贷款、项目收益情况等信息；另一方面，民间借贷活动更注重发挥借款者经营能力、人品道德、家族状况、历史行为及口碑等"软信息"（王元，2006）在解决逆向选择问题时的作用，这对于缺乏"硬信息"的微小贷款目标客户而言具有重要的意义。

2. 契约执行难与博弈参与能力

民间借贷活动之所以能够发挥作用，不仅因为其具备有效的信息处理机制，能够最大限度地发现并利用完成借贷所需的有效信息，而且借贷双方在血缘、地缘、人缘、业缘等千丝万缕的联系之下，存在着高频率的社会互动，借贷活动和长期的、发生在生活中各个方面的活动是紧密联系在一起的，双方发生的是超越借贷活动，近乎于无限次的重复博弈。

在这样的时空都得到延伸的博弈之网中，一次借贷活动中的失信不仅会对以后的借贷交易产生不良影响，而且可能会带来生活等其他方面的损失（王元，2006）；相反的，如果能够在借贷中信守承诺，则因为存在激励的扩大效应，其"守信行为"也将成为社区内的共同信息。所以，在长期博弈的约束下形成的信用激励机制保证了民间借贷契约的有效执行。

然而，传统金融机构与目标群体的博弈关系受到时空双方面的限制，从而导致契约无法有效执行。一方面，受制于自身信息处理能力的缺失，金融机构的"惜贷"现象严重。即便发放了贷款，如果没有有效的实物抵押，目标群体的道德风险明显，因而双方之间的交易在很多情况下都是一次性的（王元，2006）。另一方面，受到地理位置等方面的限制，金融机构很难参与到目标群体的社会活动当中，双方之间的互动仅限于资金借贷活动，这使得信用激励机制发挥作用的空间是有限的。博弈参与能力的缺失还体现在传统金融机构无法实施对项目全面的跟踪管理，从而无法尽早发现目标群体在贷款使用上出现的道德风险。

综上所述，在信息处理机制和博弈参与能力缺失的双重约束下，传统金融机构在向微小贷款目标群体提供融资服务时，无法有效地解决信息不对称及契约执行问题，进而无法对信贷风险实施有效的管理。这是微小贷款风险问题的成因所在。

微小贷款机构要实现在市场机制下①既为贫困人群提供融资服务又实现自身的可持续发展，就必须在总结传统金融机构教训，吸收民间借贷经验的基础上，通过运行模式创新，在信息处理机制完善及博弈参与能力提高这两个维度上，实现对信贷风险的有效管理（见图5-4）。

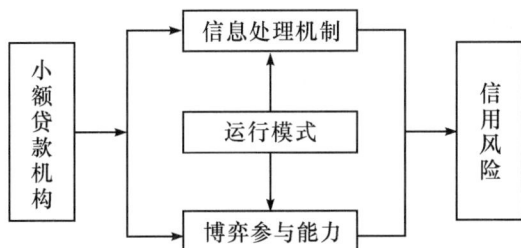

图 5-4　微小贷款机构风险管理实现机制

---

① 　此处的市场机制主要是为了与扶贫贴息贷款非市场化运作相区别。

第二节　小组模式风险管理

2006 年 10 月,孟加拉乡村银行和它的创始人穆罕默德·尤努斯获得了当年的诺贝尔和平奖,以表彰其在帮助贫困人口摆脱贫困及传递微小贷款理念方面作出的卓越贡献。由其开创的小组联保模式作为一种具有世界影响力的微小贷款模式,被推广到亚洲、非洲和拉丁美洲的许多发展中国家,成为一种有效的扶贫方式。

为了解决扶贫贴息贷款难以抵达农户,贷款拖欠率居高不下以及机构难以持续等难题,我国自 20 世纪 90 年代初期开始引入孟加拉乡村银行为主的微小贷款模式,并在一些贫困地区进行了积极的试点(程恩江、刘西川,2007)。我国早期的微小贷款基本上采用的都是孟加拉乡村银行小组联保贷款模式(杜晓山、孙若梅,2000),但随着微小贷款运动的开展,为了适应我国不断变化的外部环境,微小贷款机构①创造出了许多具有鲜明特色的创新模式,如农村信用社提供的结合信用户评比、信用村建设的农户小额信用贷款②、引入专业合作组织的行业型小组贷款以及借助现代信息技术的网络联保贷款等。本文认为上述微小贷款产品虽然在具体运行上特点各异,但实现有效风险管理的路径是相同的。因而从风险管理的角度出发,可以将上述贷款统一纳入小组模式,而小组联保贷款是小组模式的一种特殊产品。本部分将首先分析小组联保贷款模式的本质、风险管理技术和实现机制,然后以小组边界扩展为线索分别对农户小额信用贷款、行业型小组贷款、网络联保贷款展开分析,最后分析了小组贷款的演进路径,重点在于分析该演进路径对于风险管理的重要意义。

---

①　目前我国的微小贷款机构主要包括国有商业银行、股份制商业银行、城市商业银行、农村信用社、微小贷款公司等金融机构及政府机构、准政府机构、民间团体等非金融机构。

②　现有研究一般根据客户组织形式将农户小额信用贷款界定为个人贷款,如王曙光、乔郁等(2008),参考:王曙光、乔郁:《农村金融学》,北京大学出版社 2008 年版,第 336—337 页。但本书从风险管理的角度将其界定为小组贷款,原因将在后文进行阐述。

（一）小组联保贷款风险管理本质分析——基于信用视角的研究

信用最早是伦理方面的一个概念。随着商品货币经济的发展,信用被广泛运用于经济交往过程,而成为商品货币关系中一个特有的经济范畴。从经济学角度分析,信用是指以信任为基础、以金钱或其他财物为内容、以偿还为条件的借贷关系,是交易双方进行权利交换而达成的非共时性契约,即为以后时点的履约而签订的协议。

从信用角度对贷款进行分析,可以发现贷款流程实际上包括了信用交易和资金交易两个相互联系的价值运动方式和授予信用、授予资金、偿还资金、偿还信用四个相互联系的过程。贷款者和借款者在签订借款合同的同时也签订了一份信用契约。因此,银行在贷款过程中实际上承担了资金供给者和信用供给者两个角色。

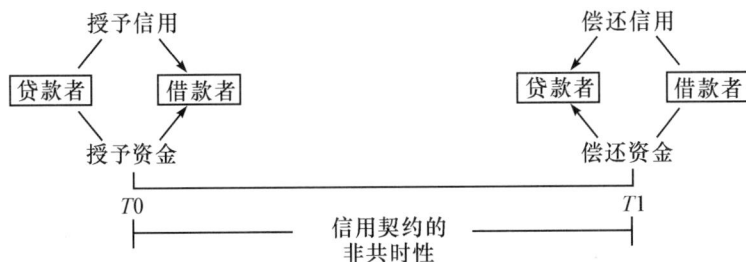

图 5-5　基于信用角度的贷款分析

如图 5-5 所示,在 $T0$ 时刻,贷款者基于对借款者的信任,授予其一定的信用及一定的资金,而后者可以看成是前者的物化形式;在 $T1$ 时刻,借款者在偿还资金的同时也偿还了贷款者授予的信用。从 $T0$ 到 $T1$ 的时间间隔,则体现了信用契约的非共时性。

信息是信用存在的原因,也是其赖以建立的基础。现代经济学主要通过信息经济学分析信用问题。按照信息经济学的分析,由于交易双方之间存在的信息不对称,使得信用这种非共时性契约成为了一个不完全契约(赵革、刘函,2007)。这种不完全性体现在缔约双方不能完全预见契约履行期内可能出现的各种情况,因而无法达成内容完备、设计周详的契约条款,从而发生了逆向选择和道德风险问题。传统贷款在解决这一问题时,主要是利用经审计过的会计报表、信用评级机构的评级等手段消除信息不对称或者依靠担保抵押等物质资本实现信用增级。但正如前文分析,微小贷款目标群体的信息特征,导致传统金融机构缺乏与之匹配的信息处理机制,因而难以通过处理信息判断借款人的还款意愿和还款能力。信用契约的非共时性要求银行在发放贷款后对借款人是否忠实履行契约进行监督及执行,然而传统金融机构博弈参与能力的缺失限制了监督及执行的进行;同时,博弈参与能力的缺失还限制了信用激励机制作用的发挥。

　　传统金融机构在面对与微小贷款目标客户签订的信用契约非共时性和不完全性时的不适应性,迫使其在刚性的内在逐利需求约束下,退出这部分市场。因此,资金供给缺乏的实质是信用供给的缺乏。然而来自孟加拉国和其他国家的实践证明,小组联保模式能够帮助微小贷款机构很好地适应信用契约的非共时性和不完全性。与依靠物质资本实现信用增级不同,小组联保模式通过要求同一社区内社会经济地位相近的贫困人口在自愿的基础上组成贷款小组并共同承担还款责任而实现了另一种方式的信用增级。

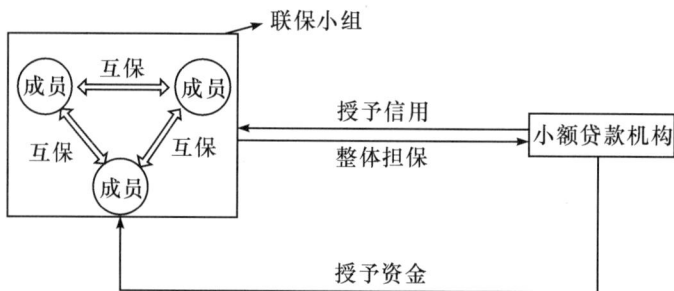

图 5-6　基于信用角度的小组联保贷款分析①

　　从图 5-5 可以看出,在传统贷款中,银行作为授信人和资金供给者,其在授予信用和授予资金这两个相互联系的过程中所指向的对象都是借款人,这是因为作为资金需求者的个人同时也承担了履行信用契约的责任。但如图 5-6 所示,在小组联保贷款中,从资金授予角度来看,因为最终使用资金的是小组内单个的成员,因此授予资金所指向的对象是个

————————————

　　①　从图中来看,联保小组只包括 3 名成员,但这只是为了作图方便。事实上,GB 模式中联保小组需要由 5 名成员自发组成。

人;而从授予信用角度来看,当出现某个小组成员无法或故意逃避履约的情况时,其他成员在共生还款机制的约束下,需要承担起履约责任,也就是说小组承担着最终的履约责任,所以在小组联保贷款中,实际上的受信人是小组这个整体。

因此从信用视角来看,小组承担着的实际上是一个信用合作组织的角色。所谓信用合作组织,是指多个经济主体进行互惠合作而自主建立起来的一种合作金融机制和制度安排(王益、黄良赳,2006)。微小贷款机构将信用授予信用合作组织,实现了资金授予对象和信用授予对象的差异化。而小组这个信用合作组织之所以能够帮助微小贷款机构更好地适应信用契约的非共时性和不完全性,或者从风险角度来看,之所以能够帮助微小贷款机构实现对信用风险的有效管理,主要基于以下三个方面的原因:

第一,通过构建信用合作组织,微小贷款机构可以将信息处理的部分职能委派给信用合作组织,利用成员之间基于血缘、地缘、人缘、业缘而建立起来的社会互动,充分挖掘、收集散落在借款者日常生产生活中不易被微小贷款机构利用的"软信息",且通过地理位置上的集中性缩短了信息传输的距离,降低了"软信息"在传输过程中失真的可能性,并利用这些信息判断借款者还款意愿和还款能力,不仅解决了微小贷款机构在信息处理能力上的缺失,在一定程度上缓解了严重的信息不对称现象和信用契约的不完全性,而且通过"外部化"解决了高昂的成本问题。

第二,信用合作组织是一个共生共荣的组织形态,成员基于对信用的迫切需求而组成组织,在共同体的平台上获得了作为个体无法获得的授信额度。因此合作共赢是信用合作组织的原动力,对利益的共同诉求使得合作组织成员有激励去监督、惩罚个体的失信行为。而相比于外生性的微小贷款机构,成员之间密切的相互关系更有利于监督的进行,从而在一定程度上缓解了信用契约的非共时性;同时,成员之间密切的相互关系及高频率的社会互动,使得单纯的有关资金借贷的博弈关系容易扩展到成员交往的其他各个方面,更有利于通过利用社区内部长期建立起来的信誉机制实现小组成员之间的相互监督、相互约束,通过发挥信用合作组织内生性惩罚机制对失信行为进行惩罚,从而大大扩展了博弈的时间和空间。

第三,信用合作组织具有一定的封闭性。这一方面体现在信用合作组织一般限定在局部的社区范围内,另一方面也体现在只有符合一定条件的个体才能加入合作组织,而不是对所有人开放。对个人来说,加入信用合作组织相当于获得了一个"社会印章"①,可以向外界显示自己的信用;对微小贷款机构来说,信用合作组织的封闭性相当于对潜在借款者进行了一次正向选择,一定程度上缓解了逆向选择问题。

综上所述,小组联保模式通过建立信用合作组织,成功实现了微小贷款机构作为外生性组织与合作组织内部社区的有机契合,从而充分利用社区范围内的信息处理机制和内生性惩罚机制,弥补了自身在信息处理机制、博弈参与能力上的缺失,一定程度上解决了逆向选择和道德风险问题,解决了信用契约的非共时性和不完全性,最终实现了对信贷风险的有效管理。从微小贷款机构的角度来看,借款人组成小组这一组织化信用增级过程是小组联保贷款风险管理的实质(见图 5-7)。

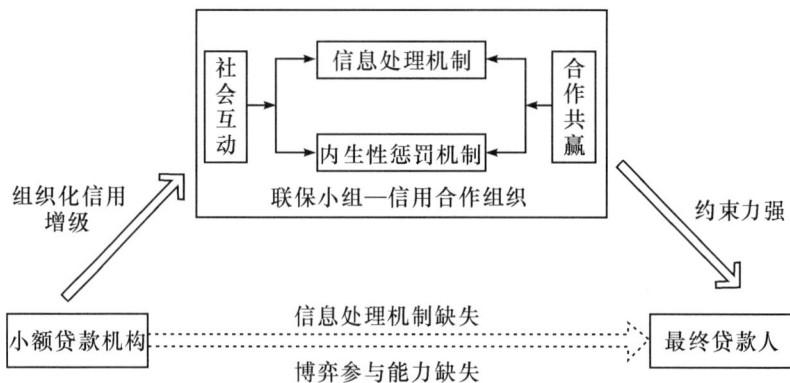

图 5-7　小组联保贷款信用风险管理示意

(二)小组联保模式风险管理技术与实现机制

小组联保模式通过组建信用合作组织实现了组织化信用增级,利用合作组织内部对借款人约束力更强的信息处理机制和内生性惩罚机制,弥补了自身在信息处理机制、博弈参与能力上的缺陷,实现了对信贷风

---

① 这也正是为什么教徒比非教徒,穿军装的军人比普通人更值得信任的原因。资料来源:张维迎《信用与信息》,http://www.aisixiang.comdata1979.html。

险的有效管理。下文以孟加拉乡村银行为例，分析小组联保模式实现这一过程所运用的技术和作用机制。

1. 连带责任技术的横向选择与横向监督机制

在孟加拉乡村银行小组联保模式中，潜在借款人获得贷款的首要条件是自愿组成 5 人小组，成员之间彼此对贷款偿还附有连带责任，如果小组中一名成员不能偿还贷款，小组其他成员要负责偿还。连带责任技术通过横向选择与横向监督机制发挥其在管理风险方面的作用。

首先，连带责任技术通过横向选择机制克服了信息不对称造成的逆向选择问题。

与微小贷款机构工作人员相比，小组成员之间几乎是"透明"的。近似的社会背景及相近的地理位置使得小组成员更了解其他成员的资产和信贷项目，也能更好地评价他们的还款能力和风险特征。共担责任的机制设计激发了小组成员发挥这一优势，在小组是自愿组成的条件下，最终的结果是风险型借款人与安全型借款人会实现正向的分类配对，形成同质小组从而解决了逆向选择问题。借鉴 Ghatak(1999;2000)，赵岩青、何广文(2007)等人的研究成果，本文将横向选择机制带来的正向配对效应证明如下：

假设借款人利用贷款进行项目投资，依据项目成功概率的大小，将借款人分为高风险型和低风险型两类，其中高风险型借款人从事的项目成功概率为 P_a，成功之后的收益为 R_a，低风险型借款人从事的项目成功概率为 P_b，成功之后的收益为 R_b，其中 $P_a < P_b$，而根据风险与收益对称原理可知，$R_a > R_b$。

微小贷款机构虽然存在高、低两种风险类型的借款人，但信息不对称现象的存在削弱了其甄别机制作用的发挥，假设其完全无法分辨这两类借款者，从而只能按照统一的利率 i 进行放贷，同时假设每笔贷款的本金都为 A，当小组其他成员违约时，借款人还要承担的连带责任为 L。因此，微小贷款机构提供的小组联保贷款可抽象为 (A, i, L)。

为了讨论的方便，这里假设小组仅由两名成员组成。[①] 这里需要证

---

① 人数的增加使得小组成员之间的博弈更为复杂，但实现正向配对效应的本质是一样的，在此设为两个人只是为了讨论的方便。

明的命题是只有相同类型的借款人才能组成联保小组。该命题可以拆分为以下两个子命题：

命题 1：在自愿组合的条件下，小组成员偏好与风险较低的借款人组成联保小组；

命题 2：高风险型借款人无法通过让渡足够大的收益而与低风险型借款人组成联保小组。

（1）命题 1 的证明

对于低风险型借款人 b 而言，其与高风险型借款人 a 组合的期望收益为：

$$R_1 = R_b - P_b \times [A \times i + (1 - P_a) \times L]$$

如果此时出现了比借款人 a 风险更低的借款人 c（即 $P_a < P_c$）供 b 选择，则 b 与 c 组合 b 的期望收益为：

$$R'_1 = R_b - P_b \times [A \times i + (1 - P_c) \times L]$$

两式相减，可得：

$$R'_1 - R_1 = P_b \times (P_c - P_a) \times L > 0$$

所以，低风险借款人偏好与风险较低的借款人组成联保小组。

对于高风险型借款人 a 而言，其与低风险型借款人组合的期望收益为：

$$R_2 = R_a - P_a \times [A \times i + (1 - P_b) \times L]$$

如果此时出现了比借款人 b 风险更高的借款人 c（即 $P_c < P_b$），假设 a 与 c 组合，则 a 的期望收益为：

$$R'_2 = R_a - P_a \times [A \times i + (1 - P_c) \times L]$$

两式相减，可得：

$$R'_2 - R_2 = P_a \times (P_c - P_b) \times L < 0$$

所以在自由选择的情况下，理性的借款人 a 不会与 c 组成小组，假设不成立。因此，高风险型借款人同样偏好与风险较低的借款人组成小组。

由证明可知，在自愿组合的情况下，不管是哪种类型的借款人，都偏好与风险较低的借款人组成联保小组。命题 1 得证。

（2）命题 2 的证明

由命题 1 的证明可知，低风险型借款人之间组成小组的期望收益为：

$$R_b - P_b \times [A \times i + (1-P_b) \times L]$$

同理，高风险型借款人之间组成小组的期望收益为：

$$R_a - P_a \times [A \times i + (1-P_a) \times L]$$

而低风险型借款人与高风险型借款人组成小组时，低风险型借款人的期望收益为：

$$R_b - P_b \times [A \times i + (1-P_a) \times L]$$

高风险借款人的期望收益为：

$$R_a - P_a \times [A \times i + (1-P_b) \times L]$$

可知，当与高风险型借款人组成小组时，低风险型借款人的损失是：

$$P_b \times (P_b - P_a) \times L$$

同理，此时高风险型借款人的收益是：

$$P_a \times (P_b - P_a) \times L$$

因为 $P_a < P_b$，所以 $P_b \times (P_b - P_a) \times L > P_a \times (P_b - P_a) \times L$。

即当高风险型借款人与低风险型借款人组成小组时，前者从这一过程中获得的收益要小于后者在这一过程中的损失。因此这不是一个帕累托改进的过程，由于高风险型借款人无法在保证自己不受损失的情况下给予低风险型借款人足够的补偿，因此两者无法组成联保小组，命题 2 得证。

表 5-1　小组联保贷款中不同类型借款人组合的期望收益

	低风险型借款人	高风险型借款人	更换同伴的差额
低风险型借款人	$R_b - P_b \times [A \times i + (1-P_b) \times L]$	$R_b - P_b \times [A \times i + (1-P_a) \times L]$	$P_b \times (P_b - P_a) \times L$
高风险型借款人	$R_a - P_a \times [A \times i + (1-P_b) \times L]$	$R_a - P_a \times [A \times i + (1-P_a) \times L]$	$P_a \times (P_b - P_a) \times L$

通过命题 1 和命题 2 的证明可知，在自由组合的情况下，小组成员都偏好与风险较低的借款人组成联保小组。同时由于无法实现帕累托改进，低风险型借款人不会与高风险型借款人组成小组。横向选择的最终结果是通过正向配对效应，实现了小组成员的同质化。此外，通过连带责任技术，小组联保贷款将在个体贷款模式下本应由贷款机构承担的客户甄别责任转移给了相互之间更为了解的客户群体，从而降低了贷款机构的交易成本。

其次，连带责任技术通过横向监督机制克服了道德风险问题。

在发放贷款之后，贷款人面临的道德风险包括：第一，借款人不能审慎地使用资金，选择潜在收益较高但同时风险也较高的项目，导致贷款机构期望效用较低；第二，由于有限责任约束，借款人投入项目的努力程度不足，导致项目成功的概率降低；第三，项目收益实现后，借款人谎报项目收益状况，贷款人面临信息不对称的风险；第四，项目收益实现后，借款人不愿还款，出现赖账的可能（聂强，2010）。

小组联保模式要求小组成员彼此承担连带责任，这会激发小组成员在签订贷款合同后利用地理位置接近、相互之间熟悉，信息相对而言也较为对称的优势积极地实施横向监督。第一，横向监督会使得借款人最终选择风险程度较低的项目（Stigliz，1990）；第二，借款人的努力程度是影响项目成功的重要因素，小组成员之间的横向监督机制可以化解借款人偷懒的倾向；第三，横向监督机制有利于减少借款人谎报项目收益状况的道德风险（Ghatak 和 Guinnane，1999）；第四，对于其他成员可能出现的赖账情况，小组成员可以通过采取劝说、威胁声誉、甚至断绝与其交往等社会制裁（Besley 和 Coate，1995）促使其还款。因为小组成员通常为生活在一定社区内的"熟人"，之间的交往近似于无限次的重复博弈，且信息流动的速度十分快，违约带来的高成本会迫使借款人在项目收益实现后，履约还款。

可见，小组联保的连带责任技术充分利用了小组成员间在处理信息时的优势，促使小组成员相互挖掘、收集散落在日常生产生活中的"软信息"，并利用其判断其他成员的还款意愿和还款能力；同时，连带责任技术构建了小组成员之间博弈制衡的机制，将微小贷款与借款者个体之间单纯的关于资金借贷的博弈关系扩展到小组成员之间生活的各个方面。

因此连带责任技术完善及提高了孟加拉乡村银行的信息处理机制与博弈参与能力。

2. 累进贷款技术的动态激励机制

累进贷款技术是指对那些遵守纪律和有效利用贷款的借款人，在如约按期还款之后可持续对其发放额度不断增加的后续贷款。这种技术带来的动态激励，对于贷款偿还有着积极作用。从借款者的角度出发，后续贷款的预期效用会增加其违约的成本。而对于微小贷款目标群体来说，融资服务的稀缺性导致其丧失后续借款权利的成本是相当大的，因此累进贷款技术的动态激励机制具有化解策略性违约行为的能力（Egli,2004）。

为了论证方便，延续前文中证明的假定，微小贷款机构向由两人组成的联保小组提供的贷款为(A,i,L)，两个成员中，一人为借款人，另一人担任担保人。① 下面将构建微小贷款机构与联保小组之间处于不完全信息状态下的动态博弈：

（1）博弈第一阶段，由于存在信息不对称，微小贷款机构向借款人发放贷款的概率为P，如果不发放贷款，则微小贷款机构、借款人和担保人的收益分别为$(0,0,0)$；如果发放贷款，则借款人利用该贷款投资项目。但在还款时借款人存在履约或违约两种选择。

（2）博弈第二阶段，若借款人选择还款，则各方的收益为$(A\times i,R-A-A\times i,0)$；若借款人选择违约，则由于连带责任机制的存在，担保人负责偿还贷款，因此微小贷款机构的收益仍为$A\times i$。而借款人违约的信息则会在社区范围内传播开来，而受到社区内生性惩罚机制的惩罚（包括来自担保人的惩罚），假设内生性惩罚带来的损失为M，则借款人的收益为$R-M$；相应的，担保人因为代替借款人还款而会得到声誉增加等非物质收益，假设该收益和借款人的损失相等，为M，则其整体收益为$M-A-A\times i$。考虑到微小贷款机构发放贷款的概率为P，则该阶段各方收益如表5-2所示。

① 这里假设微小贷款机构首先向一人贷款，再向第二人贷款，和后文将要论述的次序融资技术一致。

表 5-2 小组联保贷款博弈各方收益情况

	微小贷款机构	借款人	担保人
履约	$P \times A \times i$	$P(R-A-A \times i)$	0
违约	$P \times A \times i$	$P(R-M)$	$P(M-A-A \times i)$

如果不存在累进贷款,微小贷款机构和借款人之间只发生一次借贷行为。因为 $P(R-M)>P(R-A-A \times i)$[①],因此在一次性博弈的情况下,借款人的理性选择必然是违约。从微小贷款机构的角度进行分析,虽然连带责任技术保证其收益不受贷款人违约行为的影响,但是基于 $P(M-A-A \times i)<0$,担保人会选择不再提供担保从而影响小组的组建,因此给微小贷款机构小组联保贷款的开展带来负面影响。

综上所述,一次性贷款博弈均衡的结果便是三方都无法继续从贷款中获得收益,微小贷款目标客户仍然面临信贷配给。

(3)假设现在微小贷款机构在发放贷款时给予借款人一个获得未来贷款的预期,即规定若借款人遵守信贷纪律,按时还款,则可获得额度不断增加、条件也更为优越的后续贷款。假设双方预期将会有 η 的概率发生后续交易,则借款人在选择违约时将会面临更大的约束。

如果借款人在第一期选择违约,则其获得的当期收益为 $P(R-M)$,由于无法获得后续贷款,所以总收益也为 $P(R-M)$;如果选择履约,则本期收入为 $P(R-A-A \times i)$,并以 η 的概率获得后续贷款,假设后续每一期的博弈情况都和第一期相同,贴现因子为 θ,则最后获得的总贴现收入为:

$$NPV = P(R-A-A \times i)+P(R-A-A \times i) \times \eta \times \theta$$
$$+P(R-A-A \times i) \times \eta^2 \times \theta^2+\cdots$$
$$=\frac{P(R-A-A \times i)}{1-\eta\theta}$$

当 $\frac{P(R-A-A \times i)}{1-\eta\theta} \geqslant P(R-M)$ 时,借款人的最佳博弈策略是按时

---

① 这里隐含着的一个假设条件是内生性惩罚带来的损失要小于违约带来的收益,即 $M<A(1+i)$。基于资金对于微小贷款客户的稀缺性,且 M 无法转化为现时经济利益,本文认为这样的假设在一定程度上是合理的。这也说明了发挥内生性惩罚机制,提高 M 及降低贷款额度 A(小额的含义)的重要意义。

还款,即:

$$\frac{(R-A-A\times i)}{1-\eta\theta}\geqslant(R-M)$$

推导可得:

$$M\geqslant\frac{A+Ai-R\eta\theta}{1-\eta\theta}$$

最终可得:

$$M\geqslant A(1+i)+\frac{\eta\theta(A+Ai-R)}{1-\eta\theta}$$

即当内生性惩罚带来的损失 M 满足上式时,借款人在重复动态博弈下的最佳博弈策略是按时还款。

因为 $A+Ai-R<0$ 成立[①],所以 $\frac{\eta\theta(A+Ai-R)}{1-\eta\theta}<0$,因此存在:

$$A(1+i)+\frac{\eta\theta(A+Ai-R)}{1-\eta\theta}<A(1+i)$$

而由前面(2)的论证过程可知,在一次性博弈中,内生性惩罚带来的损失 M 需要满足 $M\geqslant A(1+i)$,才能促使借款人选择按时还款。

两式对比说明,与一次性博弈相比,累进贷款技术构建的重复动态博弈放宽了 M 发生作用的条件,也即在借款人和微小贷款机构的重复动态博弈中,理性的借款人为了合作的长期利益,更愿意舍弃违约带来的一次性收益而选择按时还款。

对微小贷款机构而言,累进贷款技术通过构建重复动态博弈提高了其参与博弈的能力。同时允许其用前期较小的贷款额度进行尝试,在前期即使出现违约,损失也较小的情况下,通过提高获取借款人真实信息的数量和质量而强化了信息处理机制。

3. 分期还款技术的风险微分机制

与传统贷款期末一次性偿还本息不同,孟加拉乡村银行的微小贷款在发放后,偿还随即开始,且每周还款一次。这种分期还款技术在管理信贷风险的作用体现在两个方面。一方面,分期还款技术降低了一次性还款带来的巨大压力,将一次性的风险微分后分配到平常的若干时段及

---

① 这里假设借款人利用贷款获得的收益要大于使用贷款的成本,否则借款人不会提出贷款申请。

若干事务中，且有助于培养借款者的理财能力，相应提高了他们的还款能力和还款意愿；另一方面，与累进贷款技术类似，分期还款技术提高了机构的信息处理和博弈参与能力。通过分期还款，可以增加与借款者的接触时间，增加对贷款的监控能力，提高获取信息的数量和质量，还能将原本无法实施的一次性惩罚分解（史晋川、何嗣江等，2010），从而具备了"早期预警"的功能。

因此，分期还款技术实际上是提供了一种风险微分机制，与有着300多年历史且生命力仍十分旺盛的期货交易中日清算制度理念不谋而合（史晋川、何嗣江等，2010）。

贷款人 ←(A, i)→ 借款人   贷款人 ←A(1+i)← 借款人

T0   T1
成交   交割

图 5-8 贷款的远期交易性质

如图 5-8 所示，在传统贷款中，借贷双方在 T0 时刻达成本金为 A，利率为 i，约定在 T1 时刻还本付息的贷款合约(A, i)；在 T1 时刻，借款人向贷款人支付本息共计 A(1+i)，贷款合约完成交割。从交易方式上分析，"成交"与"交割"在时间维度上的错位使得贷款成为了一种远期交易，[①]而由于缺乏信用风险约束与风险分散机制，远期交易本身又天然地具备风险积分机制（何嗣江、汤钟尧，2005）。而期货的日清算制度则通过保证金交易制度，要求对合约到期前的每日交易进行及时的清算，一旦出现风险过大的情况，则可以通过自主退市或清算所的强制退市制度对风险进行及时的管理。期货的日清算制度通过把未来交割时聚集的风险微分化，分散到持仓的每一天来实现风险利益或风险损失（冉华，2006）。相对于把现有风险在不同群体中分解的风险横向配置效应，日清算制度通过把未来的风险提前不断分解而实现了风险纵向配置效应（何嗣江，2007）。

从贷款活动来看，在 T0－T1 的时间间隔内，即使借款人的还款意愿

---

① 贷款合约的远期性质与前文所论述的信用契约的非共时性相一致，前者偏重于从资金角度进行分析，而后者更偏重于信用角度。

或还款能力由于自身或外界因素的影响而出现不利于贷款者的变化，但受限于无法及时发现风险及缺乏应对手段，贷款人也无法对此作出积极的应对，而这些风险就会累积到 $T1$ 时刻集中爆发出来，最终导致借款人的还款额远小于 $A(1+i)$，甚至为 0。分期还款技术则通过多次还款将风险分散到各次还款当中。

假设贷款合约 (A,i) 要求还款人在 $t_1,t_2,t_3 \cdots t_n$ 共 n 个时刻分别还款，每次还款额为 F_i，且 $\sum_{i=1}^{n} F_i = A(1+i)$[①]，如图 5-9 所示（其中 t_n 时刻即为 $T1$ 时刻）：

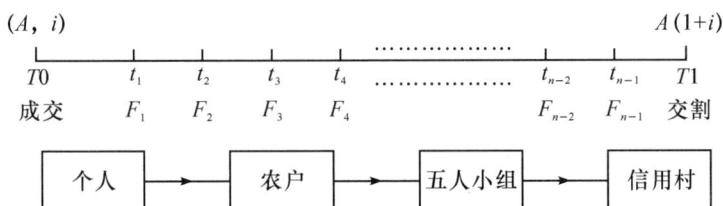

图 5-9　贷款分期还款技术示意

通过设置 N 个还款时刻，贷款人可以提前知晓借款人在使用贷款期间出现的风险，且此时的风险没有经过积累，所以一般负面效应较小，贷款人也能及时地通过指导或监督对其进行有效的管理。同时，因为 $F_i < A(1+i)$，也降低了贷款人在期末一次性归还 $A(1+i)$ 带来的巨大压力，相应提高了他们的还款能力和还款意愿。因而分期还款技术起到了风险微分的效果。

4. 次序融资技术的横向监督与动态激励机制

次序融资技术指的是在孟加拉国小组联保贷款中，贷款不是一次性向小组中的 5 名借款人同时发放，而是按照"2—2—1"的顺序依次对成员发放，也即先向小组中的 2 名成员发放，根据 2 名成员的偿还情况，再向另外 2 名成员发放，最后向剩下的 1 名成员发放贷款。

这种技术在小组成员之间构建了一个动态博弈。因为自己能否获

———————

① 在实践中，不同地区小组联保贷款的分期还款技术在还款期限和还款额的设计上存在不同。如有的强调等额分期还款，有的强调还款期限和还款额的设计要与借款人的现金流匹配。

得贷款取决于前期借款者偿还贷款的情况,这激励小组成员去监督前期借款者在项目选择、努力程度选择等多个方面是否存在道德风险,也督促小组成员在组建小组时充分发挥横向选择机制排除存在较大风险的借款人。

次序融资技术在完善孟加拉乡村银行的信息处理机制与提高博弈参与能力这两方面的逻辑是一致的。有些许差别的是,次序融资不仅在空间维度上扩展了小组成员之间的博弈关系,即将单纯的资金借贷博弈扩展到生活的方方面面,而且在时间维度上也实现了扩展,即将一次性博弈扩展为多期博弈,从而进一步提高了乡村银行的博弈参与能力。

5. 小组基金技术的风险补偿机制

由于微小贷款目标群体的特性,微小贷款机构通常不要求其提供传统的抵押品,而是通过各种替代性安排,如强制储蓄、小组基金等技术实现传统抵押品的风险补偿机制。

孟加拉乡村银行采用的是小组基金技术。具体来讲,小组的每个成员被要求每星期将 2.5 美分作为小组基金存入一个联合账户,以备风险及开展组内项目,10 年后第一次归还,之后每 3 年归还一次。每一户还要按规定交 12.5～37.5 美分的乡村中心风险基金。如有个别借款者还不起钱,则由风险基金偿付(张转方,2008)。

小组基金技术实质上是要求借款者以小组或者乡村中心为单位,提供一定比例的资金作为抵押,在一定程度上可以起到风险补偿的作用。从机构角度看,在大数效应的作用下,小组基金技术辅之以连带责任技术,每个借款人的少量资金集合起来可以缓释一定比率的违约情况带来的冲击;从借款者的角度出发,这部分资金也对外部冲击如市场变化、自然灾害等带来的风险起到了一定的保险作用。

综上所述,孟加拉乡村银行小组联保模式通过采取不同于传统贷款模式的连带责任、累进贷款、分期还款、次序融资和小组基金等五种技术,利用这些技术带来的横向选择、横向监督、动态激励、风险微分和风险补偿五种机制,多方位、多渠道地完善和提高了机构在向微小贷款目标群体提供融资服务时的信息处理机制及博弈参与能力(见图 5-10)。其中通过正向的分类配对,形成同质化小组,是整个横向选择机制的核心(聂强,2010),也是次序融资技术、小组基金技术发挥作用的基础,因

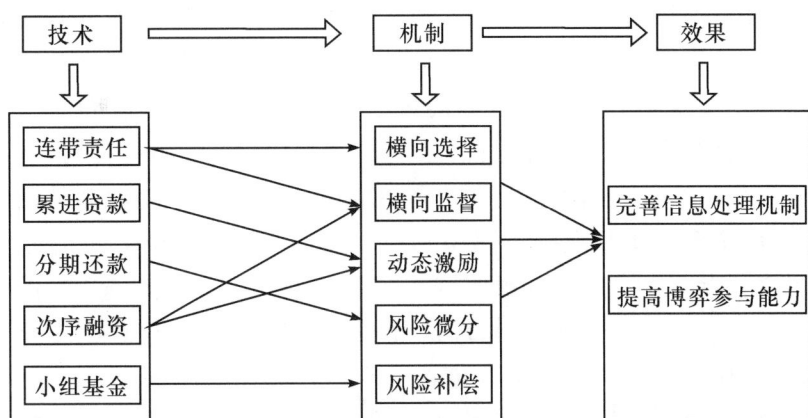

图 5-10 小组联保贷款风险管理技术、机制及其效果示意

此连带责任技术是小组联保贷款的核心技术，也是其区别于一般贷款模式的关键所在。

6. 其他制度安排

除了信贷技术的创新之外，小组联保模式在运行模式上还有如下的制度设计，以加强对信贷风险的管理。第一，借款者审查培训制度。借款者在自愿组成借款小组之前，要先由乡村银行的工作人员进行包括收入、项目、还款能力等多个方面的资格审查，审查合格才能组成五人小组，而后还需经过一周的培训并参加测试，只有小组成员全部通过测试，才能从乡村银行获得贷款；这一制度充分发挥了机构的纵向筛选机制，[①] 辅之以小组成员间的横向筛选机制，可以更好地解决逆向选择问题。第二，中心会议制度。中心会议制度是孟加拉乡村银行小组联保模式的核心内容之一，承担的职能主要包括：一是还款、借款人参与以及借款人的互相帮助和监督；二是对贫困者进行培训和教育，如宣传精神文明、技术传授、交流市场信息等。前者可以提供一种"社区氛围"，构建一种"群众视线或者注意力压力"（王曙光等，2008），为横向监督、横向筛选机制作用的发挥提供制度基础。后者为发挥微小贷款的非金融社会价值提供了一个平台。在小组联保模式中，乡村银行不但提供贷款还提供技术指导和技术培训（汤敏、姚先斌，1996），这一方面可以引导分散的贫困群体

——————————

① 这里的纵向是为了和小组成员之间的横向筛选机制区分开来。

进入并适应市场经济，[①]通过提高项目的成功率来提高借款者的还款能力；另一方面也是乡村银行提高信息处理能力和博弈参与能力的方式之一。在提供技术指导和技术培训的过程中，乡村银行可以获得有关借款者还款能力和还款意愿的相关信息，而且一旦借款者发生违约风险，相关的培训就将会停止，因此这种指导和培训就成为了借款者额外的违约成本，也成了乡村银行发挥信用激励机制的有力武器；同时，通过小组的形式将借款者组织起来，有效地培养了各成员的集体责任感、互助合作意识和纪律意识（李新然，1999），这些意识的培养可以有效地净化信用环境，对乡村银行管理信贷风险创造一个良好的外部环境。

在对微小贷款目标客户的信用风险进行有效管理的同时，乡村银行通过科学的组织结构设计和有效的信贷人员选拔机制有效控制了内部的管理风险和操作风险，为信用风险管理创造良好的内部环境。在组织结构设计方面，乡村银行采取了总行—地区分行—支行—乡村中心—小组的结构形式，其中支行作为乡村银行的基层组织，在财务上实行自负盈亏，总行主要通过利润率评价支行的工作业绩。这一结构设计为支行注重对贷款和信贷员的管理提供了正向激励。在人员选拔方面，乡村银行制定了非常严格的准入标准，且入选后还要经过长时间有关技术与管理的培训；在技术层面降低操作风险发生可能性的同时，乡村银行还通过制定具有吸引力的薪酬和晋升制度进一步从思想层面降低了这种可能性。

综上所述，小组联保贷款主要通过组织化路径实现风险管理，即要求借款人组建信用合作组织，实现了不同于物质化信用增级的组织化信用增级，从而将部分风险管理职能转移给小组，并依靠小组内部的信息处理机制和内生性惩罚机制保证该部分职能的有效发挥，完善和提高了微小贷款机构的信息处理机制及博弈参与能力。在信贷技术和机制层面，则通过发挥连带责任、累进贷款、分期还款、次序融资等技术的横向选择、横向监督、动态激励及风险微分等机制，并结合微小贷款机构自身纵向选择、纵向监督机制的发挥，实现了对信用风险的有效管理。与此

---

① 艾路明（2000）认为"只有在市场经济条件中生存了，（贫困农户）才能真正加入到整个国民经济进程中来，才能真正摆脱贫困"。参考艾路明：《小额贷款与缓解贫困》，经济科学出版社2000年版。

同时，通过组织结构设计和人员选拔机制为信用风险管理创造良好的内部环境（见图 5-11）。

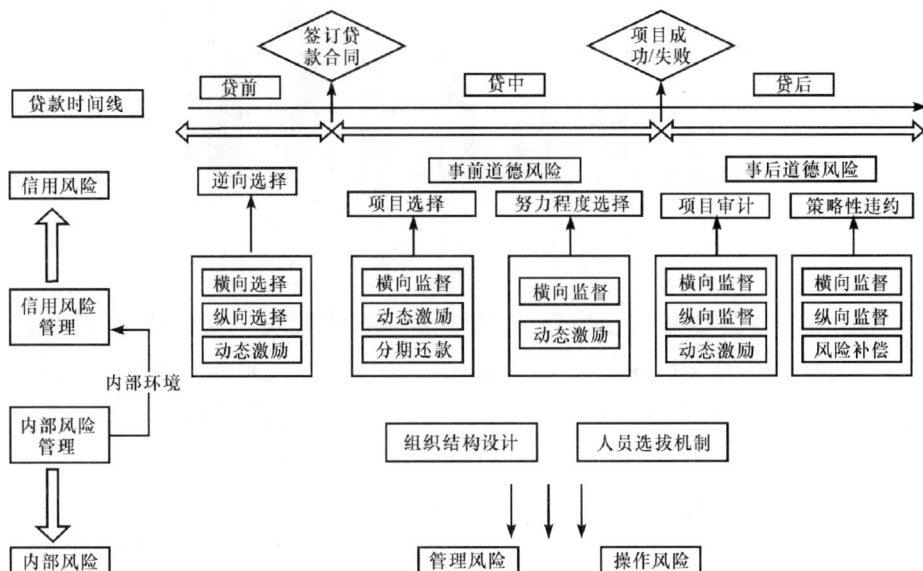

图 5-11　小组联保贷款风险管理示意

　　国内微小贷款施行的小组模式基本上是在复制孟加拉乡村银行小组联保模式的基础上建立起来的，以非金融机构尤其是国际援助项目和国内机构试点项目的操作最为典型，如社科院农村发展研究所"扶贫经济合作社"河北易县和河南南召的项目，联合国发展计划署及商务部中国国际经济技术交流中心在内蒙古赤峰和贵州兴仁的小额信贷持续扶贫项目等，但这些小组联保模式受制于自身资金实力、人员配置等多方面的限制，一般都以项目形式在个别地区试点，在服务覆盖广度、服务覆盖深度、社会影响力上都有不足。国内使用最广泛的小组联保模式是由农村信用社推出的农户联保贷款。1999 年和 2000 年，中国人民银行连续下发《农村信用社农户小额信用贷款管理暂行办法》和《农村信用合作社农户联保贷款管理指导意见》，农村信用社开始全面试行并推广小组联保贷款。凭借自身在网点建设、人员储备、资金来源、市场认可度方面的优势和央行再贷款的政策支持，农村信用社迅速发展成为微小贷款市场的主力军（如图 5-12 所示），近年来农村信用社农户联保贷款的发放规模逐年增大。

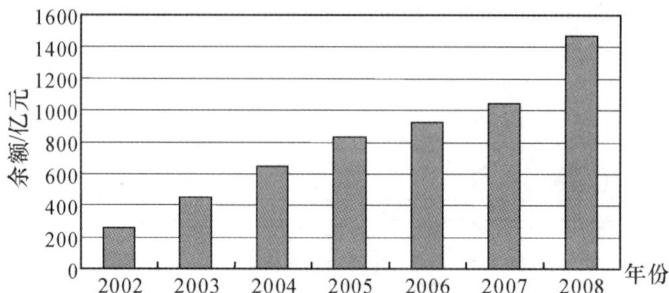

图 5-12　2002—2008 年农村信用社农户联保贷款年末余额①

　　根据 2004 年由银监会发布的《农村信用合作社农户联保贷款指引》的相关解释,我国的农户联保贷款是指社区居民依照规定组成联保小组,农村信用合作社对联保小组成员发放的、并由联保小组成员相互承担连带保证责任的贷款,其实行"个人申请、多户联保、周转使用、责任连带、分期还款"的管理办法。其中的核心要求是由居住在农村信用社服务区域内的一般不少于 5 户的借款人组成联保小组,小组成员之间承担连带责任。

　　可见,我国农村信用社的农户联保贷款虽然在某些细节上和孟加拉乡村银行小组联保贷款存在差异,比如小组规模不限定在 5 人,排除了中心会议及培训等一些环节,但在连带责任、分期还款等核心技术的运用上和后者保持了一致,在风险管理方面也体现出相同的特点。

第三节　小组模式的本土化创新

　　综观我国在引入小组联保贷款之后各地出现的多种创新型的微小贷款运行模式,其风险管理的本质都是在借鉴小组联保贷款组织化信用增级思路的基础上,通过在一定维度上实现边界的扩展而强化了组织化信用增级机制。因此,从风险管理的角度分析,这些微小贷款运行模式本质上都是组织化信用增级机制与特定外部环境有机契合而形成的带有本土化特色的创新型小组贷款模式。

---

　　①　资料来源:《中国金融统计年鉴》2003—2009 年卷。

（一）小组边界的横向扩展——农户小额信用贷款

农户小额信用贷款是指以农户自然人为贷款对象，基于农户的信誉，在核定的额度和期限内向农户发放的不需要抵押或担保的贷款。[①]　其基本做法是：首先，在乡、镇信用社以农户为单位，建立农户的贷款档案，将农户家庭情况、主要从事的经营活动等内容记录在内。其次，成立农户信用评级小组，对农户的信用等级进行评价。小组成员由信用社人员、村委会成员和农户代表构成。根据农户个人品质、还款记录、生产经营活动的主要内容、经营能力、偿债能力等指标，对其信用程度进行评定，一般分优秀、较好、一般三个档次，各档次设定贷款额度或贷款比例。最后，在信用等级评定的基础上，农村信用社根据不同农户的信用等级，对农户颁发贷款证，持有贷款证的农户在需要小额信用贷款时，可以凭贷款证及有效身份证件直接到信用社营业网点办理限额以内的贷款，不再需要层层审批。[②]

在评定农户信用等级的基础上，各地农信社还联合地方基层组织开展了以创建信用村为重要内容的农村信用体系建设，[③]规定只有当全村至少55%以上的农户被评为信用户时，该行政村才有资格参与信用村评比。信用社将在贷款额度、贷款利率等多方面向信用村倾斜；在这样的制度设计下，个别农户的违约行为就有可能会影响到整个行政村的信用，进而影响到其他农户贷款的可得性。

对农户而言，村庄被评为信用村带来的贷款可得性的提高激励他们在获取融资服务这一共同目标的指引下开展合作，努力实现合作共赢，从而为农村信用社弥补其在信息处理机制和博弈参与能力上的缺陷创造了条件。

第一，这种制度设计充分发挥了村庄内部信息处理机制的作用。一

---

①　资料来源：中国人民银行1999年7月印发的《农村信用社农户小额信用贷款管理暂行办法》。

②　资料来源：中国人民银行2000年1月印发的《农村信用合作社农户联保贷款管理指导意见》。

③　近年来，农村信用体系建设进展顺利，截至2010年年末，全国大部分县（市、区）开展了农户信用档案建设，建立了农户信用评价体系，共为1.34亿个农户建立了信用档案，评定了8300多万个信用农户，7400多万个农户获得了信贷支持。资料来源：张健华主编：《中国农村金融服务报告2010》，中国金融出版社2011年版，第32页。

方面是通过信用评级制度在贷前对潜在客户进行甄别和筛选。信用评级制度是农户小额信用贷款的核心制度之一,其通过构建包括村民代表在内的信用评级小组及坚持民评民、民议民的评定原则,保证了信用评级制度的高效率,行之有效的信用评级制度能够实现对农户的风险分类,通过排除高风险借款人,有效地降低了由于信息不对称带来的逆向选择和道德风险问题,其作用机制与小组联保的自愿组建小组类似,都是基于社区内部成员的相互了解实现对客户的甄别(王曙光等,2008);另一方面在项目实施及归还贷款阶段,农户也能利用地理位置更为接近及更容易发现借款人道德风险倾向的优势及时地将信息反馈给农信社。

第二,这种制度设计充分发挥了村庄内生性惩罚机制的作用。在一定社区范围内,信用本身就是社区成员在日常高频率社会互动中宝贵的资源,拥有良好信用的家庭往往在社区内部具有更高的社会地位、能够获得更大程度的认可;相反,在借贷中不讲信用的农户往往会受到失去社区认可的惩罚。由于地理位置的集中性,这种惩罚会很快地在社区内部传递,成为社区的公共信息,并且这种惩罚在社区内部具有放大效应,会扩展到社区生活的方方面面,甚至有被剥夺生存权利的危险(王曙光等,2008)。这种内生性的惩罚机制在贷后管理、保证贷款回收方面发挥了积极的作用。

此外,农村信用社在农户小额贷款的具体实施过程中还充分借助了政府的力量。比如在有的地区,乡镇政府、村委会制定出台了对信用户的优惠政策,规定信用户可优先承包项目,可优先审批宅基地,子女可优先参军等(张转方,2008);政府机构在信用评级的发起、宣传过程中也发挥了积极的作用。这不仅可以利用政府组织强大的资源动员能力和行政管理体系大规模快速地推广业务,提高小额信用贷款的认可程度,降低农信社的成本。更重要的意义在于将信用评级工作与政府考核结合起来,相当于将政府纳入了原本仅由借款农户和农信社两方组成的博弈关系中,构成了三方博弈的格局。博弈主体的增加将使得借款农户的行为受到更大的制约,从而增加了农信社的博弈参与能力。

而对农信社而言,信用村的称号相当于是农户的一个"社会印章"。一个村被评为信用村,就意味着该村具有良好的诚信环境,因而在同等条件下,信用村的农户往往要比非信用村的农户更值得信任,因此信用村实际上是一个可以用于组织化信用增级的组织载体,农户联保贷款通过发挥建立在信用村内部合作共赢和社会互动基础之上的信息处理机制和内生性惩罚机制，完善和提高了农信社的信息处理机制及博弈参与能力，实现了对信用风险的有效管理。

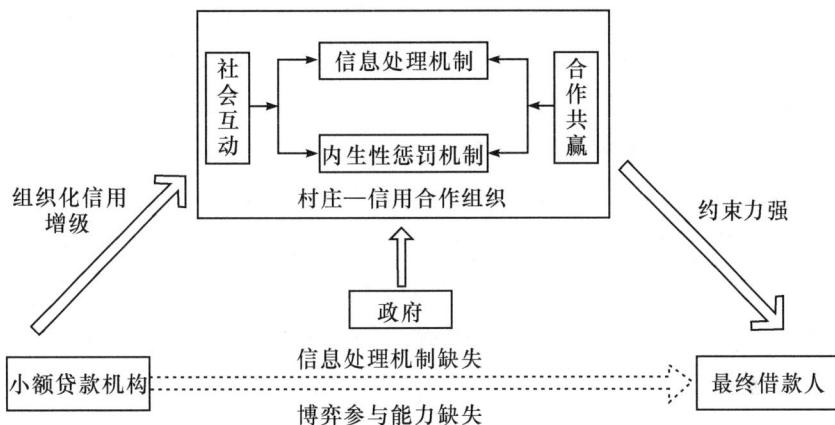

图 5-13　农户小额信用贷款信用风险管理示意

因此，信用村实质上接近于一个大规模、松散型的联保小组（何菁菁，2010）。从风险管理的角度分析，以信用户、信用村为载体的农户小额信用贷款本质上是一种小组贷款，其与孟加拉乡村银行小组联保贷款的区别主要体现在以下三点：

1. 横向扩展小组边界。小组联保贷款中的小组规模被严格限定在 5 人，而以信用户、信用村为载体的农户小额信用贷款中小组的边界则被扩展到整个行政村。事实上，相比于个人，农户也可以看作是一个小型的信用合作组织，[①]因此农户小额信用贷款中小组边界实际上是实现了从个人到信用村的横向扩展（见图 5-14）。

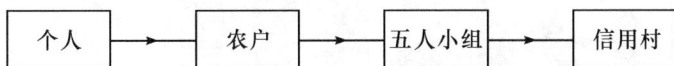

图 5-14　农户小额信用贷款小组边界横向扩展示意

---

① 永济富平小额贷款公司在山西永济发放的小额贷款也要求必须是夫妻、父子、或者其他直系亲属两人一起同意才可以申请贷款。这种以家庭而不是以个人为对象的贷款方法利用家庭成员之间相同的家族价值观念和相同的利益目标追求实现对贷款风险的控制。详细论述可见：张美芳：《以家庭为单位控制小额信贷信用风险》，《内江科技》2010 年第 7 期，第 148 页。

　　小组边界扩展的重要意义在于增加了小组内部博弈主体的数目,从而强化了内生惩罚机制,提高了农户违约的成本。同时,相比于小组联保贷款需要支付交易成本寻找同质组员,村庄这个信用合作组织原本就是存在的。因此,对于农户而言,小组边界的扩展可以降低获得贷款的成本。而对农信社而言,可以进一步降低搜集、监督信息的成本。此外,小组边界的扩展能够有效缓解联保小组中存在的集体违约问题(崔少磊,2010)。

　　2. 弱化连带还款责任。小组联保贷款中小组对借款人的约束力强主要体现在硬性的连带还款责任上,而在以信用户、信用村为载体的农户小额信用贷款中,当有农户无法或不愿归还贷款时,同一个村庄的其他农户并不需要承担硬性的连带还款责任,而是在自己贷款可得性受到负面影响的软性约束下,积极发挥横向筛选和横向监督的功能,以尽力避免出现农户违约的情况。事实上,虽然连带还款责任可以帮助微小贷款机构有效地规避风险,但其实施会增加借款者的成本,包括导致社会成员关系的紧张化(聂强,2010),对可能要承担连带责任而心存顾虑不愿组成联保小组(赵岩青、何广文,2007)等。因此相比于农户联保贷款,软性责任约束下的农户小额信用贷款的适用面可能更广。我国农村信用社农户联保贷款和小额信用贷款的发展情况在一定程度上说明了这一点,如图 5-15 所示,多年来农村信用社农户小额信用贷款的发放规模一直要大于农户联保贷款。

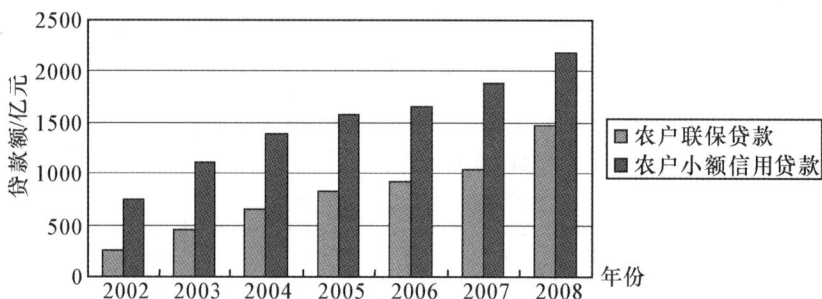

图 5-15　2002—2008 年农村信用社农户联保贷款和农户小额信用贷款年末余额①

　　3. 引入政府力量。如图 5-13 所示,与孟加拉乡村银行小组联保贷

----

① 资料来源:《中国金融统计年鉴》2003—2009 年卷。

款相比,我国的农户小额信用贷款充分借助了政府的行政力量。这不仅可以增强农信社博弈参与能力,还能为小额信用贷款创建良好的金融生态环境。

(二)小组边界的纵向扩展——行业型小组贷款

在农村信用社的农户联保贷款和农户小额信用贷款中,一般通过横向的地理界限对信用合作组织的边界进行限制。换言之,维系合作组织功能发挥的基础是成员之间通过横向社会关系建立起来的内在约束功能,因而可以称之为社区型小组贷款。虽然从理论上进行分析,这种限定在联保小组或行政村范围内的基于血缘、地缘、亲缘产生的社会关系,确实可以起到缓解信息不对称现象和道德风险的作用,但实践证明没有一定经济利益关系的农户很难组建联保小组(刘峰等,2006),成员之间的互相关注也导致了社会关系的紧张化(聂强,2010)。特别是在农业产业化经营的背景下,一些规模种植、养殖农户的贷款需求已经超过了联保贷款和小额信用贷款的额度,其规模化的生产模式,一定的技术门槛和专业性也使得一般农户难以有效发挥横向监督机制的作用。

为了解决实践中出现的这些问题,我国各地出现了新的小组贷款形式——行业型小组贷款。在行业型小组贷款中,组建小组的成员往往具有密切的经济来往或是从事同一行业专业化的生产,维系合作组织功能发挥的基础是成员之间通过纵向生产关系建立起来的内在担保制约功能。这种基于经济利益产生的生产关系较基于血缘、地缘、亲缘产生的社会关系而言,具备更为透明的信息处理机制和更强的"内部约束力",也更易实现其相互制约作用(李虹,2006)。

在此基础上,行业型微小贷款还充分发挥了产业化龙头企业和专业合作组织的作用。在具体的运行模式中,按照两者承担作用的不同,可以划分为两类:第一类是由产业化龙头企业或专业合作组织负责承贷,然后分解给各个农户使用;第二类是由产业化龙头企业或专业合作组织提供担保,将微小贷款直接发放给农户。这样,行业型小组贷款不仅充分发挥了小组成员之间的信息优势和监督作用,也利用产业链的多个环节将还贷责任与龙头企业或合作组织捆绑,进一步缓解了逆向选择和道德风险问题。

如河南省围绕粮食种植、收购、加工产业链条，实现对粮食生产链各环节信贷支持的粮食产业链贷款及连云港引入农业龙头企业、担保机构的"五方联动"支农新模式[1]都是行业型小组贷款的典型代表。

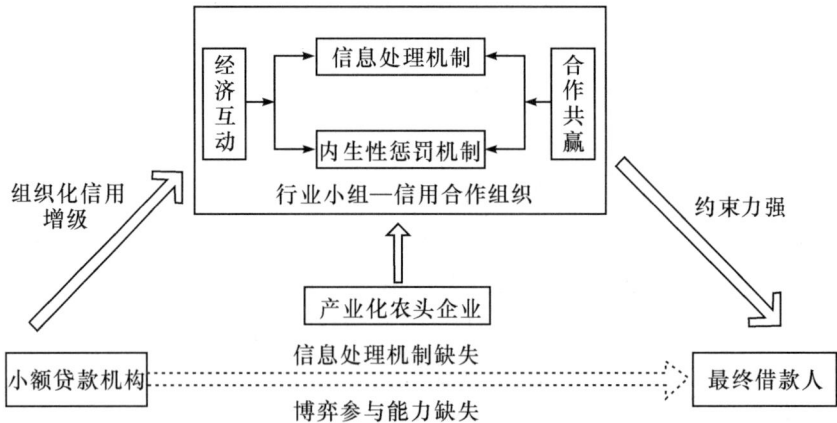

图 5-16　行业型小组贷款信用风险管理示意

如图 5-16 所示，行业型小组贷款较之于农户联保贷款最大的不同在于小组建立的基础为成员之间基于纵向生产关系而产生的经济互动，同时以产业链为纽带，发挥了龙头企业在预防信贷风险中的重要作用。

（三）小组边界的网络化——网络联保贷款

中小企业[2]在我国的经济社会发展中作出了突出的贡献，但其经营规模小、抗风险能力差、财务制度不健全、抵押担保品缺乏的客观事实，导致信贷机构在处理中小企业融资业务时，存在着信息处理能力和博弈参与能力缺失的双重约束，由此导致的业务高风险性迫使企业在刚性的内在逐利需求约束下，纷纷退出这一市场。融资难不仅成为制约中小企

---

[1]　金融联合支持粮食产业链贷款和"五方联动"支农新模式的详细描述请参考：张健华主编：《中国农村金融服务报告 2010》，中国金融出版社 2011 年版，第 21—22 页。

[2]　此处的中小企业的划分标准为 2003 年国家经贸委、国家计委、财政部、国家统计局研究制定的《中小企业标准暂行规定》。但随着形势的发展，这个划分标准已无法更好地概括现状。在理论和实务界，出现了小企业、小微企业、微小企业等新的提法。本书所指的中小企业并不完全着眼于企业规模，而是更多地从被正规金融机构边缘化这个现状对企业进行界定。2011 年 6 月 18 日四部委对中小企业已有新的界定。

业生存发展的主要限制因素,也影响了整个社会的和谐与稳定。相关数据显示,中小企业的数量占到了中国企业总数的 99％,创造了中国近60％的 GDP,贡献了近 50％的财税收入,提供了近 80％的就业岗位,但其在 2009 年获得的信贷仅占信贷总额的 35％。[①] 2007 年 6 月,阿里巴巴联合建设银行推出的无抵押无担保的网络联保贷款,为解决这一问题提供了新的思路。所谓网络联保贷款[②]是指由 3 家或 3 家以上企业组成一个互相担保的联合体,通过阿里巴巴网站共同向银行申请贷款,同时企业之间实现风险共担,当联合体中有任意一家企业无法归还贷款,联合体其他企业需要共同替他偿还所有贷款本息。其所有的评价、申请贷款、放贷都通过网络完成。

网络联保贷款的基本做法是:首先,融资企业必须在阿里巴巴网站注册,后者作为电子商务平台,建立企业的经济档案,记录企业在网上交易的商品数、交易额、投诉量等信息;其次,具备诚信通会员或中国供应商会员资格的企业须与另两家或以上企业组成联合体,由联合体向阿里巴巴提出贷款申请,阿里巴巴将这一申请连同联合体企业的信用记录、交易和行为数据转交给银行;最后,经过银行的审核通过,由银行发放贷款(见图 5-17)。

经过近几年的实践,网络联保贷款在帮助中小企业解决融资难问题上发挥了重要的作用。数据显示,在 2007—2009 三年间里,阿里巴巴共为小企业提供 268 亿元贷款。[③]

从银行角度来说,网络联保贷款之所以能够取得成功,就在于其特殊的运行模式完善了银行的信息处理机制且提高了银行相应的博弈参与能力,从而实现了对信贷风险的有效管理。这一实现机理主要包括以下两点:

1. 连带责任。根据网络联保贷款的规定,企业获得贷款的前提条件

---

① 数据来源:http://info.ceo.hc360.com-04/021310100740.shtml。

② 根据阿里巴巴官方网站数据显示,网络联保贷款的贷款额度为 10 万～500 万元。从贷款额度来看,并不符合通行的有关微小贷款额度的规定,但本文认为微小贷款是一个动态的概念,服务群体及其帮助服务对象实现可持续发展的功能才是微小贷款最本质的特性。因此,本文将网络联保贷款界定为微小贷款的特殊品种。

③ 数据来源:http://tech.sina.com.cn/i/2011—03-16/09185292408.shtml。

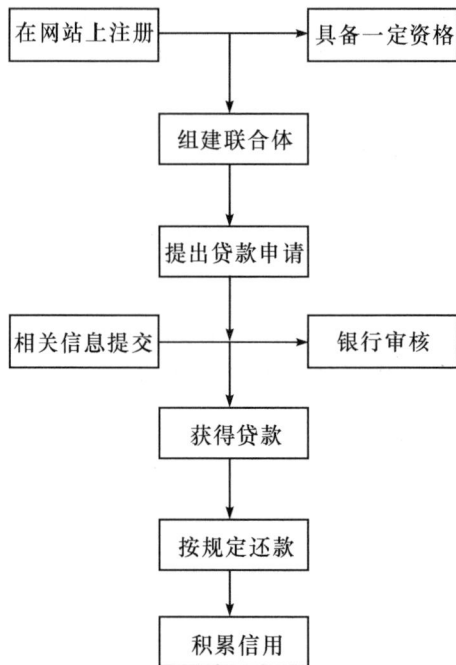

图 5-17   网络联保贷款操作流程

之一就是与两家或以上企业组成联合体,对外承担连带责任。一旦联合
体内的成员无法或不愿还款,其他成员将共同承担起还款责任。

连带责任技术充分发挥了联合体内横向筛选机制和横向监督机制
的作用。贷前,为了降低同伴的违约率,企业在寻找同伴组建联合体时,
会充分考虑对方的资产实力、财务状况、生产情况等"硬信息"和企业信
誉、企业主人品等"软信息",并且倾向于寻找业务上有往来或地缘上接
近的企业,从而保证了获取信息的准确性。对银行而言,组建联合体的
过程实际上是利用联合体内部信息优势而进行的一个横向筛选的过程;
贷中,为防止同伴出现项目选择和努力程度上的道德风险,成员间会通
过各种方式及时了解相互的经营状况,发挥横向监督作用;贷后,成员间
会及时了解项目的收益情况,防止同伴出现故意拖欠还款的道德风险,
同时承担无力偿贷企业的债务,保障银行的贷款回收率。

连带责任技术一方面利用联合体内部的信息优势完善了银行处理
信息的机制,另一方面通过构建联合体成员间的博弈提高了银行参与博
弈的能力。

2. 网络化。网络联保贷款区别于孟加拉乡村银行小组联保贷款和我国农户联保贷款的最大不同是阿里巴巴作为第三方信息平台的介入,这对于网络联保贷款有效管理风险具有重要的意义。首先,阿里巴巴作为电子商务平台,记录了大量企业的交易行为,通过把电子商务的行为数据转化为相关企业的信用数据并利用这些信息评选出诚信通会员,本身就是一个正向选择的过程。其次,阿里巴巴将这些信用数据转交给银行,供其在审核贷款时使用,扩展了银行搜集信息的渠道。最后,一旦企业出现违约、逾期或恶意逃债的情况,阿里巴巴有权在网络平台上对其进行披露,从而增加了企业违约的成本。相反,按时履约还款的企业则会通过诚信通会员评比等方式受到更多的认可。此时,阿里巴巴就成为了实施信用激励、扶优限劣的平台,提高了银行参与博弈的能力;同时,阿里巴巴的介入使得贷款申请、审批采取了网络化、标准化、流程化的操作模式,在降低银行操作成本的同时,也在一定程度上防止了道德风险的发生。

可见,和典型的孟加拉乡村银行小组联保模式相比,网络联保贷款保留了连带责任这一核心技术,充分利用了联合体内部的信息处理机制和内生性惩罚机制,实现了对信贷风险的有效管理。单个企业通过组建联保体实现了组织化信用增级,因此从风险管理角度分析,联保体实质上充当了信用合作组织的角色。

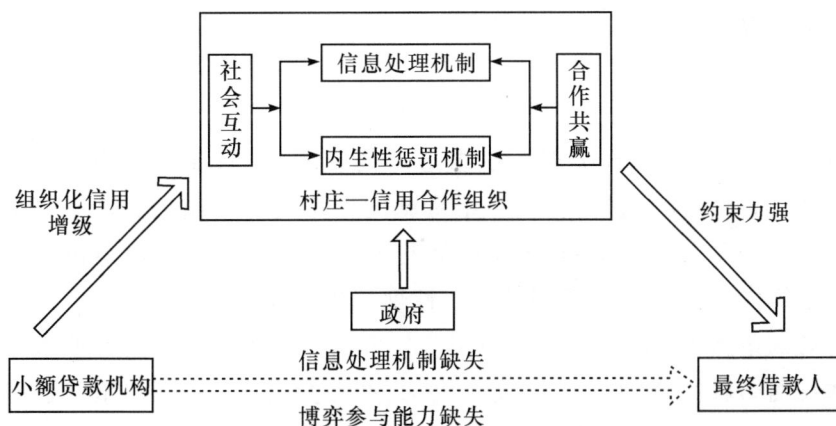

图 5-18　网络联保贷款信用风险管理示意

如图 5-18 所示,相比于小组联保贷款模式,网络联保贷款的区别在于小组建立的基础为成员之间基于网络互动而产生的相互关系,因而可以称之为网络社区型小组贷款。它的创新意义在于通过引进阿里巴巴这个信息平台，借助现代网络实现了小组边界的网络化。对信贷风险管理而言，这一创新不仅发挥了阿里巴巴既有的在信息处理和对违约行为实施惩罚上的优势，而且实现了传统金融业务和现代互联网技术的有机契合，这对于微小贷款运行模式的创新和突破中小企业融资难这一世界性难题都具有重要的意义。

（四）小组模式的演化路径与风险管理

如前文所述，小组贷款风险管理的本质在于通过建立小组这一信用合作组织，实现了组织化信用增级，信贷机构利用小组内部的信息处理机制和内生性惩罚机制弥补了自身在信息处理机制和博弈参与能力方面的缺失，实现了对信贷风险的有效管理。小组联保贷款作为应用最为广泛的小组贷款产品，在我国的实际应用中，演化出诸如农户小额信用贷款、行业型微小贷款、网络联保贷款等多种带有我国本土特色的创新型小组贷款产品。考察这一演进路径，对于理解小组贷款的本质并在此基础上不断创新，以推动微小贷款更好地实现目标客户和机构的可持续发展具有重要的意义。本书认为，我国的小组贷款主要沿着以下三条路径进行演进：

第一条路径：小组边界的扩展。农户小额信用贷款通过信用村创建的制度设计，实现了小组边界从五人小组到行政村的横向扩展；行业型微小贷款则将小组建立基础从横向的社会活动扩展为基于纵向生产关系而产生的经济活动，实现了小组边界的纵向扩展；而通过引入现代网络平台，网络联保贷款实现了小组贷款的网络化。小组边界的扩展对于风险管理的意义在于通过增加博弈主体数目及密切小组成员的关系强化了小组内部信息处理机制和内生性惩罚机制作用的发挥。

第二条路径：第三方组织的引入。农户小额信用贷款、行业型小组贷款及网络联保贷款分别将政府机构、产业化龙头企业、阿里巴巴第三方组织引入微小贷款机构和借款人的博弈关系之中，通过第三方组织在信息处理及对违约行为实施惩罚方面的优势强化了小组对借款人的约束并降低了微小贷款机构的交易成本。

第三条路径：连带还款责任的淡化。农户小额信用贷款淡化了孟加拉国小组联保贷款硬性的连带还款责任,而是通过贷款可得性的软性约束激励小组成员实施有效的组内监督。连带还款责任的淡化降低了借款人使用贷款的成本,从而扩展了小组贷款的应用范围。

从风险管理角度分析,我国小组模式的三条演化路径分别从增加博弈主体的数目,密切成员之间的关系,引入第三方实施力量等多个方面强化了小组在管理信贷风险方面所起的作用。因此,小组模式演化的背后实质上是风险管理能力的强化。

第四节 个人模式风险管理

小组贷款是对"贷款机构—单个借款人"这一传统信贷模式的制度创新,这种通过创建信用合作组织实现组织化信用升级,基于社会资产建立约束激励机制的贷款模式充分运用了组织内部的信息优势和内生性惩罚机制,完善和提高了信贷机构在为微小贷款目标群体提供融资服务时的信息处理机制和博弈参与能力,从而实现了对信贷风险的有效管理。世界各国及我国的成功实践充分证明了小组贷款模式在帮助贫困人群摆脱融资困境,走向可持续发展方面所具有的独特作用。

但与此同时,个人贷款模式也在传统信贷技术基础上,经过以客户群体特点和需求为导向的模式创新后在微小贷款运动中发挥越来越大的作用。欧洲复兴银行(EBRD)、印度尼西亚的 BRI 都是这一模式的代表(王益、黄良赳,2006)。更能体现这一趋势的是小组贷款的典型代表孟加拉乡村银行也在其第二代微小贷款模式中,逐渐放弃了连带责任技术这一小组联保贷款的核心要义而采用个人责任贷款技术(聂强,2010)。这固然有小组贷款模式组建小组困难、导致社区关系紧张、无法避免整体策略性违约等小组模式内在缺陷的影响,但更关键的是,经过创新的个人贷款模式在解决信贷风险,平衡微小贷款目标群体融资需求和微小贷款机构可持续发展上具有的独特路径。这种路径相比于小组贷款,在一定条件下体现出对外部环境、目标群体特点和贷款机构可持续发展更强的适应性。

个人贷款模式在传统的信贷技术的基础上,重新整合了信息、博弈关系、信贷程序、信贷人员等相关要素，从而创新了相关风险控制技术和实现机制，实现了对信贷风险的有效管理。其特点是不要求借款人通过小组实现组织化信用升级，也不需要利用抵押担保品实现物质化信用升级，而是就借款人经营及家庭状况现场调查搜集信息，并基于对信息的有效分析判断客户的现金流而后作出信贷决策。具体而言，就是基于微小贷款客户特点，设计出简便易行的信贷程序和能够获取真实信息并以此判断借款人还款意愿和还款能力的信息处理机制，通过强调和客户保持长期关系及信贷人员在整个贷款流程中的责任提高了微小贷款机构的博弈参与能力，并建立专门的微小贷款部门和训练有素的信贷人员，使微小贷款机构能够在低成本和低风险的条件下向目标群体提供融资服务。

因此，个人贷款风险管理的本质是通过技术创新，强化自身的纵向筛选和纵向监督功能。与小组模式更多地利用外部信用合作组织的力量实现信贷风险管理不同，这是一种更为主动的风险管理实现路径。

从国内实践情况来看，2005 年由国家开发银行引入的商业化、可持续的 IPC 微小企业贷款技术是国内第一次实施的基于商业化可持续原则的个人贷款模式（章和杰、梁晓，2008）。同年，包头市商业银行和台商行分别与国开行签订合作项目协议，成为了全国首批微小贷款项目合作银行。在几年的实践中，包头市商业银行和台商行的微小企业贷款取得了良好的社会效果并通过对信贷风险的有效管理实现了机构的可持续发展，以 IPC 技术为核心的个人模式微小贷款逐渐推广至全国其他地区。以下将主要以包头市商业银行和台商行的微小企业贷款为例，分析个人模式微小贷款的风险管理技术与实现机制。

（一）IPC 技术与信息处理机制

与农村信用社的联保贷款和小额信用贷款主要面向农户不同，微小企业贷款主要的客户群体为有 3 个月以上营业实践，需要扩大规模，并且具有持续稳定现金流的个体工商户或小企业。他们与农户相比，虽然具备了一定的财务信息，但这些信息往往不健全且可信度不高，同时借款人经营资产和家庭财产、生产账目和家庭账目往往没有明确的界限，因此借贷双方之间仍然存在着严重的信息不对称。为了克服信息不对称，个人贷款模式要求信贷人员就单个借款人的具体情况进行分析,深入细致地进行实地调查,不但要了解借款人的业务流量、存货量、各种原始单据等业务信息,还要调查家庭成员、日常收入、生活开支、水电费及性格特征、社会地位等"软信息",而后通过各种渠道的交叉审核对获得信息的可靠性进行验证。在此基础上,为借款人编制整个家庭的资产负债表和损益表对信息进行分析,预测其未来的现金流量及还款意愿。只有在借款人的现金流量足以归还贷款时,银行才发放贷款(赵坚、金岩,2007)。这样一个包括信息获取、信息验证、信息分析三位一体的信息处理机制确保了微小贷款机构能够尽可能多地掌握体现借款人还款意愿和还款能力的信息,从而在一定程度上缓解了逆向选择和道德风险问题。

1. 信息获取

个人贷款模式信息处理机制首先要解决的问题是如何在借款人财务信息不健全的条件下获取尽可能多的有利于判断借款人还款能力和还款意愿的信息。

IPC技术强调多渠道获取信息,其中现场调查,广泛收集第一手的数据和信息是最重要的途径之一。在借款人填写贷款申请表提供基本信息后,信贷人员需要到借款人的经营场所及家庭进行调查,了解企业及其经营的全面情况。现场调查不仅应收集借款人提供的能体现其经营情况的各类财务报表,还应对企业的组织架构、操作流程及业务关系进行评估。具体而言,获取信息可以通过考察营业场所、查看有关文件记录、同相关人员直接交流等多种方式进行。

考察营业场所可以全面了解借款人的经营情况。包括企业的开工率、产能利用率、库存、销量等,从中可以判断出企业的市场地位和增长潜力;信贷人员还可以通过观察借款人与雇员的互动情况,业务活动的组织方式等,判断借款人的管理才能和企业内部的关系融洽程度;此外,信贷人员需要通过考察营业场所对企业的固定资产进行检查、记录并估价。

有关文件记录不仅应包括借款人提供的资产负债表、损益表和现金流量表(如果能够提供)及与上下游企业签订的合同、存货单据等,还应该包括由第三方出具的单据,如水表、电表、工商及税务登记表,甚至包括交通违章记录等。而且,信贷人员在利用这些文件判断借款人的还款意愿和还款能力时,应以后者为主要依据。如从借款人使用水电和纳税的情况能在一定程度上判断出企业的经营情况,从借款人是否拖欠水、电费和逃税可以判断出企业的财务状况和借款人的个人品质。[①]

在现场调查时,还可以通过与相关人员的直接交流获取信息。交流的人员不仅应包括借款人,还应包括家属、雇员、邻居甚至客户等多个群体。值得注意的是,为了避免出现集体隐瞒的情况,信贷人员应该在信息验证时更加注意对这部分信息的真实性进行验证。

除了主要用于评估借款人还款能力的"硬信息",在现场调查时还应该注重收集"软信息",主要包括借款人的年龄与教育水平、家庭责任感和对家人的态度、是否有不良嗜好和犯罪记录、其他人对客户的评价、对贷款用途的解释等。这些"软信息"不仅有助于判断借款人的还款意愿,还有助于了解客户的还款能力。相比于客观的、易于传递和统计处理的"硬信息",软信息具有模糊性和人格化特征,难以用书面报表形式进行统计归纳(张捷,2002),因此需要通过多方面的渠道收集。如信贷人员在信用记录不完整的情况下要了解借款申请人的信用情况,可以选择向供应商了解借款申请人是否能按时支付货款,也可以向借款人的邻居、有生意往来的人和雇员了解其名声,还可以通过在不同岗位工作的员工了解借款人是否按时支付工资,通过这些信息来判断借款人的信用,判断其还款意愿(赵坚、金岩,2007)。

2. 信息验证

在多渠道采集信息的基础上,信贷人员还需要通过多角度的验证对信息的真伪进行判断。交叉检验是微小企业贷款中最常用的一种进行信息验证的方法。

交叉检验是指信贷人员对通过不同渠道获得的信息进行比较,来评价信息真实性的一种分析方法,是在信贷技术层面克服信息不对称的有效方式(王绯,2007)。交叉检验的原理是信贷员在获取信息时,借款人可能会有意或无意地提供某些不真实的信息,但这些不真实的信息必然

---

① 在微小企业贷款实践中,水表、电表和纳税登记表被称为"三表",是信贷人员重要的分析工具。

有漏洞或相互矛盾的地方,从不同的角度考察,这些矛盾就会暴露出来；同时从不同的角度考察,还有利于发现不同信息之间可能存在的内在联系,便于更全面地掌握借款人的情况,因而对获取的信息进行多角度的交叉检验,可以验证信息的真实性。

交叉检验可以多角度进行。从时间维度看,信贷人员可以考察借款人提供的不同时间的数据是否相互矛盾,如日营业收入的累计值是否和月营业收入大致相等,一个经营周期的期初数据是否能和流量及期末数据对应起来,如启动资金加上每年的利润、减去每年的非商业支出是否与实有权益大致相等；从空间维度看,信贷人员可以考察借款人提供的信息是否与当地同行业的平均水平大体相当,如营业额、营业费用、毛利率、雇员的工资水平与当地平均水平的差别(孙晓琴,2007)；从信息载体看,信贷人员可以考察口头信息是否与书面信息、实际状况相一致,如借款人所说的收入情况是否和实际生活状况大体匹配。

从检验信息的类型来看,交叉检验一般可以划分为对"软信息"的交叉检验和对财务信息的交叉检验。在进行交叉检验时,"软信息"又可以分为借款人的基本信息、借款人的经营信息和企业信息三类,通过不同类信息之间的交互验证,如借款人的住房信息和经营状况的吻合程度,可以对借款人提供信息的真实程度作出判断。财务信息的交叉检验包括权益、销售采购、存货等多方面,其中权益的交叉检验是最为核心的内容,其原理是信贷人员根据所获取的各项财务信息,以权益为各项财务指标的最终作用结果,对数据的真实性进行判断(王纬,2007)。

3. 信息分析

个人贷款依靠一套针对微小贷款客户特点的、以现金流分析为基础的贷款分析和决策方法保证贷款风险得到正确评估(王纬,2007)。从借款者角度来看,其经营企业的收支与日常家庭的收支往往没有明确的界限,存在一定的资金互换性,因此需要将借款人的家庭生活和企业经营作为一个整体进行分析。借款人的还款能力依赖于是否有充足的现金流在冲抵日常支出和企业支出后仍能偿还贷款(见图5-19)。因而现金流分析在判断借款人的还款能力时具有决定性的作用。一定程度上,开辟微小企业贷款"多渠道获取信息,多角度验证信息"的立体化信息收集机制最重要的目的就是对现金流进行计算和分析。

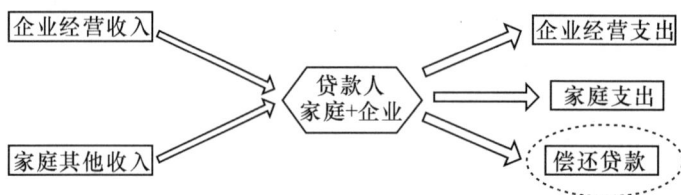

图 5-19   微小企业贷款借款人现金流特点

完整的现金流分析包括现金流计算,还款计划制定及指标计算、敏感性分析三步。

信贷人员首先需要根据借款人每月的收入和支出信息,[①]计算贷款期限内每月的现金流情况。假设借款人每月的收入为 I,每月不包括微小贷款偿还额的支出为 E,则每月的净现金流为 $NCF=I-E$,假设微小贷款的期限为 N 个月。NCF 的计算过程见表 5-3。在计算出借款人每月的净现金流后,信贷人员需要在此基础上制定出分期还款计划,[②]并通过计算相关指标考察借款人的还款能力。在微小企业贷款的实践中,使用最广泛的是"累积还款能力"和"还款之后的自由净现金流"这两个指标。[③]

累积还款能力是指整个贷款期间所有月份的净现金流之和与所偿还贷款总额之间的比率。假设按照分期还款计划,借款人每月需偿还资金额为 D,则累积还款能力 A 计算如下:

$$A=\frac{\sum_{i=1}^{N}NCF_i}{\sum_{i=1}^{N}D_i}$$

累积还款能力从整体上表征了借款人的偿付风险。若 $A\leqslant1$,说明借款人的累积净现金流不足以偿付贷款,微小贷款机构面临着较大的信贷风险。因此只有当 $A>1$ 时,才能考虑向借款人贷款。而在实际操作中,为了使还款更加的可靠和有保障,一般要求满足 $A>2$(赵坚、金岩,2007)。

---

① 不包括偿还微小贷款的支出。

② 分期还款计划的具体分析参见下文。

③ 指标选取参考了赵坚、金岩(2007)的相关论述。

表 5-3 微小企业贷款现金流分析①

	第 1 月	第 2 月	第 3 月	……	第 N−1 月	第 N 月
收入:						
企业收入						
家庭其他成员收入						
汇款						
贷款						
其他来源						
总额 I						
支出:						
企业支出						
日常支出						
其他支出						
总额 E						
每月净现流 NCF						

　　然而累积还款能力是一个总量指标,因此无法反映还款的结构风险。特别是当借款人每月现金流出现很大波动的情况下,该指标无法反映出借款人是否能够偿付每月的款项。"还款之后的自由净现金流"指标解决了这个问题,用 B 代表该指标,其计算式如下:

$$B = \frac{NCF_i - D_i}{D_i}$$

　　为了有效控制风险,微小企业贷款一般要求该指标满足 $B > 0.5$(赵坚、金岩,2007)。这意味着在扣除所有的家庭和企业支出及偿还本期应还贷款后,借款人剩余的自由净现金流与该期应还贷款额的比率必须大于 0.5,这一措施可以使得借款人有能力应付不可预料的其他支出,以及超支或者是收入减少的情况。信贷人员在综合这两个指标的分析结果

---

　　① 资料来源:赵坚、金岩:《微小企业贷款的研究与实践》,中国经济出版社 2007 年版,第 103 页。

后，可以通过制定更加灵活的还款计划或者拒绝贷款有效地控制信贷风险。

为了考察借款人现金流的稳定性，信贷人员还必须对现金流进行敏感性分析，以便找出影响借款人还款能力的因素，并制定相应的控制措施，进一步控制风险。

综上，IPC技术通过提供信息获取、信息验证、信息分析三位一体的标准化信息处理机制，在一定程度上缓解了逆向选择和道德风险问题，提高了微小贷款机构的风险管理能力（见图5-20）。

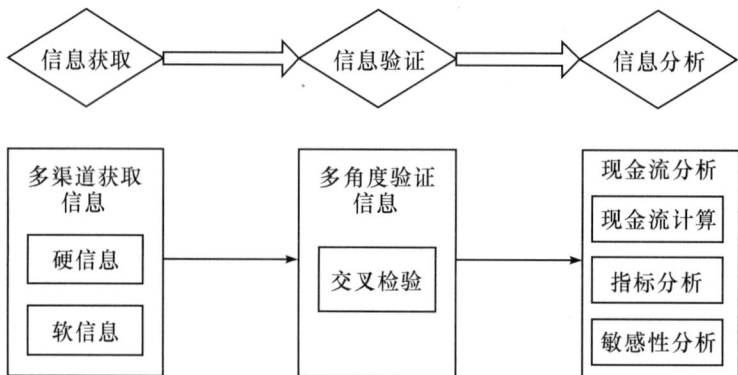

图5-20　微小企业贷款三位一体的信息处理机制

（二）IPC技术与博弈参与能力

小组联保贷款广泛应用的分期还款、累进贷款等贷款技术在个人贷款模式中也得到应用，并被证明在提高贷款机构博弈参与能力方面具有独特的作用。同时，个人贷款模式还强调信贷人员要与借款者形成良好的长期互动关系，这种关系型贷款对于提高博弈参与能力也有着相同的作用。博弈参与能力的提高主要体现在以下三点：一是可以对贷款的使用情况、项目收益情况进行监督，有效地避免借款人在项目选择、努力程度选择及贷款偿还中出现道德风险倾向；二是可以实施有效的信用激励机制，在借款人中形成正向的预期效应；三是与借款人形成长期性、高频率的博弈关系。

1. 分期还款

个人贷款模式提高贷款机构博弈参与能力的首要做法是在计算借

款人现金流的基础上，依据还款计划与现金流匹配原则，制定灵活的分期还款计划。分期还款技术的运用改变了传统银行贷款只在期末归还本息的做法，通过增加还款次数提高了借款人主动与贷款机构接触的频率。对贷款机构而言，分期还款技术的作用主要体现在以下三个方面：一是可以通过借款人分期还款的表现对其贷款运营项目进行间接监督。相比于信贷员在现场进行直接监督，这种监督方法具有成本更低，一定程度上也更有效的优点。二是可以通过借款人分期还款的表现对贷款风险进行动态监控，及时掌握风险偏大的贷款，从而避免信贷风险在期末的集中暴露，起到风险微分①的作用。也可以对风险偏大的贷款采取及时有效的措施，从而将原本无法实施的一次性惩罚分解（史晋川等，2010），发挥了信用激励机制的作用。三是通过标准化的还款期限设计可以对大量借款人的还款进行集中处理，降低了贷款机构的管理成本。对借款人而言，经常性的还款是对其负有还款义务的一种提醒，降低了一次性还款给其带来的巨大的财务压力，从而提高了借款人的还款意愿和还款能力。

2. 累进贷款

与小组联保贷款一样，个人贷款模式也广泛应用了累进贷款技术的动态激励机制，其通过将双方对未来的预期和对历史记录的考察纳入合约框架，达到了促进借款人改善还款行为的目的（焦瑾璞、杨骏，2006）。它的作用机制在于能够发挥"试错"的功能，即可以用较小的贷款来进行尝试，以发现借款人的真实信用水平，在长期的重复博弈中发展借贷双方的业务关系和借款人的信贷记录（王绯，2007）。即便借款人出现了无法或不能履约的情况，因额度较小而不会对贷款机构产生更大的影响。对借款人而言，融资服务的稀缺性使得失去之后额度更大的借款权利构成了其违约的隐形成本，一旦其不按时履约，则意味着将会失去几乎全部的借款机会。这样，获得累进贷款的预期就对借款人形成了一个有效的激励使其按时履行还款义务，从而在一定程度上避免了道德风险。可见，累进贷款技术既为借款人实施有效的信用激励机制创造了条件，也有利于与借款人形成长期性的博弈关系。

---

① 风险微分机制的详细论述见小组贷款对分期还款技术的分析。

3. 关系型贷款

个人贷款模式与小组贷款模式的主要区别在于,前者没有通过组织化信用增级的方式转移甄别客户、监督贷款使用的责任和成本,而是通过发挥贷款机构的纵向筛选和纵向监督作用取代了小组模式中的横向筛选和横向监督机制。这种模式成功的条件之一就是要求信贷员与借款人建立长期的"准私人"关系或朋友关系(赵坚、金岩,2007),确立以客户关系为导向而非数据处理为导向的灵活管理获取"软信息"(史晋川等,2010)及对贷款使用情况进行及时的监督。

通过强调与借款人保持密切的联系,信贷人员可以及时发现贷款使用中存在的问题并进行处置,为激励机制作用的发挥创造条件。贷款机构可以根据市场细分情况将信贷人员按地域(村或社区)、行业、供应链以及协会等中介组织进行合理配置,信贷人员专业化于给其配置的业务领域(张文彬、童迪,2011),从而可以在相同或相近业务的重复实践中,学习掌握行业知识、市场信息及相关的法律法规,并通过日常联系将这些信息传递给借款人,从而可以在一定程度上提高借款人的贷款使用效率和还款能力。信贷人员在当好行业顾问的同时,还可以通过提供各种延伸服务,如帮助解决借款人的家庭问题,发展和借款人之间的"准私人"关系。这样做的目的在于将信贷人员和借款者之间单纯地依靠资金借贷维系的关系扩展到生活的其他层面,通过拉近"情感距离"扩展双方博弈的时间和空间,增加了借款人违约的"面子成本"①,能够促使借款人更诚实地提供信息并增强其还款意愿。同时,这也是提高借款人对其服务"黏度"的主要途径,从而为发挥累进贷款技术作用创造条件。

(三)IPC 技术与信贷管理制度

相比于小组贷款模式,个人贷款模式更注重通过发挥自身的纵向筛选与纵向监督功能实现对信贷风险的有效管理,这种有效性的基础在于简便易行的信贷程序及信贷人员的信息处理与分析判断能力。同时,个人模式贷款没有将信贷分析和管理的大部分成本通过外部化的方式转

---

① 这里的面子成本指的是借款人因为没有按时还款给信贷员带来工作上的不良影响而产生愧疚感。

嫁给小组,因此在实现对信贷风险有效管理的同时降低运行成本、提高运行效率对于微小贷款机构而言具有同样重要的意义。换言之,相比于小组贷款模式,个人贷款模式面临着更大的内部风险。微小贷款机构通过建立科学严格的管理制度,实现了对内部风险的有效管理,为信用风险管理创造良好的内部环境。

1.信贷程序

个人贷款模式的信贷程序呈现出标准化、高效率、可复制的特点,这是由借款人文化层次整体较低、数量多,缺乏完善的财务报表及抵押担保品,且具有"小、频、急"的资金需求等特征决定的。标准化且透明的信贷程序易于借款人了解且信赖,也有利于信贷人员开展工作,降低操作风险,从而提高了信贷程序的效率;高效率的信贷程序同时降低了贷款机构的操作成本及借款人获得贷款的成本,提高了微小贷款的可得性;可复制的信贷程序有利于其在不同区域间的借鉴利用,提高了微小贷款的覆盖广度。

一个标准化的微小贷款业务流程由贷款营销、贷款申请受理、贷款调查、贷款决策、贷款发放和贷款监控组成(见图 5-21)。

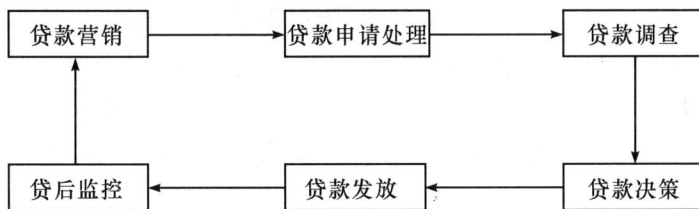

图 5-21　微小企业贷款业务流程

与传统贷款相比,个人贷款模式信贷程序的特点除体现在前文所述的贷款申请受理、调查及发放、监控阶段之外,在贷款营销和贷款决策阶段亦针对微小贷款客户进行了以目标客户特点为导向的适应性创新。

微小贷款的市场虽然广阔,但由于目标客户长期被排斥在正规金融机构融资服务体系之外而对其产生了不信任感,再加上目标客户自身存在的文化水平普遍不高、金融知识缺乏等内在缺陷,因此广阔的市场仍需要微小贷款机构进一步的开发和引导。这就要求微小贷款机构制定主动且高效的营销策略。一方面通过主动营销将微小贷款服务理念传达给目标客户,特别是微小贷款分期还款和累进贷款等创新性的信贷技术及严格的信贷纪律,在目标客户中树立微小贷款"好借好还"的形象;另一方面通过主动营销实现对目标客户的第一次筛选,实现贷款风险管理前移。在我国的实践过程中,微小贷款机构创造出了许多极具特色的主动营销手段,如中国邮政储蓄银行在全国各地进行的以现场推荐会为纽带连接银行和客户,在宣传微小贷款产品的同时也获得了客户的第一手信息资料。

个人模式微小贷款信贷决策的主要依据是建立在信息基础之上的对借款人现金流的判断,而微小贷款目标群体的信息多为难以量化和传递的软信息。Berger 和 Udell(2002)的研究证明了软信息的有效性要受到银行组织结构的影响,由于软信息的传递成本过高,基于软信息的贷款决策权应该减少审批环节,下放给掌握着这些软信息的基层经理和信贷员。在此理论的指导下,个人模式微小贷款的贷款决策基于目标客户的这一特点相应地进行了创新。一是信贷决策分散化。根据贷款的数额和贷款期限明确设定支行、地区和总部的贷款决定权限,在保证风险可控的前提下尽可能使贷款决策接近客户和基层信贷人员,提高审批的效率。二是推行"四眼原则"的决策机制。即通过审贷会的形式,召集两个以上的审批人员对贷款进行审批,相关的信贷人员没有投票权,但需要为审贷会提供信息。只有在审批人员一致同意的情况下才能作出贷款决策,因而审贷会可以很好地分散贷款决策风险。同时,审贷会的人员组成相对较为灵活且人数较少,审贷会召开时间也不固定,确保了贷款决策的高效率。审贷会上成员之间对于贷款分析的讨论也有利于提高信贷人员的业务能力,使得审贷会具备了培训的附加功能。三是执行严格的授权等级制度。这一方面体现在根据信贷人员的工作能力和经验按贷款金额的大小进行不同的关于分析权、操作权和决策权的授权;另一方面被授权人在一笔贷款中不能同时使用分析权和决策权,从而有效避免了信贷人员的道德风险。

2. 信贷员

与借款人接触最为频繁的信贷员在宣传微小贷款理念、树立机构形象、培养借款人对贷款机构的信任上具有极其重要的作用,同时以现金流分析为基础的贷款分析和决策方法的核心就在于信贷人员的分析判断能力,因此信贷员的素质是保证个人贷款模式下微小贷款机构成功运营的关键(王纬,2007)。微小贷款机构通过设计以思想教育为基础、技术培训为核心、激励机制为保证的管理制度对信贷员形成了良好的管理。总结起来,这种管理制度具有以下特点:

(1)强调负责的工作态度和良好的风险管理意识。微小贷款客户的特点决定了为其提供的融资服务大部分的工作时间是在户外,而且需要根据客户的生活和工作习惯安排工作时间,因而具备负责的工作态度是成为称职信贷员的必备条件。同时,微小贷款业务的高风险性要求信贷员必须具备良好的风险管理意识,这是贷款机构对风险实施有效管理的基石。

(2)强调复合的能力背景和良好的自我学习能力。信贷员需要具备良好的沟通交流能力,在与借款人沟通交流中引导借款人提供并主动发现更多的信息,同时还需要具备良好的判断信息真伪的能力及一定的财务功底和计算能力,以便信贷员在现场快速地通过信息自制资产负债表、损益表并估算现金流;此外,具备一定的行业知识对信贷员来说具有关键作用,这其中包括对行业产品、市场、生产方法以及该行业外部影响因素的全面了解。这些知识可以帮助信贷员了解潜在客户的收入情况和经营风险,也有助于信贷员对客户提供的信息进行交叉检验,也是信贷员设计贷款额度和安排还款计划的基础(赵坚、金岩,2007)。

微小贷款机构通过完善的培训体系为信贷员提高业务水平提供制度保障,但更重要的是,信贷员需要不断吸取总结自己在实践工作中的经验教训以提高自身能力,因此良好的自我学习能力至关重要。

(3)强调建立有效的激励约束机制。不同于传统贷款把信贷活动中的信贷分析、贷款发放、贷款监督和回收交由不同的部门进行,微小企业贷款要求信贷员对其所发放贷款的整个生命周期负责,因而高质量的信贷分析结合承担责任的信贷员的密集监督是提高还款率的关键(赵坚、金岩,2007),而激励约束机制的有效发挥则是两者发挥作用的保证。近年来,很多国家(例如东欧和中亚)的实践已经有力地证明,劳动密集型的安排和激励相容的政策,可以在最大程度上克服借款人与债权人之间的信息不对称(王君,2005),而建立有效激励约束机制的核心在于建立基于绩效的薪酬制度,将信贷员的收入和个人发展与贷款逾期情况直接挂钩,这将促使信贷员在关注贷款规模的同时又高度重视贷款资产的质量。

综上所述,个人贷款模式风险管理的基本思路是通过 IPC 技术三位一体的信息处理机制及分期还款、累进贷款、关系型贷款等信贷技术,完善及提高了微小贷款机构的信息处理机制和博弈参与能力,通过建立标准化、高效率的信贷程序及培养高素质的信贷人员创造了良好的内部环境,从而对风险实施积极主动的管理。

参考文献

[1] Berger, A. N. and G. F. Udell. Small Business Credit Availability and Relationship Lending:The Importance of Bank Organizational Structure. The Economic Journal, 2002(477):32-53.

[2] Berger, A. N. , N. H. Miller, M. A. Petersen, R. G. Rajan and J. C. Steine. Does Function Follow Organizational Form? Evidence from the Lending Practices of Large and Small Banks. Journal of Financial Economics, 2005(76):237-269.

[3] Besley, T. and S. Coate. Group Lending, Repayment Incentives and Social Collateral. Journal of Development Economics, 1995(1):1-18.

[4] Chowdhury, P. R. Group Lending:Sequential Financing, Lender Monitoring and Joint Liability. Journal of Development Economics, 2005 (2): 415-439.

[5] Chowdhury, P. R. Group-lending with Sequential Financing, Contingent Renewal and Social Capital. Journal of Development Economics, 2007 (84):487-506.

[6] Deininger, K. and Y. Y. Liu. Determinants of Repayment Performance in Indian Micro-credit Groups. World Bank Policy Research Working Paper, 2009.

[7] Devereux, J. and R. P. H. Fishe. An Economic Analysis of Group Lending Programs in Developing Countries. The Developing Economies, 1993 (31):102-121.

[8] Egli, D. Progressive Lending as an Enforcement Mechanism in Microfinance Programs. Review of Development Economics, 2004(4):505-520.

[9] Ghatak, M. and T. W. Guinnane. The Economics of Lending with Joint Liability:Theory and Practice. Journal of Development Economics, 1999

（1）：195-228.

[10] Ghatak，M. Group Lending，Local Information and Peer Selection. Ghatak，M. Screening by the Company You Keep：Joint Liability Lending and the Peer Selection Effect. The Economic Journal，2000（465）：601-631.

[11] Hossain,M. Credit for Alleviation of Rural Poverty：The Grameen Bank in Bangladesh. IFPRI Research Report，1988（2）：102-230.

[12] Impavido，G. Credit Rationing，Group Lending and Optimal Group Size. Annals of Public & Cooperative Economics，1998.

[13] J. Haynes. Risk as an Economic Factor. The Quarterly Journal of Economics,1895,9(4):409-449.

[14] Ghatak，Maitreesh. Group Lending，Local Information and Peer Selection. Journal of Development Economics，1999（60）：27-50.

[15] Krahnen，J. P. and R. H. Schmidt. Developing Finance as Institutional Building：A New Approach to Poverty-oriented Banking. Boulder,CO：Westview Press，1994.

[16] Molho，L. The Economics of Information：Lying and Cheating in Markets and Organization. Oxford：Blackwell Publishers，1997.

[17] Montgomery，R. Disciplining or Protecting the Poor? Avoiding the Social Costs of Pressure in Micro-credit Schemes. Journal of International Development，1996(8)：289-305.

[18] Morduch，J. The Microfinance Promise. Journal of Economic Literature，1999(34)：1569-1614.

[19] Sanjay，J. and M. Ghazala. A Little at a Time：The Use of Regularly Scheduled Repayments in Microfiance Programs. Journal of Development Economics，2003(72)：253-279.

[20] Schiffer，M. and B. Weder Firm Size and the Business Environment：Worldwide Survey Results. Discussion Paper 43，International Finance Corporation，Washington，DC,2001.

[21] Schreiner，M. and H. H. Colombet. From Urban to Rural：Lessons for Microfinance from Argentina. Development Policy Review，2001（19）：339-354.

[22] Stiglitz，J. E. and A. Weiss. Credit Rationing in Markets with Imper-

fect Information. The American Economic Review,1981(3):393-410.

[23] Stiglitz, J. E. Peer Monitoring and Credit Markets. World Bank Economic Review,1990(3):351-366.

[24] Bastelaer, V. T. Does Social Capital Facilitate the Poor's Access to Credit? World Bank Social Capital Initiative Working Paper No.8,1999.

[25] Varian, H. Monitoring Agents with Other Agents. Journal of Institutional Theoretical Economics,1990(1):153-174.

[26] Waterfield, C. and A. Duval. Savings and Credit Sourcebook. Atlanta, Ga:CARE, 1996.

[27] Wydick, B. Group Lending under Dynamic Incentives as a Borrower Discipline Device. Review of Development Economics,2001(3):406-420.

[28] 艾路明.小额贷款与缓解贫困.北京:经济科学出版社,2000.

[29] 程恩江,刘西川.中国非政府小额信贷和农村金融.杭州:浙江大学出版社,2007.

[30] 崔少磊.基于共同体理论的农户联保制度信贷风险控制机理研究.西北农林科技大学硕士学位论文,2010.

[31] 杜晓山,孙若梅.中国小额信贷的实践和政策思考.财贸研究,2000(7).

[32] 官兵.企业家视野下的农村正规金融和非正规金融.金融研究,2005(10).

[33] 何菁菁.农业产业化发展中的金融支持研究.浙江大学硕士学位论文,2010.

[34] 何嗣江,史晋川.弱势群体帮扶中的金融创新研究——以台州市商业银行微小贷款为例.浙江大学学报(人文社会科学版),2009(4).

[35] 何嗣江,汤钟尧.订单农业发展与金融工具创新.金融研究,2005(4).

[36] 何嗣江.订单农业发展与金融市场创新.浙江大学博士学位论文,2007.

[37] 贾文斌.小额贷款可持续发展与制度创新研究.浙江大学硕士学位论文,2009.

[38] 焦瑾璞,杨骏.小额贷款和农村金融.北京:中国金融出版社,2006.

[39] 李虹.激励、合作范围与担保制度创新:李庄模式研究.金融研究,2006(3).

[40] 李莉莉.正规金融机构小额信贷运行机制及其绩效评价.中国农业大学博士学位论文,2005.

[41] 李新然.论"小额信贷"的非金融价值.农业经济问题,1999(4).

[42] 刘大耕.小额信贷必须走持续发展之路.中国农村信用合作,1999(12).

[43] 刘峰,许永辉,何田.农户联保贷款的制度缺陷与行为扭曲:黑龙江个案.金

融研究,2006(9).

[44] 聂强.小额信贷的偿还机制:一个理论述评.中国农村观察,2010(1).

[45] 冉华.衍生品市场对经济增长的作用.北京:中国金融出版社,2006.

[46] 史晋川,何嗣江,严谷军,等.金融与发展:区域经济视角的研究.杭州:浙江大学出版社,2010.

[47] 孙晓琴.小企业信贷技术与银行组织结构的关系研究.北京交通大学硕士学位论文,2007.

[48] 汤敏,姚先斌.孟加拉"乡村银行"的小额信贷扶贫模式.改革,1996(4).

[49] 唐红娟,李树杰.农户联保贷款的运行机制及其实践分析.金融理论与实践,2008(6).

[50] 汪三贵.中国小额信贷可持续发展的障碍和前景.农业经济问题,2000(12).

[51] 王绯.小额贷款的模式与信贷技术研究.对外经济贸易大学硕士学位论文,2007.

[52] 王君.寻找微小企业的商业化边界.经济研究资料,2005(8).

[53] 王曙光,乔郁,等.农村金融学.北京:北京大学出版社,2008.

[54] 王曙光.民间小额信贷的风险控制、制度创新与内部治理:昭乌达模式研究.中共中央党校学报,2009(5).

[55] 王益,黄良赳.社会信用合作组织在小额贷款中的作用和意义.金融研究,2006(6).

[56] 王元.信息处理、博弈参与和农村金融服务中介.金融研究,2006(10).

[57] 熊学萍.农户联保贷款制度的博弈机制及其完善.理论月刊,2005(11).

[58] 杨虎峰,张群,谢昊男.农村小额信贷产品、经营绩效与风险控制.地方财政研究,2010(7).

[59] 张健华.中国农村金融服务报告 2010.北京:中国金融出版社,2011.

[60] 张捷.中小企业的关系型借贷与银行组织结构.经济研究,2002(6).

[61] 张美芳.以家庭为单位控制小额信贷信用风险.内江科技,2010(7).

[62] 张文斌,童迪.商业可持续的微型企业信贷实践——以台州银行的"小本贷款"为例.中国市场,2011(3).

[63] 张转方.农村信用建设与小额贷款.北京:中国金融出版社,2008.

[64] 章和杰,梁晓,等.商业银行对新农村建设金融支持的调研——以台州商行为例.浙江金融,2008(12).

[65] 赵革,刘函.农村合作银行信用共同体信用制度研究——以天津农村合作

银行创建的信用共同体为例.东北财经大学学报(社会科学版),2007(1).

[66] 赵坚,金岩.微小企业贷款的研究与实践.北京:中国经济出版社,2007.

[67] 赵岩青,何广文.农户联保贷款有效性问题研究.金融研究,2007(7).

[68] 中国金融教育发展基金会.中国人民银行金融研究所.中国小额信贷案例
选编.北京:中国市场出版社,2009.

第六章　小额保险实践

小额保险(microinsurance)是微型金融的重要组成部分。开展小额保险业务,能够有效地帮助低收入人群获得保险保障,摆脱因疾病、自然灾害和意外伤害致贫或返贫,促进社会的发展与稳定。

第一节　小额保险的产生与发展

目前,关于小额保险的代表性定义有两种:一是国际保险监督官协会(International Association of Insurance Supervisors，IAIS)对小额保险的定义:小额保险是依据公认的保险惯例(包括保险核心原则)运营的,由多种不同实体为低收入人群提供的保险。二是世界银行扶贫协商小组(Consultative Group to Assist the Poor,CGAP)关于小额保险的界定:小额保险主要是面向中低收入人群,依照风险事件的发生概率及其所涉及成本按比例定期收取一定的小额保费,旨在帮助中低收入人群规避某些风险的保险。综合上述两种定义不难发现,小额保险的核心涵义在于,其是一种在成本、期限、承保范围和供应机制方面适用于中低收入市场的风险分担性产品。特别是,与传统商业保险公司的客户不同,小额保险服务的客户主要是低收入人群,其拥有的财产较少,收入较低且波动较大。

小额保险是继小额信贷之后推出的又一项支持低收入群体的金融

业务,其具有商业性与公益性的双重特性,在国际上尤其是发展中国家已引起广泛重视。

一、国际小额保险发展状况

贫困人群为摆脱贫困,释放出对风险保障强大的需求,这是小额保险产生的主要社会现实基础(张翼飞等,2008)。小额保险最早可以追溯到 19 世纪末的美国。当时正值第二次工业革命,美国经济飞速发展,但同时也存在着严重的贫富差距,贫困人群的生活质量低下。为了向工人们提供最基本的人身风险保障,美国谨慎保险公司于 1875 年率先将简易人寿保险(industrial life insurance)引入保险市场,此即现在通常所指的小额保险。随着简易人寿保险的推广,其营销方式从最初的由工人们自己交费购买,发展到后来由保险公司委托工厂管理人员代为收取保费,并进而逐渐从原来的个人简易人寿保险演变成为团体简易人寿保险。不同于美国的一开始是由商业保险公司推出、经营小额保险,在发展中国家,早期的小额保险通常是由民间组织发起,或由非政府组织提供,往往是非营利性的。随着小额保险对低收入群体的风险保障作用逐渐为大众所认识,此类保险开始受到政府的重视。于是,包括菲律宾、印度、哥伦比亚等国家的政府计划将小额保险纳入国家社会保障体系。一些商业保险公司为开发更多的潜在市场以及基于社会责任意识,亦开始着手研究小额保险,进入低收入群体市场。

近些年来,低收入群体的贫困、健康、权利保护等问题受到了国际社会的关注,强调社会资源公平分配、避免贫困差距进一步拉大的"普惠金融"(inclusive financial system)理念逐渐为各国接受,在各种组织、捐助者的推动下,全球小额保险市场正不断壮大。

(一)国际小额保险发展的地区分布

根据国际小额保险中心(Microinsurance Center)的统计,至 2006 年,在全球 100 个最贫穷的国家中,其中有 77 个国家存在着各种形式的正式的小额保险。然而以覆盖的人口数量来衡量,国际小额保险的覆盖范围尚较为有限,仅 7800 万人受到小额保险的服务。从地区分布来看,小额保险主要集中在中南美洲、非洲和亚洲等。

在中南美洲,780 万人参加了小额保险,其中 670 万人是在秘鲁和哥伦比亚。参保人数占该地区贫困人口总数的 7.8%。在该区域,小额保险主要是团体的强制保险,并且通常主要由 1 家机构来提供。

在非洲,共有 32 个国家开展了小额保险,参保人数为 1470 万人,占非洲贫困人口的约 2.6%。其中南部非洲和东部非洲地区的小额保险相对更为发达,尤其是南非一国的参保人数就达 820 万,占全部非洲的约56%。从 2005 至 2008 年,非洲小额保险的覆盖人数增长了 82%。2008年小额保险的保费收入达 2.57 亿美元,其中 88% 为受监管的保险机构所收取。在非洲,小额保险以寿险类产品占主导,其中,信用寿险的渗透率①接近 9.5%,其他寿险产品的渗透率约为 3.2%,而其他险种的渗透率均不足 0.3%(见图 6-1)。

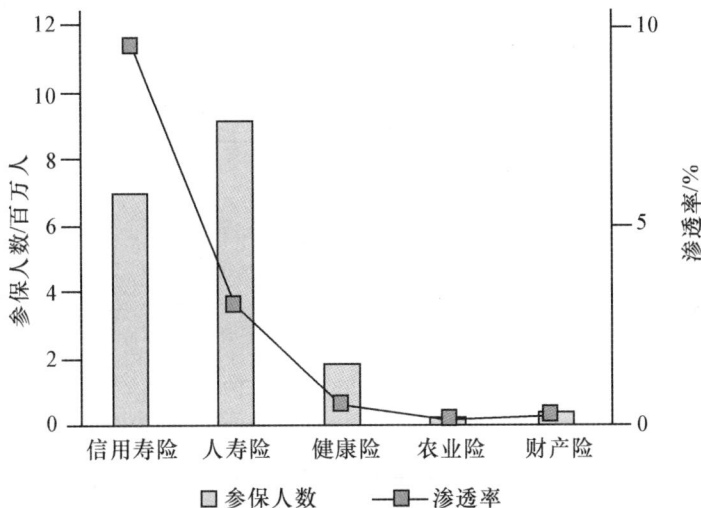

图 6-1　非洲小额保险的覆盖范围与渗透率

资料来源:Matul,et al.(2010)。

在亚洲,小额保险的覆盖人数超过 6720 万人,其中印度的覆盖人数超过 3 千万人。虽然参保绝对量较大,但鉴于该地区庞大的总人口规模,事实上平均而言亚洲仅 2.7% 的贫困人口受到了小额保险的覆盖,超过97% 的低收入人群尚未享受任何的小额保险服务。

---

①　渗透率系指已有的参保人数与潜在市场总规模之比。

（二）国际小额保险的提供主体

从小额保险的供给主体看，主要有商业保险公司、非政府组织、相互保险机构、社区组织等类型。

尽管几乎没有专门从事小额保险的商业保险公司，但这类主体提供的小额保险产品在所有供给主体中是最多的，并且拥有最多的参保人数，尤其是在中南美洲，商业保险公司占了98.8%的份额，处于绝对的市场主导地位（见表6-1）。就产品种类而言，商业保险公司主要提供的是人寿保险，占其所提供的全部产品的67%。其中的原因可能是，相对于健康险和财产险，寿险的经营管理成本较低，从而更易于盈利。对于商业保险公司来说，开展小额保险可以被看作是其履行社会责任的表现，有利于形成与监管部门及政府之间的良好关系，同时在一些中产阶层快速成长的国家里，通过介入小额保险也有助于其扩大品牌认同度。

表 6-1　不同提供主体的小额保险参保人数和区域分布

保险经营主体类别	亚洲	中南美洲	非洲	总计
商业保险公司	28517903	7704622	1726602	37949127
非政府组织	36827202	4581	577413	37409196
相互保险机构	1380369	91035	1002702	2474106
社区组织	186418	—	136861	323279
非正式组织	298100	—	34000	332100
国营保险机构	11177	—	—	11177
其他	—	—	518	518

资料来源：Roth，et al.（2007）。

非政府组织提供的小额保险的覆盖人群占全部小额保险覆盖人群的47%，在亚洲，其是居第一位的小额保险经营主体。在国际范围内，非政府组织是小额健康保险的最大的提供商，这与小额健康保险的保费较多地获得捐赠有关，也与小额健康保险在低收入人群中需求极为强烈有关。这类主体由于不受盈利的驱使，使其能够完全专注于低收入市场，也更愿意尝试提供一些较为复杂的小额保险品种。但该类主体的局限在于大多没有取得经营保险业务的许可证，相对缺乏保险经营知识和管理经验。

相互保险机构则是世界上第三大小额保险经营主体,拥有近 250 万的参保人数。这种机构属于非营利性的、为全体会员服务的保险组织,其拥有专业化的管理并通常受政府相关监管规则的约束,它们通常由社区组织①演变而成。

(三)小额保险的目标客户

从目标客户群体看,主要分为两类(刘如海等,2008;张宗军,2009):第一类是贫困社区或农村经济组织。此种小额保险由农村微型金融机构或商业保险公司开办,在南美和东南亚比较多见,通常具有较明显的商业保险特征。例如在印度尼西亚,由商业保险公司牵头在农村地区发展了小额保险分支机构,主动为妇女编织组织、生猪合作社、奶牛合作社、木器加工组织等生产组织提供小额保险服务,承保意外伤害、火灾等风险,采取集体参保、费用分担的方式,组织内成员可以相互监督。第二类是贫困农户。那些将扶贫作为主要目标的小额保险项目强调要在农村社区中将低收入农户区分出来,使他们成为唯一受援对象。该种小额保险项目一般由非政府组织或社区互助组织牵头开办,例如斯里兰卡的亚斯如互助小额保险项目,孟加拉国的农村妇女健康保险组织等。

(四)小额保险的展业方式

展业方式是影响小额保险扩展的一个重要因素。从国际范围内来看,通过社区组织、非政府组织以及互助组织来销售保险,这是小额保险最主要的展业方式。要成为有效的销售渠道,要求这种渠道必须贴近广大的低收入人群,而非政府组织、互助组织和社区组织联合会恰好与众多的低收入者打交道,并且一般得到了低收入者的信任,这构成其成为最主要的展业方式的内在原因。

微型金融机构也是小额保险的重要销售渠道,此类机构已经为低收入人群提供其他的金融服务,在此过程中,根据服务对象的保险需求,与

---

① 社区组织(Community-based Organizations,CBO)为会员所有、由会员进行管理的一种小额保险经营主体。通常,这种组织由非专业的员工志愿者来运行,在有限的地理区域内从事活动,提供较为有限的保险产品。社区组织在非洲非常普遍。

保险公司合作来为客户提供小额保险服务。而在有些国家,专业经纪公司和服务零售商也成为小额保险的销售渠道。专业经纪公司评估客户的需求,从不同的保险商处获取产品的报价,然后为低收入客户给出适宜的小额保险产品。

如果缺乏高效的展业方式,将无法有效沟通小额保险的供求双方,进而势必限制小额保险向低收入人群覆盖的进程。目前,国际上一些小额保险经营主体正积极寻求新的展业渠道,如尝试通过邮局、化肥供应商、教堂等来销售小额保险。

二、小额保险在我国的发展

2008 年 6 月,中国人寿、泰康人寿、中国太保和新华人寿在山西、四川等九个省(区)启动小额保险的试点。2009 年 4 月试点范围又扩大到河北、内蒙古、安徽、云南、陕西、宁夏等 19 个省(区)。小额保险是健全农村金融服务和社会保障体系的有益探索,其进一步发展既充满潜力与机遇,也面临着一些有待解决的问题。

(一)主要进展

1. 小额保险产品渐趋丰富

国内的部分保险公司现已推出了小额寿险、意外险和附加医疗保险产品,开发了贷款人小额保险系列产品,以满足农民的人身保障需求。以中国人寿为例,目前共推出了 12 种小额保险产品,涵盖了意外伤害、意外死亡和医疗费用等责任(见表 6-2),并正探索开发返还型小额保险产品以及与新农保、新农合相关的小额保险产品,促进小额保险更好地服务于农村贫困人群。

表 6-2　中国人寿农村小额保险产品

种类	具体产品
定期寿险	国寿农村小额定期寿险(A 型) 国寿农村小额定期寿险(B 型) 国寿农村小额团体定期寿险(A 型) 国寿农村小额团体定期寿险(B 型) 国寿小额贷款借款人定期寿险

续表

种类	具体产品
小额意外伤害险	国寿农村小额意外伤害保险 国寿农村小额团体意外伤害保险 国寿农村小额交通意外伤害保险 国寿小额贷款借款人意外伤害保险
附加补偿医疗保险	国寿附加农村小额交通意外费用补偿医疗保险 国寿附加农村小额意外费用补偿团体医疗保险 国寿附加农村小额意外费用补偿医疗保险

资料来源：崔鹏(2011)。

2. 小额保险的覆盖人数逐步扩大

至 2009 年年底，全国范围内农村小额保险累计承保超过 1110 万人次，承保收入超过 2.7 亿元，提供保障金额近 1700 亿元。其中 2009 年新增承保人数超过 871 万人次，新增保费收入超过 2.3 亿元，提供保障金额新增近 1400 亿元。到 2010 年 11 月，仅中国人寿一家公司的农村小额保险的覆盖人数已扩大到 1148 万人。随着试点区域不断增加和参与保险公司日渐增多，农村小额保险的覆盖人数将会进一步扩大。

3. 多种小额保险业务发展模式共存

经过近些年的探索，在我国小额保险发展过程中，逐渐形成了多种业务发展模式。主要包括：一是"全村统保"模式。在该模式下，村委会向农民宣传和介绍保险产品，在农民广泛认可的基础上，通过团险保单对全体符合条件的村民进行统保。二是"联合互动模式"，将小额保险产品作为新农合的有益补充，运用新农合收费渠道提高小额保险的覆盖面。三是"小型团单模式"，由在农村有一定影响力的能人等出资，通过小型团单方式为满足参保条件的特定村民购买小额保险。四是"信贷保险 1+1 模式"，保险公司与农村金融机构相配合，配套提供保险服务和金融服务。上述这些模式取得了一定效果，促进了农村小额保险业务推广。

4. 小额保险初步具有了可持续发展能力

目前我国小额保险的简单赔付率在 35%～65%，公司的综合销售和服务费用占保费收入的比重约为 35%，多数保险公司基本实现了"保本微利"，使小额保险具有商业意义上的可持续发展能力。从客户方面看，续保意愿较好，一些试点地区的续保率在 $70\%\sim80\%$ 。

（二）存在的问题

小额保险的推出为我国农村保险市场的发展注入了活力。然而，小额保险在发展过程中尚存在着一些问题。

首先，保险公司经营积极性不高。小额保险是为低收入人群提供的一种公益性的保险，而保险公司的商业化运作要求实现盈利以确保可持续发展。但小额保险高风险、高成本、高赔付率、低收费、低收益等特点，影响了保险公司开展业务的积极性。由此，未来我国小额保险的推进有待政府支持的加强。

其次，小额保险营销缺乏支持平台。受城乡二元经济结构等因素的影响，我国农村保险业务机构设置较少。加之农村地区人口居住分散、交通不便，给保险公司开展农村小额保险业务带来较多困难。目前我国保险公司受销售网点的限制，小额保险难以更好地为农村地区居民服务。为加快拓展小额保险业务，积极探索多元化的小额保险销售渠道已日趋迫切。

再次，农民保险意识和能力较弱。小额保险主要在经济落后的地区开展，部分人对保险的认识不足，甚至存在一定的偏见，缺乏自主参保的意识。并且，有些农村人口收入水平低且不稳定，尽管小额保险的保费相对低廉，但其中的部分人仍无力承担。向农民传授通过保险转移风险的知识，增强农民保险意识，着力增加农民收入，也是促进实现农村小额保险发展上一个新台阶的重要条件。

最后，小额保险产品设计与农民需求尚不完全适应。一方面，小额保险品种目前主要是定期寿险和意外伤害保险，而农民最急需的是医疗、部分家财、少儿、养老等保障，迫切需要根据实际适当推出创新的保险产品，如开发小额财产保险、发展具有地方特色的经济作物保险等。另一方面，不同地区在经济发展、风险特征方面存在着差异，对保险产品的需求也不完全相同，但保险公司的产品开发往往集中在总公司，未能兼顾不同地区对保险产品的差异性需求，使得提供的产品难以较好地适合低收入人群。

(三)进一步发展小额保险的现实意义

我国低收入者数量众多。相对于庞大的小额保险需求群体,目前小额保险在规模、产品结构及供给主体上远未能满足低收入者的需要。国内农民人均年保费支出现只占其收入的 1%,如果这个比例提高到 5%,保费增量就将相当可观。无疑,小额保险业务存在着很广阔的市场发展空间。在我国全面建设小康社会的大背景下,进一步加快发展小额保险,对于完善农村社会保障体系,增强低收入人群风险防范能力,健全农村金融体系等有着十分重要的现实意义。

其一,有利于完善农村社会保障体系。社会保障体系按照保障程度和范围可以分为三个层面:第一层面的保障,是政府提供的最低层次的保障,包括社会保险、社会救济、社会福利等。第二层面的保障建立在第一层面的基础上,是由保障对象所在的企业和个人共同出资,采用团体福利的形式,以提高保障程度。第三层面的社会保障,是在前两个层面的基础上,较有财力的公民通过自身的投资安排,充实个人社保账户(司鸣,2011)。目前,我国农村地区虽开展了新农合、养老的试点,但实施的程度和效果还较为有限,许多低收入者在第一、二层面的保障仍显不足。而小额保险作为一种特殊的保险手段,既借鉴了商业保险高效的运作方式,又具有社会保险的普遍性,能够为低收入群体提供保障,与商业保险、社会保险、社会救助共同构筑多层次的社会风险抵御体系,促进完善我国现有的社会保障体系。

其二,有利于增强低收入和弱势群体的风险防范能力。低收入人群储蓄和财产非常有限,在遭遇风险后,收入的损失或花费的增加往往易使其陷入困境。随着城市化进程的快速推进,农村劳动力大量流动,农民工面临意外伤害、工伤等风险因素显著增加。同时,我国自然灾害频发,灾害带来的损失常给农民带来灾难性的打击。而小额保险则可为低收入和弱势群体在意外、医疗、家财等方面提供保险,借助保险的风险聚集-分摊机制,提高其抵御风险的能力。

其三,有利于完善农村金融体系。小额信贷是向贫困人口提供脱贫资金的有效渠道,但作为放贷主体的小额信贷机构面临着低收入群体一旦发生意外后无力还贷的风险。而小额保险能保护低收入群体积累的财富免受自然灾害等意外风险的吞噬，能在借款人因灾丧失还款能力的情况下保证贷款的安全，使小额信贷机构实现持续经营。因而，小额保险与小额信贷互为补充，同信贷、储蓄等一样，小额保险是农村金融市场中一项必要的金融工具。此外，通过发挥小额保险的辐射带动效应，也可以推动农村市场的其他险种加快发展，推进农村金融保险市场的开发与深化。

第二节 小额保险的特征与产品类型

小额保险以传统商业保险和社会保障体系没有完全覆盖到的中低收入人群作为保障对象，将更多的中低收入者纳入保障体系，其产品主要包括小额寿险、健康险、意外险以及小额财产保险，承保风险主要是危及中低收入人群生产和基本生活稳定的疾病、意外等风险。

一、小额保险的主要特征

小额保险是传统保险的衍生物，它必然具备传统保险的一些特征。然而，由于小额保险所针对人群的特殊性，与传统的保险相比较，其也具有自身的一些特点。

（一）保障对象具有特殊性

普通保险倾向于将低收入人群和高风险人群排除在业务范围之外，而小额保险却是努力扩大能够享受保障的人群。小额保险的保障对象主要是中低收入人群，此类对象处于相对弱势的阶层，需要一定程度上的安全保障，但通常要求他们有一定的购买力，能够负担定期缴纳小额保费的条件，从而一般不包括无法负担保费的赤贫阶层。并且，小额保险提供者为了节省成本费用，前端严格的核保筛选、排除高风险投保人的努力从一开始就被放弃，而是通过覆盖尽可能多的被保险人来达到分散风险的目的。发展小额保险的目标就在于使低收入人群获得社会保护，使低收入人群摆脱因病致贫、因灾返贫的贫困陷阱。

（二）保费低、保额低

保费低、保额低是小额保险最突出的一个特点。小额保险服务低收入目标群体的特点，决定了其只能收取低水平的保费。也正是保费低的特征，小额保险才能引起低收入人群的注意，使其产生市场号召力，从而打入低收入市场并且长期生存下去。保费的高低不仅与保额相关，也与保险公司降低成本有关，小额保险经营机构通过降低风险成本及内部运营费用，降低综合保费，使客户成为真正的受益者。小额保险缴纳的是小额保费，同时保险赔偿和支付的水平也较低，仅以保障被保险人的基本生活为标准。这一特征也很好地反映了小额保险与普通低保费高保障保险产品的区别（杨林林，2009）。比如，航意险是典型的低保费、高保障的保险产品，其与小额保险在保障程度上有着明显的区别。

（三）针对特定风险

传统保险的保险标的所涉及的范围较为广泛，然而这意味着风险增大，相应地保费也会提高。但是，有些风险发生的概率很低，且这些风险并不是低收入人群优先关注的。与之相对，小额保险将保险标的定位于对低收入群体来说发生频率较高、且一旦发生对其家庭产生毁灭性后果的风险。例如小额保险中有针对家庭主要劳动力而设计的工伤或者意外伤害保险，家庭主要劳动力是家庭收入主要来源，在没有保障的情况下，主要劳动力一旦发生风险事故，就会断掉家庭收入来源，进而必然减少消费，更严重的是家中的孩子可能面临失学的危险，给其家庭带来严重的后果。因而，小额保险所针对的主要是低收入群体的特定风险，否则风险保障范围的扩大导致成本费用的上升会令低收入人群无法负担。当然，随着小额保险事业的发展，其所覆盖的特定风险范围也会不断扩大。

（四）流程相对简单

流程简单既是由小额保险客户特征所决定的，也是提供小额保险的保险机构降低成本的需要。经营流程的简化可以更有效地吸引客户，增强客户对保险产品、保险经营机构的信心，这对于吸引低收入群体来说尤显重要。而对于保险公司而言,简化展业、承保、收费和理赔等过程,可使小额保险易于销售、管理,提升公司的运营效率,减少公司费用成本,从而最终降低保费。当然,简化流程并不意味着降低服务标准,低收入人群对产品品质同样有很高的要求(桂佳,2009)。因而,简化流程主要是着眼于简化对低收入客户来说内在价值较低的一些不必要的程序、环节与规则,进而将最具价值的服务和保障传递给低收入客户。

(五)供给主体和销售渠道多元化

小额保险的提供主体不仅包括商业保险机构,还包括互助保险组织、非政府组织、社区组织等各种社会经济组织。同时,小额保险保费低,相应地佣金也低,因而传统的保险经纪人和代理人不愿意销售。由此,更多的小额保险销售渠道是没有获得资质的或者不受监管的代理人(张兴,2009)。监管部门一般允许保险公司承担代理人的风险,从而这些小额保险代理人不必直接由监管部门进行管理。此外,小额保险还常采用团体直销的方式。

(六)条款浅显易懂

传统的保险合同一般按照严格的法律文书来制订,包括复杂的投保条件、保险利益,通常条款众多,专业性很强。详尽、规范的合同虽然有助于保护保险消费者的利益,但对于低收入人群这一小额保险的客户群来说,可能会产生"读不懂"的问题。低收入人群受教育程度普遍不高,许多人对于法律知识与索赔程序的认知极为有限,让他们去了解并购买一个条款复杂的保险产品,难免会困难重重。由此,产品简单易懂对于小额保险的发展有着重要意义。为了实现小额保险有效地向低收入群体覆盖,必须简化小额保险条款,尽量采用平实、简明的语言,尽量减少除外责任,使小额保险条款以简单易懂的方式呈现在目标客户面前,使其能够清楚了解需要花多少钱,什么是保险责任范围内的,能够得到何种程度保障等,以便更好地与低收入人群的要求相一致。

(七)兼顾社会效益和经济效益

在发展中国家,小额保险早期较多地是由民间组织发起,或由非政府组织提供。随着小额保险的发展,其市场前景和独特作用逐步被政府、低收入人群和保险公司所认识,于是有些政府将小额保险纳入社会保险体系,以便让更多的低收入人群参与到保险计划之中。与此同时,一些保险公司也开始开发小额保险市场,尝试向低收入人群提供服务。在此情况下,小额保险被分化成两种,一种保留其不营利的本质特性,继续由民间组织提供,另一种则由保险公司以薄利多销的原则进行售卖。但不管是哪种类型的小额保险,都具有稳定社会持续发展、安定社会生活的社会效应,同时也有积累社会资金、促进经济发展的经济效应(桂佳,2009)。

二、小额保险的主要产品

从国际经验看,小额保险的主要产品类型包括小额人寿保险、小额意外保险、小额健康保险及小额财产保险等四类,各类产品所覆盖的人数见表 6-3。

表 6-3 各类小额保险产品的覆盖人数 (单位:人)

产品 地区	小额人寿保险	小额意外保险	小额健康保险	小额财产保险
中南美洲	7545057	105000	445876	600
非洲	2036141	1603000	3053778	1600000
亚洲	54158332	39180508	31697038	34557434
总计	63739530	40888508	35196692	36158034

资料来源:Roth,et al.(2007)。

(一)小额人寿保险

小额人寿保险是以人的生命或身体为保险标的的一种小额保险。相对于其他的小额保险产品,小额人寿保险易于定价,易于界定保险事故,投保人的欺诈及道德风险也低,并且可方便地与其他的微型储蓄和信贷产品相连接。

1. 信用人寿保险。信用人寿保险是小额寿险中较为普遍的产品。它是以小额信贷的借款人的生命或身体作为保险标的,以借款人的生死作为保险事故的保险。当保险事故发生时,保险人替被保险人偿还小额信贷机构的贷款,保险金额一般以贷款额为限,少数场合下也包括丧葬费及被保险人家庭用以维持生计的费用等其他费用。信用寿险主要保障贷款机构在借款人身故后能够收回全部贷款,当收到被保险人的死亡证明材料后,保险人就将支付剩余的未偿贷款给小额信贷机构。通常这种保险是强制性的,所有小额贷款申请人都要求购买。放贷机构是保单的受益人,但由借款人缴付保险费。保险费一般自动从贷款额中扣除或者加到每月的还款额上。

信用人寿保险拥有相对较多的参保人数,这是同小额信贷的广泛开展相联系的。在小额信贷的发展过程中面临着一个问题,即借款人的意外将引发还贷风险。配合小额信贷开展的小额信用寿险因其可以规避因借款人死亡不能按时还贷的风险,而成为小额信贷机构防范贷款风险的手段。

2. 定期寿险。定期寿险系在明确约定的保险期间内发生保险事故(死亡)而承担保险责任的人寿保险,这是商业保险机构最常提供的产品。小额定期寿险的目标客户主要定位于低收入家庭的主要劳动力。低收入家庭的主要劳动力出现身亡,往往会对其家庭造成致命的打击。将其作为目标客户,对于低收入者具有吸引力,并可为他们提供有效的保障。对于小额保险经营机构来说,小额定期寿险容易定价和控制风险,但也面临着选择合适的分销渠道及控制费用支出等挑战。

3. 长期寿险。这种小额寿险要求投保人按照较长的期限(通常超过5 年)连续地缴纳保费,如果被保险人在保险期满时仍然生存,则可以领取一笔保险金,一旦被保险人在保险期间死亡,则受益人可领取保险身故金。该类产品可以给保险公司在长期内带来稳定的收入,但要求具备复杂的风险管理以及精算技术和更多的资本,并为投保人提供更高程度的保障。由于低收入人群收入不稳定,小额长期寿险在产品设计上的灵活多变对于保单的持续是较为必要的。同时,长期寿险产品的相对复杂性也对销售渠道的开发带来困难。尤其是,鉴于微型金融机构一般将长期寿险看作对其获取资金来源的竞争,从而微型金融机构难以成为长期寿险保单理想的销售渠道。对于投保人而言,现有的国际经验表明,小额长期寿险产品对于改善低收入人群保障状况的帮助有限。原因在于:

合同期限较长,货币贬值、通货膨胀、提前取现中止合同等因素易于造成保单价值不高。

(二)小额健康保险

小额健康保险是以被保险人的身体为保险标的,当被保险人因疾病致身体伤害时,对其发生的直接或间接的医疗费用提供补偿的保险。考虑到低收入人群的特点,小额保险市场上开发的小额健康保险主要是医疗费用补偿型的产品,住院补贴等则不是必要的。这是由于低收入人群收入较低,出现疾病无法承担高额的医疗费用时,最需要的是有钱治病。

对于低收入人群来说,健康问题将会从两个方面减少其收入:其一,治疗费用的开支;其二,更为重要的是,因病不能工作而失去收入来源。特别是,在发展中国家,低收入家庭从事生产经营往往严重依赖劳动力的投入,因病无法从事工作也就意味着丧失了主要的生产要素的投入,这使得因病不能工作对于这些家庭生活水平的影响更显著。健康问题成为导致贫穷的一个决定性的风险,相应地,小额健康保险也是小额保险中需求最为旺盛的产品。

从表 6-3 可以看出,小额健康保险是小额保险中覆盖人数最少的产品。既然低收入人群对它的需求强烈,为何其没能广泛地得到推行呢?其中的原因在于,小额健康保险在逆向选择、道德风险和欺诈上的风险相对突出,保险人所要面临的风险和损失相对较大,而其面向的是中低收入人群,保费不宜太高,从而制约了产品在市场中的推广程度。事实上,在国际范围内,小额健康保险主要是由依靠捐赠的社区组织型的保险机构提供的,仅有较少的提供小额健康保险的机构实现了可持续发展。

(三)小额意外保险

小额意外保险为被保险人由于突发的、外来的、非本意的、非疾病的客观意外事故造成的身体的伤害,并以此为直接原因致使被保险人死亡或残疾的,由保险人向被保险人或受益人给付保险金的一种小额保险。小额意外险主要的目标客户一般也定位于低收入家庭的主要劳动者。遭遇不同的意外事故,所需的保费是不相同的,因而此类产品的费率也有所不同。现实中,还存在一些不是单独提供意外保障的寿险产品中,对意外死亡给予更高的保险金额。例如孟加拉国三角洲人寿(Delta Life)提供的意外附加险,可附加在其寿险产品之上,当保户乘坐公共交通工具发生事故或遭雷击、电击、烧伤、蛇咬等事故导致身故或永久残疾时,其保险金将按双倍给付(何欢,2009)。

小额残疾保险通常适用于易于判断和证实的伤残上,如失去一条手臂或腿等。而针对较难认定的职业残疾的小额意外险,由于运作成本高,易于发生欺诈,管理难度大等,一般较难进入低收入市场。用于保障永久残疾的小额意外险产品大多在意外事故发生时给予一次性的赔付,而保障临时伤残的小额意外险产品经常跟与小额信贷一起销售的寿险产品相关联。

目前小额意外死亡与残疾保险无论从覆盖人数还是产品数量方面来看,在南亚地区的发展规模都相对较大,且这类产品较多地由商业保险公司所提供。相对而言,小额意外保险的保费较低,同时对于保险经营机构来说也有着较好的可盈利性。

(四)小额农业和财产保险

小额农业和财产保险主要是为被保险人的农业生产活动和财产遭受损失或毁坏时提供一定的保障,如对农作物、房屋、农机、家庭财产等领域进行的保险。在国际上,小额财产保险的覆盖人数相对比较有限。造成这种局面的根源在于,一方面,不同于寿险,小额财产保险在承保时对投保的财产进行估价、当财产遭到破坏时对破坏的程度及真实性进行确认等均较为困难,交易成本居高不下;另一方面,此类保险的诈骗和道德风险也比较突出,尤其是在像牲畜保险、农村作物保险、农机设备保险等产品中。此外,小额财产保险一般是以个人而不是团体为营销对象,由此大幅推升保险提供商的销售成本,进而推高保费,致使部分低收入人群无力购买,这也构成了小额财产保险在低收入人群中广泛推行的障碍。

为解决小额农业保险中的道德风险与欺诈问题,一些国家推出了基于指数的保险产品(index based insurance products),最有代表性的是气象指数保险。在许多发展中国家,农业生产是许多低收入者收入的最重要来源,然而来自农业生产的收益常常不稳定,其受到变幻无常的天气等因素的左右。气象指数则把直接影响农作物产量的天气条件指数化,每个指数都有对应的农作物产量和损益。而保险合同以这种指数为基础,当指数达到一定水平时,投保人可获得相应数量的赔偿。由此,在气象指数保险中,赔付的数量与一种客观的指数(如降水指数)相挂钩,从而跟传统的农作物和牲畜保险相比能够减少人为故意和欺诈问题。并且,气象指数保险按照气象指数而不是实际损失进行赔付,不需要专门农业技术人员查勘定损,保险提供商的运营成本可以降低,承保过程也由于不必区分投保人风险状况而能够得到简化。

第三节　小额保险运营

小额保险的运营主要包括产品定价、市场营销、保费收集、索赔理赔和风险控制等方面内容。

一、产品定价

合理的定价能培养人们对小额保险产品的信任,而经验数据则是设定保险费率的基础。考虑到小额保险的销售通常在较落后的低收入市场,精算师面临着缺乏足够的经验数据来供定价使用的显著障碍。因为低收入市场一般缺乏专门的统计数据,只能尽可能利用来自其他类似产品的人口统计和数据。同时,即使保险精算师定价时可以利用其他类似的人口统计和数据,但要想尽快获得稳定的死亡率和疾病发生率亦较困难。对于精算师来说,数据越多,越符合大数法则,可信度越高。然而小额保险产品需要销售相当一段时间之后才能积累到足够的数据供使用,从而意味着在业务经营开始的一段时间内,理赔发生率也存在着很大的不确定性。当然,小额保险业务管理流程与传统商业保险相比要简单一些,其保费的收取常采用成本较低的方式,并多采用快速理赔,这是构成小额保险降低其定价的有利因素。

（一）定价的原则

对于小额保险的定价,应主要遵循三个原则,即保费充足、合理、公平,薄利多销和允许突破(张静,2008)。

在产品定价时,必须保证费率充足、合理,这是保证小额保险市场健康发展的基础。若小额保险产品定价不慎,可能会导致产品经营出现亏损,从而影响产品销售的可持续性和客户的信心。但设定充分、合理的保费,不是一味地假设较差的理赔状况、较高的死亡率和发病率。因为上述做法虽可避免保费出现亏空,但违背了公平的原则。再者,产品的费率不应频繁变更,特别是不应提高。保费的提高意味着客户支出的增加,可能引发其对产品的不信任。

小额保险如同小额信贷,是减轻贫困的重要手段,具有商业性和公益性双重性质,因而保险机构经营小额保险不能以获取高额利润为目的。小额保险的保费较低,保险机构在经营小额保险时,要想有所盈利,应注重最大限度地扩大覆盖面,吸引更多的客户参加保险。特别是在业务开展的初期,保险机构只有通过合理的保费,吸引大量的客户购买,才能保证小额保险的持续发展,同时也便于取得比较可靠的经验数据。

小额保险市场相对缺乏充分的实践经验,需要逐步探索、发掘其规律。为使产品定价适合低收入市场,保险机构可以放宽费用假设,放低生命表上的预期死亡率。

（二）定价需考虑的因素

作为保险产品,小额保险产品定价因素与一般保险产品定价因素基本相同。但小额保险定价过程中,应特别注意费用、死亡率、退保率、参与率等因素(何欢,2009)。

一是费用。小额保险的运营费用按照保额或者保费分摊通常会高于非小额保险。若小额保险运营费用未能单独核算,就需特别注意。因为小额保险的每单保费收入远低于常规产品,若费用分摊时不考虑这一方面,势必将使分摊变得不合理。而如果未充分考虑所有涉及小额保险的成本,则也会出现看不见潜在亏损的危险。

二是参与率。在参与率较低的情况下,逆向选择的影响将大大增加。在产品定价时,应充分考虑小额保险是强制还是自愿,是团险还是个险。

三是死亡率。应将未来几个月或几年可能的投保者考虑在内。如果新的一群参加者由较年轻的群体组成,那么总的群体的死亡率将会随时间的推移逐渐降低或保持稳定。相反,若未来新加入者的参与而使群体年龄增加,则很有可能引发总死亡率上升。

四是小额保险群体的规模。一般来说,小规模的团体死亡率估算比大团体的更不准确,并且对于保险机构而言,面向规模小的团体开展小额保险,其运营费用比例比大团体的要高。

五是退保率。高退保率将会增加费用支出。但如果产品含有部分储蓄功能,保险精算师可能会选择使用失效或退保保单的现金价值来贴补其他部分的支出,从而在整体上降低保险费率。

二、促销宣传

开展小额保险业务的公司一旦确立目标客户群,就要把展业宣传作为经营环节的一项重要工作来做,其主要内容包括宣传小额保险的作用和保险公司的诚信等方面(张兴,2009)。一方面是宣传小额保险的积极作用。在宣传时宜突出保险的正面积极作用,避免加深保险在低收入者心中的负面印象,重点突出保险对低收入者的保护和管理风险的作用。另一方面是宣传保险公司的诚信。支付赔款的时间较长难免会对保险公司在低收入人群中的形象带来不利影响。为此可以把保险公司与低收入者所信赖的人或机构相结合,比如突出与政府或社团的良好合作关系等。

考虑到低收入者的理解能力有限,接触的宣传媒体也有别于一般客户,因而在宣传方式上应注意因人而异。要根据目标人群文化程度的实际情况安排相应难易程度和表现形式的演示资料。例如,在农村地区,当集体观看文艺表演、电影之时播放小额保险宣教短片就不失为一种适宜的宣传手段。同时,国际经验表明,小额保险有着自身独特的销售文化。从而保险机构对小额保险的宣传不应局限于只是反复叙述小额保险产品的类型及它们的好处等,关键的是要积极利用已经从小额保险中获得帮助的客户,将其作为宣传的载体,以让低收入者通过周围的实例直观体验到小额保险的价值所在。在建立营销员队伍来销售小额保险产品时,保险机构也应注意方法的选择,可倡导营销员首先购买,以便现身说法,促进产品的渗透。

三、保费收集

对小额保险经营者来说,不同的保费收取方式面临着不同的交易成本。选择何种保费收取方式,主要是根据目标人群的具体情况以及其能否获得其他金融服务等因素。

(一)保费收集的主要方式

1. 人工直接上门收取。人工上门收取的方式,既可以是业务营销人员上门单独收取,也可以是通过团体机构一次性集体收取。这种方式的主要优势是,保费的征集无须依赖其他代理机构,可实现保险机构和客户的直接交流,便于强化其与客户的关系。但采用人工直接上门收取,会造成较高的人力资源成本,同时在该方式下保费的经手人数多,涉及众多的人为因素,加大了欺诈行为发生的可能性。

2. 中介机构代收。如果保险机构在目标市场未建立成熟的营销网络,可以借助代理机构在销售小额保险产品的同时代为收取保费。由社区组织、合作社等代理机构的销售人员负责向辖属的客户收取保费并上缴代理机构,代理机构将保费汇总后统一转到保险机构账户。这种方式的优势在于可节省建立网点的成本,有助于保险产品快速渗透到基层。而其主要缺点是一般需要向代理机构支付手续费,这会影响到产品的费率,且售后服务、理赔也存在一些不便。

3. 直接从储蓄账户中扣除。如果低收入保单持有人开设了储蓄账户,在预先征得开户人同意的前提下,则可由银行机构将保费从开户人账户中直接扣除,然后转交保险公司。这种直接从储蓄账户中扣除的方式显然有助于小额保险机构降低经营成本及保费收取的风险。倘若低收入人群没有开设储蓄账户,则该方式就不具备可行性。因此,为了使更多的低收入者获得小额保险服务,让低收入者获得储蓄服务是一个重要的条件。

4. 从储蓄账户利息中支付。保单持有人在一个特殊的银行账户中存入一笔资金,然后定期以利息来交纳保费,而无须进行其他额外的交易。实践证明,这种方式是较受低收入者欢迎的保费支付模式,因为它给低收入者一种预先缴纳了全部保费的感觉,不易产生如果没有发生保险事故而觉得白交了保费的想法。当然,这种方式要求投保人拥有适量的存款从而得以产生足够的利息用来支付保费,尤其是,当需要缴纳的保费额度较大时,将使得采用这种方式的难度大增。并且,在利率下调的市场环境下,以利息充当保费的方式也需要面临利息额不足以支付保费的风险。

5. 从小额信贷账户中扣除。实践中,许多小额保险产品都与小额信贷产品直接挂钩,因而将保费缴纳直接与贷款挂钩可有效降低交易成本,并使手续简化。具体的缴费方式则包括预先缴纳现金、在分期还款时同时缴纳保费、将保费计入贷款利息、还款时在贷款额总数上加上保费及直接从贷款额中扣除等形式。预先缴纳现金方式的透明度较高,但因存在大量现金转手,容易诱发欺诈;在将保费计入贷款利息、在分期还款时同时缴纳保费等方式下,保费征集过程的透明度较低,可能会发生借款人(投保人)未意识到其已经投保的现象;在贷款额总数上加上保费和从贷款额中扣除保费等形式中,借款人需要为所交保费支付利息,易于引起借款人的不满。

(二)保费收取的时机与频率

低收入人群的收入具有季节性和不稳定性,小额保险在收取保费时应该考虑低收入人群收入的这种特点,努力把握保费收取最佳时机。合适的时机应当是在低收入群体拥有资金最多的时候,因为他们愿意在拥有较多现金时缴费。同时,若有众多的低收入者均从同一个源头获取收入时,保险商应尽力争取让资金源头同时来为投保人批量支付保费。此外,在能够有效控制经营成本和改进管理水平的前提下,小额保险经营者也可允许投保人在某一时间段内而不是一定得在特定时点缴纳保费的灵活的支付方式,以适应低收入人群收入不稳定的客观情况。

除了收取时机外,适宜的缴费频率也值得重视。理论上,对于小额保险经营者来说,理想的情况是投保人一次预先交足保费,可是低收入保户一般难以做到这一点。因而,按月、按季等分期缴费的方式成为客观的选择。在具体频率的设定上，一方面是要考虑频率的变化对保险机构交易成本的影响，通常情况下，当交费趋于频密时，会导致保险机构交易成本上升；另一方面则要考虑频率的变化对客户支付负担的影响，当保费收取时间跨度延长时，会令客户一次支付的金额加大、支付压力上升。究竟是按周、按月、按季还是按年等来规定定期缴费的频率，主要是权衡上述两方面因素后作出决策。

四、理赔

从流程上看，与一般的保险相类似，小额保险的索赔与理赔处理主要包括四个步骤：一是被保险人确认发生了保险责任范围内的风险事故；二是被保险人递交要求的索赔文件和申请；三是保险人对索赔申请进行核实确认；四是保险人和被保险人之间完成理赔过程。为有效降低保险机构的成本，增强低收入者对保险产品的信心，简化索赔程序、加快赔付速度则成为小额保险理赔管理中需要强调的重点。

由于低收入人群缺乏资金来支付风险成本，其对保险金渴求十分突出，为此小额保险应该在加强风险管理的前提下尽量简化理赔手续，避免如同传统保险中的复杂程序，过于严格的索赔程序难免会阻碍小额保险的发展。简化索赔程序的基本措施是接受替代性索赔文件。鉴于低收入人群要获得如死亡证明、警方报告等的索赔文件常常相当困难，既耗时又费钱，小额保险经营机构可采用其他替代文件以完成理赔过程。

实现快速有效地理赔，可避免投保人出现不满情绪，并促进保单的后续销售。为了加快赔付速度，要求小额保险经营机构建立分散型理赔管理系统，允许其各级分支机构和保险中介机构在收到全部合理的、必要的索赔资料后，及时支付保险金。在一些场合下，当受益人提供所需要的初步资料时，保险机构可先期支付部分保险金，以尽快完成赔付，同时促进受益人积极收集索赔文件。

实践中，由于保单已经失效而导致索赔被拒的发生率在小额保险领域相对较高。特别是在分期交纳保费的小额保险中，投保人并未意识到，只有按期支付保费，保险合同才有效，而误以为保单长期有效，在保单失效的情形下继续提出索赔，结果被拒。由此，小额保险经营机构应该为目标客户提供详细的手册，使其充分了解所购买的保险产品，并给其提供灵活的缴费方式,以提升保单的有效率,促进理赔的合理性和公正性,同时维护保险机构自身的公众形象。

五、风险控制

小额保险风险控制主要包括两项内容:建立损失预防机制和引入损失最小化理念(张兴,2009;何欢,2009)。

第一,建立损失预防机制。损失预防的目的是提前避免险情的发生。建立损失预防机制,可以降低保险索赔的数量和额度,控制小额保险经营机构的支付费用,保障机构的长期性收入。损失预防的关键是为客户提供建议,对其进行相关培训,让其能更好管理自身风险,使保险不局限于一个简单的"先收钱,后赔付"的过程,而成为保护人们的一种全面服务。常见的损失预防机制主要有三项:一是在不损害基本生活需求的前提下,鼓励客户加强防病抗灾能力,降低健康风险。比如饮用净化水,锻炼身体,从而减少健康和人寿保险的索赔。二是与从事健康服务的专业性非政府组织合作,或参与政府的防疫计划,支持公共健康措施。如小额保险经营机构参与各种卫生运动和健康推广活动,提倡健康的生活方式,推动传染性疾病的宣传防范工作等。三是小额保险经营机构独立开展战胜疾病与环境危害计划,通过提供诸如免费的预防、健康管理和生活方式顾问咨询,降低疾病等发生概率。

第二,引入损失最小化理念。当损失发生时就要考虑最小化损失造成的影响,即将损失程度降到最低。目前可采取的方法:一是加强对被保险人的宣传教育,使被保险人在相应的状态采取正确的行动;二是小额保险提供者联合起来建立自己的基础设施,包括教育、咨询、电话外伤治疗等。

参考文献

[1] Levin, T. and D. Reinhard. Microinsurance Aspects in Agriculture. Discussion Paper, Munich Re Foundation, 2007.

[2] Matul, M., M. J. McCord, C. Phily and J. Harms. The Landscape of Microinsurance in Africa. International Labour Organization, Working Paper No. 4, 2010.

[3] Roth, J., M. J. McCord and D. Liber. The Landscape of Microinsurance

in the World's 100 Poorest Countries. The Microinsurance Centre, LLC，2007.

[4] 崔鹏. 中国人寿农村小额保险业务的发展与启示. 中国保险,2011(5).

[5] 桂佳. 小额保险的理论研究及问题探析. 西南财经大学硕士学位论文,2009.

[6] 郭吉桐. 险企发力小额保险　国寿模式成主流. 人民网,2011-10-20.

[7] 何欢. 小额人身保险发展的国际比较分析及启示. 西南财经大学硕士学位论文,2009.

[8] 刘如海,等. 发展小额保险的国际经验及对策建议. 上海保险,2008(5).

[9] 司鸣. 论小额保险对当前我国完善保险体系的重要性. 致富时代,2011(4).

[10] 宋雅楠,等. 农村小额保险的可持续发展. 经济导刊,2010(10).

[11] 王卫国,等. 农村小额保险的制约因素及对策. 经济导刊,2010(10).

[12] 杨林林. 我国小额保险发展策略及路径研究. 厦门大学硕士学位论文,2009.

[13] 张静. 我国开展小额保险研究. 新疆财经大学硕士学位论文,2008.

[14] 张兴. 中国小额保险发展研究. 南开大学博士学位论文,2009.

[15] 张翼飞,等. 从历史深处看小额保险的产生与发展. 上海保险,2008(12).

[16] 张宗军. 小额保险业务的国际比较与我国的发展. 金融发展研究,2009(3).

第七章　小额保险理论

　　小额保险为低收入人群提供了风险管理工具,其巨大的发展潜力已成为客观事实。加强对小额保险的理论分析与研究,对于进一步推动小额保险的创新发展无疑是十分必要的。

第一节　小额保险的理论基础

　　从经济学角度分析,小额保险产生和发展的理论基础主要涉及风险管理理论、利基战略理论、金字塔底层理论及需求层次理论等。

一、风险管理理论

　　风险管理就是研究风险发生的规律和风险控制的技术,通过运用各种风险管理技术和方法,有效控制和处置所面临的各种风险,从而达到以最小的成本获得最大安全保障的目标。有效的风险管理可以使经济主体以较低的成本避免或减少风险可能造成的损失。经济主体通过制定各种风险防范对策,就能够在外部环境波动的情况下,仍然保持相对稳定的收入和支出,保证生产经营活动免受风险因素的干扰。同时,一个拥有健全的风险管理体系的企业或组织在社会公众中可以树立良好的形象,赢得客户的信任,从而实现在激烈的市场竞争中不断发展壮大。

　　不同类型的风险具有不同的特点与性质，经济主体可以有针对性地采取不同的风险管理策略。基本的风险管理策略包括风险分散策略、风险预防策略、风险对冲策略、风险规避策略和风险转移策略等。

　　风险分散策略也称为风险组合策略，是指利用不同风险类别的相关性，取得最优风险组合，使这些风险加总得出的总体风险水平最低，同时又可以获得较高的风险收益。具体内容包括资产种类的分散、行业的分散、地区的分散和客户的分散等等。例如，经济主体可持有多币种外汇头寸，这样就可以用其中某些外汇汇率上升的收益弥补某些外汇汇率下跌的损失。

　　风险的预防策略是指在风险尚未导致损失之前，经济主体采用一定的防范性措施，以防止损失实际发生或将损失控制在可承受的范围以内的策略。预防是风险管理的一种传统方法，这种策略安全可靠，对不容易通过市场转移或对冲的风险十分重要。例如，定期体检，可因获得医生的嘱咐或及早防治，减少疾病的发生机会及降低严重程度。

　　风险对冲策略最初出现在大宗商品交易中，交易商为了保护未来在现货市场的交易，通过事先在期货市场建立相反头寸的操作，达到规避价格波动风险的目的。当其中一种交易亏损时，另一种交易将获得盈利，从而实现盈亏相抵。后来在金融市场也出现了类似的避险操作，人们利用金融期货和金融期权等衍生工具，在买入一种资产的同时卖出另一种资产，以此达到套期保值、规避风险的目的。随着信用衍生工具的发展，风险对冲不仅可以用于对冲市场风险，也可以对冲信用风险。

　　风险规避策略是一种比较保守和被动的风险管理策略，它是一种事前的风险控制手段，具体指在风险发生之前，通过风险识别手段识别某项业务经营活动可能存在的风险，进而有意识地采取措施回避，主动放弃或拒绝承担该种风险。风险规避与风险预防有类似之处，二者都可使相关主体事先减少或避免风险可能引起的损失。但预防较为主动，而规避则较为消极保守，在避开风险的同时，或许就放弃了获取较高收益的可能性。经济主体不能一味地采取风险规避策略，应认真权衡收益与风险，一般只在无法采取措施将风险概率及影响降低至可接受的水平，或采取措施所需费用将超过期望收益时，才适合采取风险规避策略。

　　风险转嫁策略是指经济主体通过各种合法手段将其承受的风险转

移给其他经济主体,从而避免自己承担风险损失。资产多样化只能减少经济主体承担的非系统风险,对系统风险则无能为力,只能寻找适当的途径将其转移出去。

在以上风险管理策略中,风险转嫁是一种相对于风险规避更为积极主动的事前风险防范措施,也是应用范围最广、极为有效的风险管理手段。而保险就是转嫁风险的最为常见的方法。经济主体通过向保险公司投保,以支付保险费为代价,就实现了将风险转嫁给保险公司。对于低收入个人、贫困家庭及微型企业等经济主体来说,其也会面临各种类型的风险,相应地,管理这些风险比较经济的方式就是参加保险。

二、利基战略理论

利基(niche)是指针对企业的优势细分出来的市场,这个市场不大,且没有得到令人满意的服务。产品推进这个市场,有盈利的基础。按照菲利普·科特勒在《营销管理》中给利基下的定义:利基是更窄地确定某些群体,这是一个小市场并且它的需要没有被服务好,或者说"有获取利益的基础"。而利基战略,则是指企业通过专业化经营来占领这些市场,以最大限度地获取收益所采取的策略。利基战略和波特提出的目标集聚化战略存在联系但也有区别,它们都是在对目标市场进行细分的基础上作出的,但在对市场的选择上,利基战略侧重于选择那些强大竞争对手并不是很感兴趣的领域,而目标集聚化战略则强调对所选领域的持续占领。

实行利基战略的主要意义在于,在整个市场上占有较低份额的公司可通过灵活巧妙地拾遗利基,见缝插针,从而实现高额利润。实施利基战略之所以能给企业带来巨大收益,其根本原因就在于进行市场利基的公司事实上已充分了解目标顾客群,因而能够比其他公司更好、更完善地满足消费者的需求。并且,市场利基者可依据其所提供的附加价值获取更多的利润额。总之,市场利基者获得的是"高边际收益",而密集市场营销者获得的只是"高总量收益"。

一般来说,理想的利基市场具有以下特征:第一,该市场具有足够的规模与购买力,能够盈利;第二,该市场具备发展的潜力;第三,强大的竞争者对该市场不屑一顾;第四,公司具备所必需的能力和资源以对这个市场提供优质的服务;第五,公司已在顾客中建立了良好的声誉,能够以此抵挡强大竞争者的入侵。

利基战略的起点是选准一个比较小的产品（或服务），集中全部资源攻击很小的一点，在局部形成必胜力量，同时，以一个较小的产品市场，占领宽广的地域市场。市场利基的关键因素是专业化，通过专业化来体现集中化。可供市场利基者选择的专业化定位则包括：最终用户专业化、小顾客专业化、特殊顾客专业化、垂直专业化、加工专业化、销售渠道专业化等等。

许多机构包括商业保险公司经过市场调研发现，低收入群体对基本保障型保险服务存在着现实的需求。众多的低收入者为避免陷入贫困而成为赤贫者，急需某种生存保障机制。但在现实中，社会保险主要针对的是从事稳定职业、有固定收入的社会"中间群体"，社会救助主要针对几乎无法维持生活的核心赤贫群体，而商业保险项目又主要针对的是社会中上收入阶层。这就是说，众多的低收入者常被排斥在传统的商业保险和社会保障体系之外，缺乏抵御风险的技术手段和经济手段，其对保险的客观需求在现行制度下未能得到满足。由此，小额保险的开展使低收入人群得到保障基本生存安全的保险服务成为可能。此外，小额信贷的快速发展也催生了小额信用保险的市场需求，配合小额信贷开展小额信用保险方可为规避贷款风险提供一种有效方式。

三、金字塔底层理论

当今世界，贫困人群的规模仍十分巨大，这个群体被称为"金字塔底层"（the bottom of the pyramid，BOP），他们代表着四五十亿每日收入不足2美元的庞大群体。虽然他们的相对收入和消费能力较低，但是总体来看累计的购买能力和发展潜力却是惊人的。然而，很多企业长期受到20/80商业原则的影响，从来都是嫌贫爱富，不愿把穷人当成自己的客户，仿佛占总人口80%的金字塔底层不存在商机。这成为一个存在于人们头脑中的"占优逻辑"。由于"占优逻辑"作祟，很少有企业大规模地介入BOP开拓市场。

长期被商业遗忘的金字塔底层真的不存在商机？事实并非如此。从BOP发掘商机，不仅能从一个相对空白的新兴市场中获得丰厚利润，同时又能帮助BOP真正摆脱贫困，形成良性的发展循环。挖掘BOP市场既使企业获得发展的新途径，也是企业社会责任的最佳体现，从而树立良好的企业公民形象。从长期来看，谁先赢得 BOP 市场，谁就抢占了可贵的商业先机。

为了有效地开发 BOP 市场并获得利润，第一，要彻底改变一直以来把 BOP 群体作为社会的负担、同情的对象的偏见，而把他们作为财富的共同创造者和有潜力的消费者，给予他们应有的消费尊严，让低收入群体更多地融入企业价值创造过程，这样就可以"开启崭新的机会之门"。第二，企业需要把对 BOP 市场的开发纳入经营战略的核心之中，使之成为企业长期成长的一个主要因素。只有这样，才能确保高层管理人员的足够关注和持续的资源配置。第三，坚持最优性价比产品策略，提倡诚信经营。金字塔底层消费者因收入所限，对价格和质量都比较敏感，尤其偏好性价比高、功能指向性明确的产品。在开发此类消费者时，企业要避免过分的产品宣传包装，应将更多的资源集中在提高产品综合性价比上。同时，此类消费者的消费行为也存在很强的从众趋势，受周围舆论影响大，故对企业而言，在经营中保持良好的诚信记录、树立品牌形象尤为重要。第四，因地制宜采取灵活的交易方式。金字塔底层人群的收入来源比较单一，其获取收入的时间跨度较大，特别是从事季节性劳动生产的人群，在劳动果实变现前，可支配现金有限。因而，开拓底部市场的企业需要重视交易方式的灵活性和科学性，要及时通过灵活的支付创新手段，消除底部消费者的相关顾虑，促成其消费的扩大。第五，切实帮助低收入人群增加收入，变单纯获利为真正的双赢。提高收入，才能有效扩大市场。开发 BOP 市场过程中，企业可通过在当地建立学校、图书馆等公共场所，提高低收入群体的文化素质，并提供一定的工作岗位让金字塔底层群体由单纯的产品消费者转化为生产者，使其得到劳动致富途径。由此，在帮助低收入群体脱贫的同时树立企业形象，扩大品牌影响，变获利为双赢。

具体到保险市场来说，发展小额保险是部分保险公司发掘潜在市场、培养潜在客户的一种市场拓展战略。今天的低收入群体有可能会在"明天"就走上康庄大道，消费惯性和感恩意识会使得他们成为"明天"更高级保险产品的购买者。保险公司通过产品和营销技术的创新，不但可以塑造愿意承担责任的社会形象，而且可以培养和发掘潜在的客户，加强老客户的忠诚度，从而获得更大的社会影响力和新的利润增长点，这正构成每一个具有长远眼光的企业所追求的目标。基于这种理念，一些机构参与到小额保险的推广之中。而多个发展中国家的实践也表明，小额保险的确为保险机构提供了新的利润增长点（刘如海等，2008）。

四、需求层次理论

需求层次理论由亚伯拉罕·马斯洛所提出。这一理论从人的需求出发探索人的激励和研究人的行为，指出了人的需求是由低级向高级不断发展的，在一定程度上反映了人类行为和心理活动的共同规律。该理论有两个基本出发点：一是人人都有需求，某层需求获得满足后，另一层需求才出现；二是在多种需求未获满足前，首先满足迫切需求；该需求满足后，后面的需求才显示出其激励作用。

需求层次理论把需求分成生理需求、安全需求、归属与爱的需求、尊重需求和自我实现需求五类。五种需求像阶梯一样从低到高，按层次逐级递升。五种需求又可以分为两级，其中生理需求、安全需求和归属与爱的需求都属于低一级的需求，这些需求通过外部条件就可以满足；而尊重需求和自我实现需求是高级需求，它们是通过内部因素才能满足的，而且一个人对尊重和自我实现的需求是无止境的。

一般来说，某一层次的需求相对满足了，就会向高一层次发展，追求更高一个层次的需求就成为驱使行为的动力。相应地，获得基本满足的需求就不再是一股激励力量。同一时期，一个人可能有几种需求，但每一时期总有一种需求占支配地位，对行为起决定作用。同时，任何一种需求都不会因为更高层次需求的发展而消失。各层次需求相互依赖和重叠，高层次的需求发展后，低层次的需求仍然存在，只是对行为影响的程度大大减小。一个国家多数人的需求层次结构，是同这个国家的经济发展水平、科技发展水平、文化和人民受教育的程度直接相关的。在不发达国家，生理需求和安全需求占主导的人数比例较大，而高级需求占主导的人数比例较小；在发达国家，则刚好相反。

人的五种基本需求在一般人身上往往是无意识的。对于个体来说，无意识的动机比有意识的动机更重要。对于有丰富经验的人，通过适当的技巧，可以把无意识的需求转变为有意识的需求。高层次的需求比低层次的需求具有更大的价值。热情是由高层次的需求激发,人的最高需求即自我实现就是以最有效和最完整的方式表现他自己的潜力。在人自我实现的创造性过程中,产生出一种"高峰体验"的情感,这个时候是人处于最激荡人心的时刻,是人的存在的最高、最完美、最和谐的状态。

就低收入人群而言,他们的生理需求尚未完全得到满足或刚得到满足,但其所面临的风险并不比其他人群小,而由于其自身承受风险的能力较弱,进而从一定意义上说,这类人群的风险状况相比其他人群更为严峻。所以,通过保险方式帮助低收入人群减少风险发生造成损失的不确定性就显得十分迫切。无疑,保险的经济补偿有助于遭受风险的低收入人群恢复到事故发生前的经济状况,减少风险事故损失对其生理需求的威胁,促进其追求个人更高层次的需求。

近些年来,小额信贷作为一种扶贫的金融工具备受国际社会的关注,它帮助很多贫困人口摆脱贫困实现收入增加,也帮助其满足了尊重和自我实现的需求(张兴,2009)。然而,小额信贷借款人由于遭遇意外而导致贷款的拖欠则构成了小额信贷发展中的一个明显的障碍。利用小额信贷保险实现微型金融机构的风险转移,既利于放贷机构降低所面临的风险,为其可持续发展创造有利条件,也利于作为借款人的低收入人群缓解信贷约束,在逐步摆脱贫困的基础上向较高层次的需求递进。

第二节　影响小额保险需求的因素

人们对小额保险的需求主要受到面临的风险大小、个体的风险承受能力、收入水平以及保险成本高低等因素的影响(高峰等,2008)。其中,风险程度的高低和投保人的风险承受能力等因素决定了人们潜在的保险需求,收入水平和保险成本则决定了人们事实上能够购买的保险数量。

一、风险

中低收入人群缺乏财富积累,抵御经营风险的能力非常脆弱,极易因风险的侵袭而陷入窘迫的境地,从而其对于发生频率高、损失程度大

的风险的保险就会提出强烈的需求。有关 11 个贫穷国家小额保险需求
的研究显示,健康风险是民众最为担心的风险类型,其次是死亡和财产
损失等(见图 7-1)。一项有关我国江苏农户的调查也显示,农村人口面
临的主要风险依次是:"生小病看门诊""大病住院""意外伤害""财产损
失"等(刘妍,2011)。

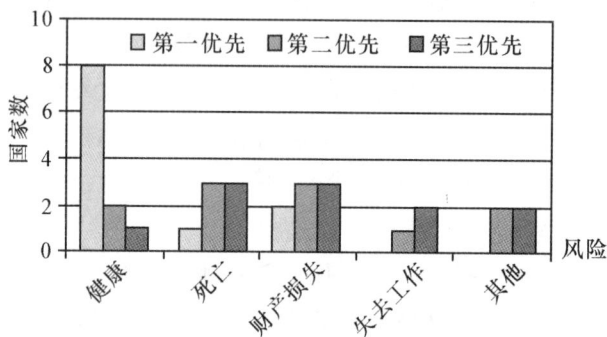

图 7-1　11 个贫穷国家中对各种风险的管理需求的优先顺序
资料来源:Roth,et al.(2007)。

因疾病引起的健康问题之所以成为低收入者最急迫需要解决的风
险问题,其根源在于健康问题不仅发生的概率较高而且损失也较大。不
难理解,低收入者对某种风险的厌恶程度既与风险发生概率相联系,也
与风险损失程度相关。大的自然灾害等风险虽然破坏力极大,进而给人
们造成的损失程度很高,但其发生的概率是较小的,且往往发生于某个
局部区域。而健康问题既存在较大的发生概率,也存在较高的损失程
度。低收入人群通常缺乏疾病预防与保健知识,其居住环境卫生条件较
差,工作环境相对恶劣,感染疾病及因意外伤害进行医治的概率往往高
于其他人群。同时,疾病将引起治疗费用的增加,使家庭储蓄减少,甚至
使患病者失去工作的能力,严重时更可能使家庭失去经济来源,并且这
将影响到对子女的教育投资,从而在长期内损害家庭的未来创收能力,
进而陷于"因病返贫""因病更贫"的状态而难以自拔。尤其是低收入者
一旦得上需要高昂医疗费用且又难以治愈的疾病,其对整个家庭的打击
常是毁灭性的。正因如此,因疾病引起的健康问题成为低收入者最渴望
规避的风险。

在我国,近些年来医疗费用不断上涨,"看病贵、看病难"成为一个突出的问题。高企的医疗费用必然降低低收入人群所能得到的医疗服务,加之我国基本医疗保险的覆盖面有待提高,从而难免使其中的一部分人"小病舍不得医治,大病又无钱医治"。对于目前尚未得到有效社会保障的我国低收入人群而言,他们对于与其收入水平相适宜的小额医疗保险产品的需求必然也是十分强烈的。

小额保险具有流程简单、保费低、针对某些特定风险等特点,对于在应对风险过程中具有脆弱性与局限性的低收入人群来说,能够为其提供一种较为有效的风险转移机制。低收入人群面临的风险大小与其对小额保险的需求呈正比例关系,低收入人群面临的风险越大,对小额保险的需求就越大。并且,越是发生频率高且损失程度大的风险种类,对于能够转移此类风险之相应小额保险产品的需求将会越强烈。

二、收入水平

小额保险虽具有缴费低廉的特点,但对低收入人群仍有最基本的缴费能力要求,无论是小额寿险、健康保险、意外伤害保险还是财产保险,都要求投保人具有一定的缴纳保险费的能力。按照需求层次理论,只有当基本的生理需求得到满足以后,才会产生上一层次的安全需求。因此,倘若低收入者的年收入在用于维持基本的生活消费支出后所剩无几,则其就不会产生对保险的显著需求。

小额保险产品提供的是一种低水平的保障,收入过低者无力承担保费支出,而收入过高者通常会寻求各种形式的商业保险。由此,在一定范围内,收入水平与低收入人群对小额保险的需求具有正相关的影响关系,但收入超过一定程度后,影响方向将会改变,因为此时小额保险已无法满足其更高的保障需求。有调查就发现,中等收入农村家庭对小额保险的投保意愿最为强烈(陈华,2009)。

三、保险费率

保险费率与小额保险需求呈负相关关系。保险费率越低,小额保险需求越大。由于低收入群体的人均纯收入处于较低水平,小额保险产品的价格要与传统的商业保险有所不同,此类产品的保险费率不能过高,要在他们的收入承受范围之内。

为实现低保费,要求小额保险的供给主体进行组织模式和产品设计的创新,简化保险流程,提高供给效率,降低经营过程中的各项费用成本,并辅之以提供较低的保额。通过开发低收入群体买得起的小额保险产品,才能将潜在需求逐渐转化为现实需求。

与此同时,鉴于提供小额保险服务的成本较高,而低收入的投保人又无力承担较高的保费,因此仅仅依赖市场机制,小额保险的供给主体通常难以完全克服低保费和高成本之间的矛盾,从而借助政府的支持,对低收入群体提供小额保险保费补贴,以及给予小额保险供给主体税收及其他的政策优惠,是同样重要的。如图 7-2 所示,小额保险供给主体依据其开展小额保险的成本所确定的供给曲线是 S_1;同时,低收入群体对小额保险的购买受到支付能力的限制,在自愿投保的情况下,其对小额保险的需求曲线是 D_1,需求水平较低。由此,供求曲线未能相交。若政府对低收入群体给予一定的保费补贴,从而使低收入群体实际承担的保费降低,则小额保险需求曲线将移动到 D_2 位置,供求曲线将交于 E_1 点,低收入群体将消费 OA 数量的小额保险。如果政府同时对小额保险供给主体提供税收减免、经营费用补贴等优惠,则供给曲线将移至 S_2 位置,供求均衡的小额保险数量将上升至 OB。

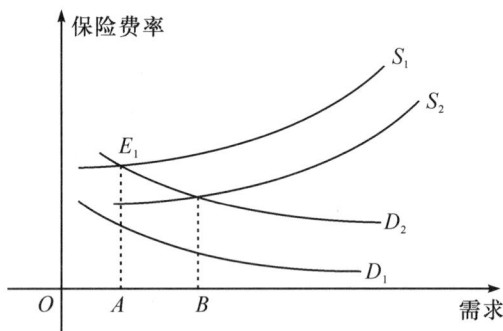

图 7-2 政府支持与小额保险的供求

四、保险认知和风险意识

通常情况下,不了解保险、缺乏风险意识者其投保意愿较弱,而对保险较为认可者则更具有投保意愿。

因知识所限,为数不少的低收入者对风险的认识存在一定的偏差,如遭遇风险时常常抱着"是祸躲不过"的心态,对于应对风险持"宿命论"的观点,常常心存侥幸而没有采取适当措施以规避、处置风险。即使部分低收入者一定程度上能够认识到其所面临的风险,基本上也是以储蓄等传统的方式加以防范,而对于管理风险的有效方式有哪些,哪些风险可通过保险转嫁给保险商等不甚了解。这就必然会影响其对于小额保险的需求。

风险和保险意识的树立通常受低收入群体文化程度的影响较大。文化程度越高,对保险的认知能力一般越高。此外,风险和保险意识的强弱也与特定的文化环境密切相关。比如,中国的传统文化中既有节俭和储蓄的一面,但也有讳疾忌医、对风险避而不谈的一面,表现在一些人宁愿用血汗钱去求助神佛保佑,也不愿意通过购买保险来转移风险(卢燕,2011)。

为增进低收入群体的风险意识和对保险的认知,有必要开展形式多样的宣传教育。比如选择适当的时机,广泛开展社区营销活动,以贴近低收入群体现实生产生活的方式,形象地展示小额保险的积极效果,以此培养潜在客户,促进对于小额保险的需求。

五、其他因素

除了上述因素会影响小额保险的需求外,保险公司的可信度、低收入者的年龄、近年来的风险状况等因素也会对需求产生一定的影响。

如果保险公司不能使低收入群体产生足够的信任,其对于保险公司的评价不高,这就必然会抑制该群体对于小额保险的投保愿意。努力改善保险营销人员的展业方式及服务水平,提高保险机构的可信度,增强低收入者对小额保险的认同感,这对促进小额保险的需求将是有益的。总体而言,随着年龄的增大,低收入群体对于小额保险的需求会减少,这是因为年轻者通常更习惯于进行积极的风险管理,而年长者由于受传统观念等束缚一般无意关注新颖的风险转移工具。此外,近年来遭遇过人身或财产风险的低收入者对小额保险产品的需求通常也将更为强烈。

第三节　小额保险的发展模式

从国际小额保险的实践来看，小额保险的发展模式存在着较大的差异性。差异的形成是与各国或地区的社会经济条件、文化结构及制度环境等的不同密切相关的。不同的模式之间各有优劣，各个模式之间的经验可相互借鉴利用。

一、小额保险的经营模式

根据是否具有商业盈利性，国际小额保险的经营模式主要有三种。

（一）商业运作模式

在这种模式中，小额保险提供机构作为风险承担方，在产品定价、销售、核保、理赔和服务等方面，完全按照商业化原则运作。

商业运作模式对小额保险提供机构的专业化要求较高（肖明迁等，2009）。首先，小额保险提供机构要结合低收入市场的特点，推出能够有效满足低收入者需求的小额保险产品与服务，兼顾保费相对低廉与机构自身的盈利空间。其次，小额保险提供机构要确立低成本的销售渠道，诸如组建专门的小额保险销售队伍，在人员招募、薪酬体系等方面有效结合小额保险市场的特点，实现小额保险销售的高效率；或者是依托机构现有的营销体系和队伍，努力降低营销成本。再次，小额保险提供主体应充分利用电话服务中心、营销服务部等多种手段，提高理赔及客户服务的质量。如果理赔不及时，后续服务不周到，极易引起小额保险的参保率难以提高，进而不利于小额保险业务财务状况的改善。为提升低收入客户的满意度，进一步拓展小额保险市场，小额保险提供主体需要重视理赔的及时性及服务的周到性，不过这通常又会使成本上升。为此，小额保险提供机构需要尽力平衡二者之间的关系。

商业运作模式的优势在于小额保险提供主体可以灵活地进行合理的定价，针对客户的需求提供相应的小额保险产品，对于低收入者来说，有助于其长期获得所需要的保险服务。并且该模式下作为风险承担者的小额保险提供机构通常在精算、经验数据、信息系统等方面拥有较强的专业能力，便于风险控制和实现稳定经营。这种模式的缺点体现在不利于实现小额保险的"低费率"，从而会对小额保险覆盖率的提高增加难度。同时，鉴于传统商业保险通常面向中高收入阶层，因而小额保险提供机构为保证产品的针对性，需要花费较大的投入对低收入客户市场进行调查。此外，该模式对销售渠道建设、成本控制与服务的平衡等方面提出了较高的管理水平要求。

（二）政府支持下的半商业模式

在这种模式下，政府参与组织、动员低收入群体投保，但不负责保险机构的经营风险，保险机构负责产品开发、精算、核保、理赔和服务等，按照微利的原则自主经营、自负盈亏。通常，政府根据低收入者的实际状况及社会管理的需要，提出初步的产品需求或小额保险方案，进而寻求能够满足这些需求的保险机构。

该种模式的主要优势是能够以较低的成本、在较短的时间内使小额保险的覆盖率达到较高的水平。由于有政府的组织动员，因而小额保险的销售会变得简单易行，成本也可降低。在一些场合下如果政府提供一定的保费补贴，则还能减轻低收入群体的支付压力，提高低收入群体的参保意愿，提升小额保险的参保率。并且，政府的参与也有助于提升低收入人群对于小额保险的信任度。低收入群体往往对保险了解不多，对参与小额保险可能心存疑虑，担心遭到误导与欺诈。只有取得客户的充分信任，由保险机构直接销售小额保险才会比较顺利。而政府具有公信力，有政府参与的小额保险项目更易于为低收入群体所信赖。

这种模式的局限性在于：一方面，在这种模式下客户可能借助政府的力量来寻求小额保险提供机构满足其要求，从而使小额保险提供机构要承受来自政府的压力。当低收入投保人与小额保险提供机构出现分歧后，后者有时只得被动接受前者甚至是一部分不甚合理的要求。另一方面，小额保险提供机构需要将政府的要求亦考虑进来，从而一定程度上会削弱机构本身的自主性程度。小额保险提供机构在设计小额保险产品和保险方案时，除了适应低收入市场的特点外，还要结合政府社会管理的目的和需要，在某些情况下可能在价格、风险控制等重要问题上要作出一定的让步，进而可能对小额保险业务的盈利状况和稳健经营带来一些不利影响。

（三）互助或合作保险模式

这种模式的特点是互助或合作机构开办小额保险业务，旨在为各保单持有人提供低成本的小额保险产品，而非追求利润。提供小额保险服务的互助机构主要有三种，分别是独立的互助（或合作）保险公司、互助保险协会网络及隶属于金融合作社（主要是储蓄和信用合作社）网络的保险公司（Churchill，2006）。互助或合作保险模式在运作机制上通常具有以下一些特征：一是相关保险机构积极推动健康、安全和灾害预防等活动，以减少保险成本；二是有限的权益资本回报；三是实行民主经营方式，保单持有人通过授权代表和工作小组的形式参与保险机构的日常运营管理；四是保险机构代表保单持有人利益对所在国家（地区）的保险业及政策制定者施加影响。

互助或合作保险模式的优势主要包括：首先，小额保险计划为成员所有，成员共担风险、共享利润、自我管理，从而个体利益与团体利益易达到一致，成员之间的凝聚力较强。其次，成员之间相互熟悉，对其他成员是否采取适当手段防范风险事故的认知充分，信息不对称问题不明显，在共同利益的制约下，可以有效地降低道德风险，防止逆选择。再次，小额保险的管理由成员自己进行，同时，成员通常工作、生活在一起，维护费用相对低廉，不存在高管理和维护费用问题，小额保险运作的成本费用相对较低。最后，这种模式在不同的文化和经济环境中具有较好的适用性。不同国家互助保险机构的发展实践表明，依托储蓄和信用合作社及其他合作社网络的较强的客户资源优势，相关保险机构能够为众多的低收入客户提供小额保险服务。

该种模式也存在一些缺陷，主要表现在：一是管理的专业化水平可能不强，相对缺乏设计保险合同、定价等的相关知识和技术，如果缺乏一个强有力的外部主体驱动并提供管理上的帮助，易于产生管理和控制能力不强所导致的一系列风险。二是该模式受组织性质的限制，通常属于组织内的品种，小额保险产品种类比较单一，覆盖面相对较小。三是同质性风险问题突出，巨灾风险化解能力有限。当大量风险事故同时发生,或发生巨灾风险,有限的基金很难满足理赔需要,在赔付方面存在较大的不确定性。

二、小额保险的管理及营销模式

从管理及营销模式上来看,国际小额保险主要有"合作—代理"和"完全服务"两种模式。

(一)合作—代理模式

合作—代理模式(the partner-agent model)是指一家商业保险公司或互助保险机构和代理机构合作,保险机构负责计提准备金、开发产品、定价及满足官方监管要求,代理方则负责销售、损失清算及促进风险、资源和专业技能从非正规渠道向正规渠道进行合理转移。代理机构可以是小额信贷机构或其他中介销售渠道,例如可通过小额信贷机构向借款人提供小额信贷保险,或者是农村妇女扶助机构等一些非政府组织根据成员的保险需求,在提供既定服务的过程中,与保险公司合作为成员提供小额保险服务。

合作—代理模式的优势表现在如下几个方面:第一,能够充分发挥小额保险各个参与主体的优势,便于实现市场规模的快速增长(刘万,2008)。在合作—代理模式下,商业保险人不需要直接接触每一个不太熟悉的客户,而微型金融机构等组织也无须直接开发建立在专业技能基础上的小额保险产品。小额保险计划的生产管理和市场交易管理分别由两个不同的主体来承担,在此种专业分工下,资源按比较优势组合的原则能实现整体效率的改进。由于双方从事的是他们各自最擅长的业务,这就有助于快速启动小额保险计划,并利用现存的分销渠道,及时地将小额保险产品销售给目标群体,在短时期内达到一定的市场规模。第二,能够降低小额保险计划的经营成本,增强客户对小额保险的信任度。合作—代理模式可以充分利用合作各方的现有资源,从而可以大大降低经营成本,使其成为保险机构进入低收入市场一条简单快捷、成本低廉的途径。保险机构拥有现成的精算技术,不需花费昂贵代价来另行雇请精算人才;代理人为其提供了广泛的客户基础和网络资源,通常可通过团体购买方式使保费容易集中收取;保险机构还可利用代理人掌握的关于客户情况的历史数据，加强对客户风险状况的认识，降低与产品开发有关的市场调研方面的成本支出。同时，作为代理方的微型金融机构、社区、合作社、教会等组织一般与低收入群体交往密切，形成了长期的信任关系，通过与这些代理人的合作，可以有效提升客户对小额保险的信任度和保险机构的形象。第三，代理人不用承担保险计划的经营风险。代理人通过与保险机构合作，为本系统内或本地区成员提供小额保险服务，其一般不需要聘任成本较高的保险管理专业人才，且通常没有资本金要求，面临的监管约束也较少。并且，其不用自己承担小额保险计划的全部经营风险，相反还能从推销小额保险产品中获得稳定的佣金收入或利润分成。第四，能够为保单持有者带来更多的保险利益。拥有专业管理经验的保险机构具备一定的资本实力，其业务运营受到监管制度的规范，其所提供的保险产品将会为保单持有者增加价值。合作—代理模式下的保险人也更能保证提供稳定的保障服务，因为其能进入再保险市场分散经营风险，而一些由非保险人组织的小额保险计划，由于不能借助再保险分出部分风险，客户要面临保险提供者经营失败的风险。

合作—代理模式也存在一些缺陷。第一，该模式保费水平相对较高，原因在于代理人有"佣金"收入的要求，而保险人有合理利润的追求。第二，在该模式下，委托—代理环节较多，易于发生诸如信息在保险机构、代理人和保单客户之间沟通不足、理赔处理效率低等问题，以及相对较多的欺诈行为、道德风险所导致的不恰当承保等。第三，当初始投资形成后，双方之间持续的业务合作主要取决于代理人的选择，当代理人中止与既定的保险机构合作时，后者会失去已有的低收入客户群。第四，对于代理人来说，小额保险是其非核心服务，属附带提供，进而可能使得营销人员推广此类保险产品的意愿不强。

现实中，在合作—代理模式下，保险机构和微型金融组织之间的合作主要停留在为低收入客户提供与代理人主营业务相关的小额保险产品（如贷款信用保险和人寿保险），而对于低收入市场有着强烈需求的小额保险产品（如健康保险、储蓄寿险等），利用该种模式的并不多。形成这种状况的根源在于：一方面，健康保险等产品与微型金融组织的贷款偿还无直接联系，不能作为强制性产品提供给客户；另一方面，微型金融组织的信贷产品一般期限较短,而储蓄寿险需要持续的、长期的交易,两类产品之间的兼容性有限,微型金融组织难以成为储蓄寿险的高效分销商(徐淑芳,2008)。

(二)完全服务模式

完全服务模式(the complete-service model)是指小额保险的提供机构直接向被保险人收取保费并提供保险服务,其中没有任何其他的机构或组织介入产品销售或管理流程当中。其中,提供小额保险的机构既包括非正规金融组织,也包括正规金融机构。如果由低收入者的互助组织直接向会员提供小额互助保险就属于非正规金融组织提供的"完全服务",典型的例子如西非一些国家的社区互助健康组织、菲律宾的互助利益协会等。如果是保险公司或是微型金融机构独立开展的小额保险,则属于前者,其中较有代表性的如孟加拉乡村银行(为其客户提供的小额保险服务。

完全服务模式的有利之处是小额保险提供主体能够独自享有保险收益,不需要付出与合作机构进行利润分成的代价,并且能够主导小额保险的服务标准和产品设计,便于更好地保障客户的利益。但该模式也存在着筹备时间较长、面临较大的监管压力等不利之处。有关完全服务模式与合作—代理模式的优缺点比较见表7-1。

表 7-1　"完全服务"与"合作—代理"模式的比较

模式	优点	缺点
合作—代理	产品上市时间可能更快 更容易达到实现盈利所需的客户数 利用合作方现有的网络可以降低交易成本 选择正确的合作方能保持客户既有的信任 更加了解潜在客户的需求	必须向合作方支付佣金 信息传递缓慢 需要对合作方进行教育、培训 自有品牌形象难以建立,客户认知度较低
完全服务	市场响应速度快 品牌形象清晰,客户认知度较高 能够主导服务标准和产品的设计	筹备时间较长 缺乏客户的信任 交易成本高

总的来说,相比"完全服务"模式,"合作—代理"模式具有更加突出

的优点,因此许多国家采用了"合作—代理"的模式。例如,印度农村保险就采用了"合作—代理"模式(孙健、申曙光,2007),在吸纳传统的销售渠道(比如第三方经纪人)的同时,还与农村发展机构、非政府组织、社区互助组织、长老会和社区诊所等建立合作关系,利用这些组织的既有网络将业务拓展到印度的农村地区,实现降低销售成本、取得客户信任的目标。

第四节　发展我国小额保险的基本策略

发展小额保险,努力提高低收入人群的风险保障水平,对于作为最大的发展中国家的我国来说显得十分迫切。当前我国小额保险的实践与研究刚刚起步,小额保险的运作方式、盈利模式、监管制度仍处于探索阶段。结合小额保险本身的特点及世界其他国家的实践经验,为促进我国小额保险持续、健康发展,我们需要为小额保险营造一个良好的政策环境,选择合适的发展模式,引导和鼓励小额保险创新,并建立行之有效的小额保险监管体系与手段。

一、以政府支持下的半商业化运作模式为主的经营模式

一方面,小额保险的服务对象、服务地域具有明显的特殊性,单笔业务收入较低,经营成本较高,从而保险机构经营小额保险业务的利润一般较低。如果完全按照商业运作的方式来经营小额保险,保险机构的展业动机通常不强。另一方面,我国合作组织和互助机构处于初级发展阶段,相关的法律也不健全,这制约了互助和合作保险的发展。因而,基于现实可行性的角度,在现阶段,我国可以选择以政府支持下的半商业化运作模式为主、以纯商业化运作模式为辅、同时积极探索相互制和合作制保险组织的思路来发展小额保险。

政府支持下的半商业化运作模式由于有政府的参与,在低收入人群中的可信度较高,它既可以发挥商业保险的专业优势,又可以发挥小额保险的社会性功能,促进小额保险在商业性和社会性之间找到最佳的结合点。该模式可以回避纯商业保险经营模式下低收入人群"买不起保

险"的局面,避免互助保险经营模式难以面对巨灾风险的局限,也不会因为与特定产品捆绑销售而导致品种单一等问题,能以较低的成本满足低收入农民多层次的保险需求。

政府支持的半商业模式应遵循市场运作、政府扶持的原则,小额保险的经营由保险公司来完成,政府不应直接干预保险公司如何去经营小额保险。在注重发挥市场机制基础性作用的同时,加强政府的政策引导,以便有效拓展小额保险在我国的发展空间。在该模式中,政府的主要作用在于:一是普及小额保险知识,动员和组织低收入人群购买小额保险。重点是利用基层政府在宣传方面的影响力,开展小额保险宣传推广活动,培育保险文化,增强低收入群体的保险意识,使其了解小额保险险种、保费金额、保险责任和保障程度等内容,增加对小额保险的需求。二是提供保费补贴,鼓励低收入人群参加小额保险。小额保险在一定意义上可以看作是社会保险的补充,可以为没有被社会保险所覆盖的人群提供一定的保障。为此,我国政府有必要根据财政负担能力提供一定程度的保费补贴和其他与参保相挂钩的优惠措施,增强低收入人群购买小额保险的意愿。可以考虑将政府以往的救济和补贴的一部分转化为保费补贴的形式,在条件成熟时设立低收入人群保险风险基金。三是对保险机构的小额保险业务给予一定的税收减免和管理费补贴,激励其经营小额保险的积极性。特别是对于农业保险、自然灾害保险等风险相对较高的小额保险产品,政府应给予适当的财政补贴或税收优惠,以缓解开展业务的相关保险机构的成本压力,增强其承保的自觉性和主动性,促使其为低收入人群提供更多的保险服务。

二、加强小额保险产品的开发与创新

作为一项专门针对低收入群体的业务,小额保险的需求对价格的弹性较高,一个较小的价格变动可能会影响相当多的客户购买保险与否的决策。因而,保险机构在产品设计上应根据当地收入情况以风险保障型产品为主来开发适应低收入人群需求的小额保险产品。从我国低收入者的保险需求来看,应着重研发附加医疗保险和小额意外险等产品。附加医疗保险能够弥补"新农合"制度保障能力有限的不足,提高农民的保障水平,将受到农民的极大欢迎(崔鹏,2011)。从价格上看,可以从单件

保单的保费或保额来进行限制。鉴于保费与保额存在很强的相关性,可考虑从保额角度制定产品标准,设定小额保险要达到的保障目标。综合考虑我国现阶段农民的人均收入水平及应付子女上学等各项开支,可将单件保险的最低保额定为 2 万元人民币(刘璐,2009)。

我国幅员辽阔,地区之间存在着较大的差异,各个地区可能遭受灾害的种类、发生频率及损失程度有所不同,即使是同一风险,其危害在不同的地区也会呈现很大的差异。这就要求我们应当采取因地制宜的办法发展小额保险。要注意对各地区风险因素的综合考虑,包括自然条件、收入状况、消费习惯、年龄结构、已有保障等,把握该地区小额保险发展的重点领域,开发适应性高、针对性强、低收入人群用得着的小额保险产品,切实帮助低收入人群解决某种急需的保障问题。

鉴于低收入人群的经济能力有限,仅能够承受额度较低的保费支出,因而有必要开发在保费支付上可变的储蓄性产品(刘如海等,2008)。如推出支付保费与收获季节相衔接的小额保险产品,以及提供灵活付费方式的小额保险,允许大的自然灾害时调整支付期,丰年时多支付,但不影响保单的有效性。

三、积极采取"合作—代理"的营销模式

我国低收入人群的保险意识还有待于提高,一些欠发达地区的保险密度和深度很低。在此背景下,保险机构开发出来的小额保险产品若直接通过其自有的营销服务部进行营销,效果一般不会很好。而与当地的一些民间组织或机构(如供销合作社、农产品行业协会、农村妇女扶助机构、农村资金互助组织、邮局等)合作,借助于这些"代理人"在地方市场上的信誉、信息等优势,有利于扩大小额保险的影响,使低收入者真正了解小额保险的作用,促进其接受这一费率低、承保及理赔手续简便的保险产品。为有效降低合作过程中保险机构可能面临的道德风险问题(如代理机构与投保人联合起来骗保等),一方面可以建立保险机构与代理人之间的利润分享机制,另一方面可采取保险机构对与其合作的代理机构实施评级并对评级较高者予以一定奖励的做法,以控制欺诈行为。

为拓宽营销渠道,保险机构还应加强销售模式的创新,积极探索多

元化的小额保险销售渠道：一是开展与地方社保机构的合作，借助地方社保机构渠道，开展小额医疗保险与新农合的捆绑销售。二是通过农机站、农药化肥等农业用品销售网点销售部分小额保险产品。三是发挥农村"村委会"成员及当地"有威信的能人"的独特优势，夯实保险机构与村民的互信基础，进行宣传与推广，提高小额保险的市场渗透力。四是充分利用信息技术手段，开发小额保险电子商务销售平台，试点开展小额保险的手机销售和网络销售等。

四、推进小额保险与小额信贷的结合

引入与小额信贷相配套的保险机制，是一种在国际上有着广泛实践的成功模式。将小额保险与小额信贷相结合，可以实现金融机构、保险公司和借款人等多方获益。第一，小额信贷机构可以通过小额保险业务降低信贷风险。对于小额信贷机构而言，从事小额信贷业务面临着各种风险，包括自然灾害造成借款人失去偿付能力的风险、意外伤害导致借款人无力还款的风险、信息不对称引起的道德风险等。加之小额信贷通常具有"无担保、无抵押"的特性，且比较分散，执法成本高企，难以对借款人的失信行为予以有效的法律约束，以至于金融机构在开展此类贷款的过程中，风险问题较为突出。引入保险手段，可以保障小额信贷的借款人在人身、财产遭受损失时获得及时的经济给付，有效强化小额信贷的担保机制，保证小额信贷的足额偿还，降低放贷机构开展小额信贷业务的风险，促进小额信贷的可持续发展。第二，保险机构可借此增加保费收入和选择目标客户。通过与农信社、邮政储蓄等小额信贷机构的合作，保险公司既可借助这些机构在网点、信息等方面的优势，进行小额保险业务的营销和开发，增加对借款人的意外伤害等方面的保险保障，又可利用信贷产品的客户筛选机制，降低小额保险业务的客户搜寻成本，便利保险机构进行市场细分和目标顾客选择。第三，借款人可以缓解贷款难问题。通过发展小额保险，将助推小额信贷，保证借贷的可持续进行，降低小额信贷机构对小额信贷借款人的贷款利率上浮幅度，减轻借款人的贷款成本。

具体来说，小额保险和小额信贷可以尝试以下几种结合模式：一是小额信贷和小额寿险相结合。在世界范围内，小额信贷与小额寿险相结

合的发展模式(即信用寿险)是较为成功的,其作用是防范小额信贷机构因借款人死亡而导致的信贷风险,保障的程度一般限于贷款数额。在这种模式下,以小额信贷的借款人的生命作为保险标的,以借款人的死亡作为保险事故。当保险事故发生时,保险人替被保险人偿还小额信贷机构的贷款。二是小额信贷和保证保险相结合。这种模式是以被保险人的信用风险作为保险标的,一旦被保险人在贷款期间由于可保风险的发生不能偿还贷款,保险人将代为偿还贷款。其对于借款人来说较为方便,但保险机构面临的风险较高。三是小额信贷和小额意外险相结合。这种模式是由保险机构向借款人提供意外伤害保险,在其遭受意外事故导致身体受伤害而残疾或死亡时,由保险人向信贷机构支付赔偿金。四是小额信贷和健康保险相结合。此模式承保的风险主要是因疾病导致的医疗费用开支损失和正常收入的损失,当发生保险事故时,可由保险人替被保险人向银行偿还贷款。五是小额信贷和指数保险相结合。这种模式主要针对借款人生产投入成本及产出品价格波动而推出,当市场价格指数超过约定限额时,保险人按保险合同进行赔偿,由其替被保险人向金融机构提供部分还款。

五、完善小额保险监管制度

小额保险市场是一个新兴的市场,也是一个脆弱的市场。根据小额保险的发展需要,完善监管规定和规则,也是实现小额保险快速健康发展的关键环节。

第一,要完善小额保险市场的准入标准。为促进小额保险的稳步健康发展,对进入小额保险市场的保险机构应制定一系列的最低要求。在此基础上,适当放宽小额保险的准入范围,逐步允许非政府组织、互助组织、小额信贷机构等主体涉足小额保险业务,推进形成小额保险多主体经营的格局。考虑到我国各地区之间的差异,建议适当下放监管权限,由保监会授权各地方保监局根据本地实际情况在一定范围内针对不同的准入主体确定不同的准入标准。

第二,要注重偿付能力监管。针对小额保险不同保险人在资本运行方式上的差异,可以建立依照资本能力分级收取的准备金制度。对于经营小额保险的商业保险公司必须按照现行偿付能力的有关规定,达到最低偿付能力的资本要求。对于其他经营小额保险的组织,也必须达到一定的偿付能力要求,以保护被保险人和社会公众的利益。

第三,完善再保险制度。我国目前的再保险制度还没有覆盖到提供小额保险的互助组织、非政府机构和小额贷款公司等主体。将这些机构纳入再保险体系能够增加其抵御风险的能力,帮助其获得更多的可运行资金,同时也可扩大其与商业保险机构合作的空间,促进小额保险不同主体间的交流合作(周国辉、陈斌彬,2011)。

第四,注重对小额保险被保险人权益的保护。要保护小额保险投保人免于误导性的销售和不公平的保单。监管部门应要求开办小额保险业务的机构必须以适当的方式提供客户权益告知书或进行投保风险提示,并设立适用低收入保险客户的投诉渠道及纠纷解决机制。应建立相应的小额保险统计制度,加强市场监控分析,及时发现小额保险经营中的异动情况,坚决遏制违规行为。

参考文献

［1］Churchill, C. Protecting the Poor:A Microinsurance Compendium. International Labour Organization,2006.

［2］Roth, J. M. J. Mccord and D. Liber. The Landscape of Microinsurance in the World's 100 Poorest Countries. The Microinsurance Center: LLC,2007.

［3］陈华.农户购买小额保险意愿影响因素研究——来自广东两个县的证据,保险研究,2009(5).

［4］崔鹏.中国人寿农村小额保险业务的发展与启示.中国保险,2011(5).

［5］高峰,等.小额保险需求分析.保险研究,2008(10).

［6］刘璐.商业保险公司开拓农村小额保险市场的动因与发展模式研究.石家庄经济学院学报,2009(4).

［7］刘如海,等.发展小额保险的国际经验及对策建议.上海保险,2008(5).

［8］刘万.国际小额保险模式问题研究.金融理论与实践,2008(12).

［9］刘妍.江苏省农村小额保险投保意愿的调查.安徽农业科学,2011(7).

［10］卢燕.农村小额保险的需求分析.河北农业科学,2011(1).

［11］孙健,申曙光.国外小额保险的理论及实践分析.南方金融,2007(7).

［12］肖明迁,等.我国小额保险发展模式的探讨.海南金融,2009(3).

[13] 徐淑芳.国外小额保险经营模式比较及其对我国的启示.南方经济,2008(6).

[14] 张兴.中国小额保险发展研究.南开大学博士学位论文,2009.

[15] 周国辉,陈斌彬.完善我国农村小额保险监管法律法规的思考.海南金融,2011(4).

第八章　微型金融监管

监管可以减少由信息不对称及市场垄断而引致的对效率和公众利益的损害。实践证明,有效的金融监管是保证金融业安全、健康、持续发展的必要手段。对于微型金融的发展来说,同样应该构建起有效的监管框架。目前在全球范围内,关于微型金融的监管制度正处于探索之中。

第一节　金融监管的一般理论

金融监管是指政府或政府授权的机构对金融活动及金融活动的参与者实施监督和管理的统称。金融监管理论,是在政府管制理论的基础上,结合对金融业特殊性的分析,发展和完善起来的。

一、金融监管的理论依据

关于金融监管的理论依据主要有金融风险论、投资者利益保护论、社会利益论和管制供求论等,它们的论证各有自己的侧重点,但相互之间也有一定的交叉。

(一)金融风险论

该理论主要从关注金融风险的角度,论述对金融业实施监管的必要性。首先，金融业是一个特殊的高风险行业。与一般企业不同，金融业具有高负债率的特点，大量的资产业务都要靠负债来支撑，并通过资产负债的匹配来达到盈利的目的。在金融机构的经营过程中，利率、汇率、负债结构等因素的变化，使其时刻面临着利率风险、汇率风险、流动性风险和信用风险等各种风险，成为风险集聚的中心。其次，金融体系的风险，直接影响着货币制度和宏观经济的稳定。存款货币机构的连锁倒闭会使货币量急剧减少，引发通货紧缩，将经济拖入萧条的境地。再次，金融业具有发生支付危机的连锁效应。作为整个国民经济中枢的金融体系，其中任一环节出现问题，都会引起牵一发而动全身的后果。不仅单个金融机构陷入某种危机极易给整个金融体系造成连锁反应，而且一国的金融危机还会影响到其他国家。

简言之，金融体系除提供金融服务外，还支撑着整个社会的支付结算体系，从而使金融体系具有较强的外部性。同时，单个机构的风险会引起系统风险，一家机构的破产倒闭可能诱发"多米诺骨牌"效应，破坏整个支付结算体系，并通过货币信用紧缩影响经济增长。因此，需要政府介入，通过外部监管来限制金融机构倒闭的不利影响。

（二）投资者利益保护论

在完全竞争的市场中，价格可以反映所有的信息，但在现实中，大量存在着信息不对称的情况。此种信息的不对称，会导致交易的不公平。

在信息不对称或信息不完全的情况下，拥有信息优势的一方可能会利用这一优势来损害信息劣势方的利益。例如，对于银行和保险公司的经营管理者来说，对自己所在金融机构的风险，会比存款人和投保人更加了解。由于这些金融机构比投资者拥有更多的信息，就有可能利用这一信息优势为自己谋取利益，而将风险和损失转嫁给投资者。

为保证作为代理人的金融机构更好地为委托人服务，存款人、投保人等需要对金融机构进行监督。但由于金融机构与存款人、投保人之间存在着严重的信息不对称问题，监督成本很高，数量众多而分散的中小存款人和投资者存在着普遍的"搭便车"倾向，既没有积极性也没有能力去搜寻信息。因此，金融监管对中小存款人和投资者而言具有公共品性质，供给严重不足，需要政府承担这一公共品的供给，从而为投资者创造公平、公正的投资环境。

(三)社会利益论

自由竞争的市场机制不能完全保证资源的最优配置,有时还会造成资源浪费和社会福利的损失。是什么导致市场本身的缺陷呢?公共利益论认为是市场中存在外部性、垄断和信息不对称等因素。当某一经济主体的经济活动存在着某种外在效益时,其自身运行所追求的利益目标就有可能与社会利益目标发生冲突。这就需要代表社会利益的国家对其活动进行必要的干预,使之尽量符合社会公众的利益。

历史经验表明,单个金融机构的行为往往存在着一定的"负外部性"。例如,一家银行可以通过其资产负债的扩大、资产对资本比例的扩大,来增加盈利能力。这当然会使风险增大,但由于全部的风险成本并不是完全由该银行自身承担,而是由整个金融体系乃至整个社会经济体系来承担。这就会使该银行具有足够的动力通过增加风险来提高其盈利水平。如果不对金融机构实施监管和限制,社会公众的利益就有很大可能受到损害。

同时,金融体系的"公共物品"特性,还使其具有明显的"正外部性",这就决定了要么在政府主导下来构建金融体系,要么以私人部门为基础构建金融体系但政府通过限制过度竞争给予私人部门以适当的保护。在市场经济国家普遍由私人部门构建金融体系的情况下,包含市场准入限制的金融监管就可以起到限制金融业过度竞争和在私人金融部门中形成一定的监管利益,从而达到对金融业进行间接补贴、稳定金融体系的作用。

公共利益论从市场失灵的原因和后果出发论述了监管存在的理由。但是,根据公共利益论,监管应该集中在外部性较大、容易引起垄断、信息高度不对称的行业。然而实际的研究却表明,许多行业被监管,并不是由于其所产生的外部性很大或比较容易引起垄断。

(四)管制供求论

管制供求论将经济学中的供求理论引入监管,论述了监管的供给是如何产生的,监管的供给与需求之间又是如何相互作用的。它将金融监管本身看成是存在供给和需求的特殊商品。在管制的供给方面,政府官员提供管制是为了得到对自身政绩更广泛的认可。在管制的需求方面,金融监管是那些想要获得利益的人所需要的。如现有的金融机构可能希望通过金融监管来限制潜在的竞争者,消费者也需要通过监管促使金融机构提高服务质量、降低服务收费。由此可见,是否提供管制以及管制的性质、范围和程度最终取决于管制供求双方力量的对比。根据管制供求论,监管者具有通过过度监管来规避监管不力的动机,但这样可能增加被监管者的成本,从而受到抵制。

二、金融监管的有效性

许多学者从多角度对金融监管的必要性进行论证,为金融监管实践活动提供了理论基础。不过,也有一些学者对金融监管的有效性提出质疑,这方面的代表性观点主要如下。

(一)监管成本论

监管成本论认为,监管的成本除了维持监管机构存在和执行监管任务的行政费用之外,还会带来四个方面看不见的成本:

一是道德风险。在一个受监管的市场中,个人和企业认为政府监管会确保这些金融机构的安全性,因而在存款时就不假思索。当存款人普遍地以不假思索的方式去存款时,就会使那些不良的金融机构很容易获得存款。并且,金融机构可能因为监管而扩大风险业务。这是由于某些监管措施可能会导致被监管者成本增加,为消除这一影响,金融机构于是就扩大风险业务的比重,结果增加了整体资产的风险程度。同时,道德风险会进一步加大逆向选择效应。由于政府监管的存在,使得被监管的机构会放松自身的内部管理,以求通过降低管理成本来吸引客户。结果,由于内部管理方面投入的减少,这些机构就有可能比那些在内部管理上投入较多的机构更加具有价格竞争优势,就能吸引更多的顾客,甚至出现"劣质机构驱逐优质机构"的市场逆向选择。

二是守法成本。指金融机构为了遵守或者符合有关监管规定而额外承担的成本。例如,为了满足法定准备金的要求而降低了资金的使用效率等等。

三是社会经济福利的损失。指在存在监管的情况下,由于各经济主体的产量可能会低于不存在监管时的产量所导致的福利损失。

四是动态成本。监管有时起着保护低效率的生产结构的作用,因而会成为管理和技术革新的障碍,造成动态经济效率的下降。

显然,金融监管存在成本,意味着监管有可能是不合算的。

(二)监管失灵论

公共选择理论(public choice theory)认为,市场固然存在缺陷,政府同样会失灵,即政府管制并不必然能够实现资源的有效配置。其表现在:

一是监管者也是经济人。具体从事监管工作的人员也是独立的利益个体,有实现自身利益最大化的要求。监管者可能为少数利益集团所利诱,利用手中掌握的权力为其服务。

二是监管行为的非理想化。尽管监管者主观上想尽力通过监管最大限度地弥补市场缺陷,但由于受到各种客观因素的制约,最终却不一定能够实现其良好的愿望。造成监管行为非理想化的最重要原因是监管者面临着信息不完备问题,主要表现为被监管者为了自身的利益故意隐瞒实情,甚至向监管者传递虚假的信息等,从而使监管者不可能作出正确的决策。同时,由于监管者对客观规律的认识具有局限性,即使信息相对完备,也可能作出错误的决策。

三是监管的低效率。金融监管机构受不到来自市场的竞争和约束,也就没有改进监管效率的压力和动机。监管机构作为管制制度的供给者,容易出现官僚主义。由于监管失灵的存在,金融监管也并不是"万灵药"。

(三)监管俘虏论

监管俘虏论认为,随着时间的推移,监管机构会越来越为监管对象(被监管者)所支配,监管者会越来越迁就被监管者的利益而不是保护所谓的"公共利益"。

俘虏论一个有代表性的模型即生命周期模型。根据该模型,新监管机构的成立是社会公众的压力和各利益集团达成妥协的结果。在新监管机构成立之初，尽管新机构经验不足，但显得非常有朝气和信心。随着时间的推移，公众对新机构的注意力开始转移，立法机关对新机构的支持程度也开始变弱，新的监管机构开始变得孤立起来。随着新机构对环境的不断适应，成熟期开始到来，监管机构与有关各方的冲突开始淡化，合作成为主流。监管机构被自己的各种繁文缛节所束缚，开始将被监管者的利益置于公共利益之上。监管机构的最后一个阶段是它的老化期。此时，监管机构的行为已经完全与其初衷相背离，越来越缺乏朝气和创造力，也越来越趋向于保护被监管者。它与被监管者之间相互利用的关系使其情况不断恶化，立法机关开始注意到这种情况并进一步撤销对它的支持，结果导致监管机构更加不负责任、变本加厉地牺牲公共利益。

第二节　微型金融监管的特殊性

作为一种为贫困者、低收入人口和微型企业提供的金融服务，微型金融具有区别于传统正规金融的运作特点，因而在对微型金融的监管中必须关注微型金融本身的特殊性。

一、微型金融监管中所面临的特殊要求

微型金融的一些独特之处对于监管提出了特殊要求。具体而言，这主要源自微型金融机构类型的复杂性、微型金融风险的多样性和微型金融服务对象及产品的独特性等方面。

（一）微型金融机构类型的复杂性

微型金融是一个较为宽泛的概念，其既包括正规金融机构所开展的微型金融，也包括非正规机构和个人所开展的微型金融服务，既包括商业化的、以营利为目的的微型金融，也包括非商业化的微型金融项目。根据资金来源的差异，微型金融机构包括非营利性的金融机构、吸收成员资金并专门服务于成员的微型金融机构、吸收公众资金并提供全面服务的微型金融中介机构等类型（Van Greuning 等，1999）。非营利性的金

融机构主要利用捐赠资金来提供小额贷款,有些也利用成员的一部分储蓄及少量的商业银行借款;吸收成员资金并专门服务于成员的微型金融机构中的典型代表如循环储贷会(Rotating Savings and Credit Associations,ROSCAs)、成员制的信用联盟、储蓄和贷款合作社等。通常,在此类机构中,对成员所提供的全部贷款中一半以上的资金来自成员的储蓄和认缴的股份;吸收公众资金并提供全面服务的微型金融中介机构则具体由专业银行或金融公司类的机构、成员持股的互助银行、社会投资者持股的普通银行等所构成。

　　针对微型金融机构的复杂类型,要求监管当局根据微型金融的属性来实施差别化的监管,不应适用单一化的监管框架。一般而言,对于非营利性的金融机构,适合于由自律性组织进行注册管理,重点关注其发放的微型贷款量是否超过所接受的捐赠资金数量、在社区内部吸收成员的小额强制性储蓄等活动以及借款人的机会主义行为等,促进市场的透明和其法律地位的确定性。对于吸收成员资金并专门服务于成员的微型金融机构,合作社监管机构或银行监管机构应主要关注其从成员手中吸收存款等业务,要求其向监管部门注册,同时加入上一级的合作组织,并接受独立信用评级机构的评级。对于吸收公众资金的微型金融机构宜由银行监管当局采取注册和业务许可管理,重点关注其零售存款业务开展情况,防范挤兑风险和此类机构的机会主义行为。通常其应受到审慎监管规则的约束,如对其规定最低资本要求及资本充足率水平、高管人员的任职资格、贷款损失准备金计提、信息披露等各项标准。从长远角度看,应当根据吸收公众资金的微型金融机构的特征制定面向此类机构的专门的监管法规。

（二）微型金融风险的多样性

　　微型金融机构既面临着一些与传统金融形式相同的风险类型,也存在着一些自身特有的风险种类。而在与传统金融形式共有的风险类型上,微型金融也表现出不同的特征(Graham,1998;Van Greuning 等,1999)。具体而言,微型金融所面临的风险主要包括:

　　1.信用风险。建立严格的还款约束是微型金融的基本特点之一。虽然如此,微型金融对信用风险的控制状况具有高波动性。其原因在于,微型金融机构的小额贷款在地域和部门上的分布比较集中,存在较大的"协变风险"。不少微型金融机构采取小组贷款的模式,贷款被提供给一些"同质"的小组,这虽具有利用来自小组的社会压力以促使成员还款的好处,但也使得违约风险高度关联,未能做到风险的分散化。并且,小额贷款通常缺乏抵押担保,清收不良贷款的成本相对于贷款额度本身显得十分高昂,一旦贷款违约,微型金融机构几乎不能收回任何价值。此外,许多微型金融机构在资产业务方面主要依靠的是贷款,进而贷款偿还率的些许恶化难免会对其总体绩效带来明显的负面影响。相比于传统金融机构,微型金融的信用风险状况呈现出更大的易变性,一有不利因素发生,可能导致其所承受的总体信用风险水平的急剧改变。

2. 流动性风险。确保存款能够随时提取,乃小额储蓄者最为关注的一个问题。由此,这对吸收存款的微型金融机构的流动性管理提出了较高的要求。微型金融机构往往外部融资渠道缺乏(如通常难以获得中央银行"最后贷款人"的支持),当贷款出现逾期时,可能会立即招致严重的流动性不足问题。同时,为数众多的微型金融组织以提供后续的贷款作为借款人现在及时还款的激励,一旦微型金融组织面临流动性难题而无法保证向借款人持续放贷时,这反过来又会加剧信用风险的发生。无疑,流动性风险是微型金融所要面对的尤为突出的风险之一。

3. 利率风险。微型金融机构利率风险的大小取决于其小额贷款的利率能否随着市场利率水平的变化而及时调整。当小额贷款的利率存在上限管制时,存款利率的上升将可能无法通过贷款利率的调整来进行补偿,此种情形下微型金融机构将承受较大的利率风险。而微型金融机构的存贷款利率水平一般相对较高,这又加剧了此类机构利率风险的程度。

4. 公司治理风险。公司内部控制机制在风险防范方面无疑有着重要作用,诸如所有者参与监督的利益动力、监事会的成员结构安排、管理信息系统的健全与否等方面对于金融机构能否取得理想的绩效是至为关键的。然而,在NGO形式的微型金融组织中,其并不是有商业投资者所拥有,产权安排上存在着一定的缺陷,捐赠者作为"准所有权人"通常难以发挥有效的控制功能,从而使得此类机构存在着显著的所有权与公司治理风险。

　　5. 新行业风险。微型金融机构的产生和发展是金融创新的结果,其业务模式和服务对象都是在传统金融原有模式基础上经过创新得来的。在许多国家,微型金融业可谓是一个新兴的行业,目前尚缺乏关于微型金融如何有效行使金融中介功能的相关经验。伴随着一些微型金融机构的快速发展,新的业务模式、新的产品、新的贷款技术、新的组织形态等正不断被引入。这种对新生事物的尝试往往也会带来相应的风险。

　　此外,对于一些依赖补贴资金的微型金融机构来说,其还存在着补贴依赖风险。在事先未有防备的情况下补贴的突然中止,就会使此种风险暴露出来。

　　总之,微型金融机构面临着一系列特殊的风险。对于监管当局来说,如何通过改进监管,以使微型金融既不断增加提供服务的数量,又在此过程中不至于承受过度的风险,正日益成为所要面对的一项挑战。

(三)微型金融服务对象及产品的独特性

　　微型金融的服务对象是那些无法从正式金融机构获得服务的中低收入群体。在农村,通常是指小农场主和从事小型低收入劳动的人群;在城镇,主要是自主就业人员及微小企业。上述服务对象的共同特征是通常缺乏"硬信息"及常规的贷款担保品。一方面,此类服务对象没有经审计的财务报表,这是因为对他们来说提供此类报表成本过高且几乎没有实际的作用;另一方面,此类服务对象即使拥有可用来作为贷款担保的某种物品,但要查明此种物品是否确实为其所有、有否进行重复担保等困难重重,且办理担保登记手续的成本也往往异常高昂。

　　与在贷款发放过程中难以借助于抵押担保和利用正规的书面信息相对应,微型金融所提供的典型的贷款产品一般是小额的且期限较短的贷款。同时,微型金融通常采用不同于传统金融机构的贷款技术以适应前述特定借款人的信息条件。具体而言,许多微型金融组织采用的是基于"软信息"和个人品格的贷款技术。一方面,对于大多带有经营者个人特征的微小企业等小型借款人,微型金融机构在贷款时不仅关注企业层面的业务和信息,还关注个人、家庭层面的行为和信息;另一方面,微型金融机构的信贷经理一般被授予较大的决策权力,贷款的决定无须如同在传统金融机构中那样要经过层层审批。这既是由微型金融服务对象对贷款的高时效性需求所要求的,也是由"软信息"具有难以量化、传递和被证实的特点所决定的。不难理解,关于个人品德等之类的软信息具有非标准化、主观色彩性、模糊性及人格化等特征,其大多是关于特定对象的专有信息,难以用书面报表形式进行统计归纳,这些特性决定了其是较难准确传递和被查证的。而此种传递及查证上的困难性引致微型金融机构的上级管理层的审批对于改善具体贷款的决策不能产生实质性的帮助,将贷款的决策权力较多地交给掌握着软信息的信贷经理来掌握也就成为一种必然的选择。

微型金融独特的服务对象及产品对于监管同样提出了特殊要求。例如,微型金融机构采用的是分散化的决策机制,贷款的决策较多地由信贷经理直接作出,这就对信贷经理的素质和培训、对信贷经理的激励约束和奖惩机制等提出较高的要求。进而对于监管机构来说,监管的一项重要任务是要考察微型金融机构对信贷经理的培训是否有效、对信贷经理的激励约束安排是否健全,以及是否建立起高效的对信贷经理行为表现的监督、评估与控制机制。又如,在对传统的银行机构的监管中,监管机构现场检查银行的贷款文件和档案是一项惯常采用的手段。但该手段在应用于微型金融时其有效性将打上折扣。这是因为微型金融贷款的单笔额度小而笔数众多,逐笔检查贷款文件将使监管机构招致极大的人力、物力投入,并且,鉴于微型金融贷款通常是基于软信息及信贷经理的主观判断而不是财务报表数据及合格担保品来作出的,通过对贷款文件的检查监管机构事实上也只能得到极为有限的一些基本信息。因而,相比于检查贷款文件,更有成效的监管方式可能是检查微型金融机构的信息系统能否及时准确地提供微型贷款组合的信息、微型金融机构的管理层识别和衡量信贷风险的流程是否灵敏高效等。

二、微型金融监管的基本原则

从一国金融体系的整个市场来看,微型金融的业务一般仅占一个较低的比重。但微型金融拥有数量极为庞大的客户群体,以与微型金融发生金融交易的人口、企业数占总人口、全部企业的比例来衡量,微型金融的覆盖范围往往相当之大。鉴于微型金融面向经济领域中的广大低收入群体,微型金融机构的经营不善及破产倒闭将可能带来严重的负面影响,尤其是低收入者在微型金融机构的小额存款一旦受损往往会对该群体对于金融体系的信心产生持久的伤害。因而,完善对微型金融监管的重要性毋庸置疑。相对而言,监管机构目前尚缺乏监管微型金融的经验,须要随着微型金融实践的深化而不断加以探索与总结。基于金融监管的一般规律,在探索改进微型金融监管制度的过程中,一些基本的原则应该被遵循。具体来说,这些原则主要包括:

一是效率原则。通常,金融体系的稳定与效率目标之间存在一定的此消彼长的关系。一些旨在维护金融体系稳健性的严格的监管措施(如规定较高的资本比率等),往往会限制竞争并进而引致金融机构效率的损失。在缺乏对微型金融监管的实际经验的条件下,应尽量避免不适当的监管措施对微型金融机构效率可能造成的伤害。

二是降低成本原则。对于监管机构来说,应努力探寻低成本但有效的监管方法来对微型金融机构实施监管。许多针对传统金融的监管安排如果直接应用于微型金融,可能会带来沉重的成本负担。例如,如前所述,微型金融机构一般发放的是笔数众多、小额且期限很短的贷款,对这样的贷款若要求微型金融机构按固定格式保留贷款记录,则难免会给这类机构带来过度的成本压力;又如,微型金融机构往往数量甚多,监管机构若较多地采用现场检查的监管方式,则相对于微型金融的总体风险水平而言,监管机构本身亦将背负上高额的成本。因此,针对传统金融的有些监管安排由于高成本问题并不适合于微型金融。有效的微型金融监管方式应该注重对监管本身的成本收益分析。

三是弹性原则。微型金融业务模式和产品均是在传统金融原有模式基础上经过创新得来的。创新是推动微型金融发展的基本动力。在对微型金融的监管过程中,既要通过适度监管防范风险,又要注意保护和激励微型金融主体的创新热情,使其享有较大的创新自由度和自主权,便于对技术进步和客户需求等的变化作出及时反应,使微型金融提供的服务可以更好地与贫困人群这一特定服务对象相匹配。监管不应扼杀微型金融的创新空间。

四是激励相容原则。要摒弃采取仅根据监管目标、不考虑微型金融机构利益与发展的激励不相容监管,尽力争取实现监管机构监管目标与微型金融经营目标的一致和协调。为此,需要坚持有所为有所不为,通过合理监管设限将监管者的要求内化为微型金融机构的行为。如监管当局可通过强化对微型金融机构的公司治理结构、内控制度、风险管理流程等的评估,以及建立对经营良好的微型金融机构适当降低现场检查频率等各种形式的正向激励机制,既实现可完成监管目标,同时又为相关微型金融机构通过自身努力以降低监管负担提供可能。

五是不妨碍竞争原则。监管应该为各种金融机构营造一个公平竞争的环境。鉴于同样的监管措施和监管强度对于不同类型金融机构带来的影响可能极不相同,因此不应对各种金融机构施以同样的监管标准,需要根据微型金融机构类型及业务属性的不同采用差别化的监管,以避免扭曲微型金融机构之间的竞争。

第三节　国际微型金融监管的基本模式

微型金融因其业务性质特殊而应与传统金融监管体现出差异。在国际范围内,关于微型金融行业的监管虽开始形成一些初步的一致意见,但总体来说如何建立有效的监管制度尚待进一步探索。从监管模式上来看,大体上存在着基于现有银行立法的监管模式、专门微型金融立法下的监管模式、自律监管模式等代表性模式(Staschen,1999;Nusselder,2004;CGAP,2002)。每一种模式有其一定的优点,但又各有相应的缺陷。

一、基于现有银行立法的监管模式

在基于现有银行立法的监管模式下,对微型金融机构所施加的监管规定原则上与其他金融机构相同。不过在有些国家,所有的微型金融机构或部分微型金融机构在与监管当局协商后可免于接受某些监管要求的约束。对于寻求正式身份的微型金融组织来说,可根据自身的需要及能力来选择合适的组织形式(如商业银行、互助银行、金融公司等),并受到对应的监管法规的规范。另外,具体的监管既可以是由政府监管当局实施或者由独立的监管机构进行。一些发展中国家尚未设立针对微型金融机构的监管框架,对于这些国家的微型金融机构来说,其只有符合基于现有银行立法的监管规定,才能向公众动员储蓄,否则其只能以"只贷不存"的形式而生存。总体上,该监管模式的施行建立在以下假设之上,即开展吸收私人存款和发放贷款等银行业务的微型金融机构,应该与其他金融机构一样,接受政府监管及现行银行法规的约束。

　　基于现有银行立法的监管模式的优势主要是可以提高监管的公信力,便于政府更大范围地利用金融资源。同时,这也便于政府合法地禁止微型金融机构从事某些金融服务,并且在一些微型金融机构陷入流动性不足困境时通过贴现窗口提供强有力的流动性支持。采用该种监管模式的典型案例是玻利维亚和肯尼亚。上述两国分别对其国内最大的微型金融机构——BancoSol 和 K-Rep——采用的是基于现有银行立法的监管。

　　BancoSol 的前身是非政府组织——PRODEM,成立于 1986 年,是由美国非政府组织 ACCION 和玻利维亚的一些商界领袖创办的。在随后的发展中,由于其发展速度不能满足巨大的信贷需求,不能合法地向客户提供多样化的金融服务,尤其是不能吸纳存款等问题的出现而面临挑战。于是 1992 年,PRODEM 进行了分化,把商业化运作的一部分单独分离出来,在玻利维亚银行和金融实体监管处的批准下成立了 BancoSol,成为第一个转变为商业银行的非政府组织。为满足转型为银行的较高的最低资本要求,BancoSol 主要通过 PRODEM 的贷款组合转为资本、来自国际捐赠机构的资本以及玻利维亚国内的民营资本投资等三条渠道加以解决。对于设立银行分支机构的高门槛,BancoSol 通过与作为非政府组织的 PRODEM 的合作加以逾越,即新的分支机构先由捐赠基金支持下的 PRODEM 来建立,待其能实现盈利后,再由 BancoSol 接收这些分支机构。与此同时,作为监管当局的玻利维亚银行与金融实体监管处则将促进微型金融部门的发展作为一项重要任务,尽力加强学习使自身熟悉微型金融组织的贷款技术,增强监管包括 BancoSol 在内的微型金融部门的能力。上述安排破除了 BancoSol 开展微型金融服务所面临的其中一些限制及障碍,但银行法中的不少规定客观上还是给 BancoSol 带来了特别的负担。例如,银行法规定,低于 2000 美元的贷款无须抵押担保,然而,BancoSol 采用的是小组贷款机制,对小组的贷款被算作是单笔贷款,进而对某个小组的贷款总量通常超过 2000 美元的上限。这项规定由于未考虑微型金融机构的特性而显得有失公平。又如,根据玻利维亚的法律,增设新的银行分支机构的前提条件是拟设机构遵循全国习惯性的营业时间并提供全面的服务,但这将对定位于服务低收入群体的微型金融机构的盈利水平造成负面影响。再如,在统一的报告和信息披露规定下,银行被要求对每一个客户的业务及财务状况按实际情况进行分等定级,而这对于主要从事短期微型贷款的 BancoSol 来说意味着过高的成本,并继而阻碍贷款的灵活发放。尽管基于统一银行法的监管带来了一些障碍,但 BancoSol 还是成功实现了商业化运作。截至 2011 年,BancoSol 已设立了 100 家分支机构,业务覆盖玻利维亚八大城市,自 2007 年以来一直获得穆迪的 AAA 最高信用评级。

肯尼亚的 K-Rep 银行成立于 1984 年,起初是一家非政府组织,在 1996 年转型为正式的银行。转型的原因在于为了摆脱作为非政府组织不能从公众手中动员储蓄的困境。储蓄动员既为 K-Rep 银行的贷款业务提供了重要的资金来源,也为当时缺乏小额存款服务的贫困人口带来了便利。根据肯尼亚的银行法,单个股东在银行中的持股比例不得超过 25%,因而转型中所面临的一个显著困难是要寻求到更多的投资者。为此,K-Rep 通过引入具有微型金融业务经验与国际银行业务背景的金融机构(如国际金融公司等)、具有专门知识与技术的开发型金融机构(如非洲开发银行等)以及银行雇员持股等途径解决上述难题。为控制 K-Rep 银行等新兴的微型金融机构的风险,作为监管机构的肯尼亚中央银行重视开展国际交流,派员到玻利维亚等国访问考察相关监管当局和微型金融机构,积极借鉴其他国家的监管经验。当然,在 K-Rep 银行和监管当局(即肯尼亚中央银行)之间尚存在一些争议性问题,如在目标服务群体所在的非常贫困的地区设立分支机构及接受担保替代等方面存有一定争议。目前的解决之道是就相关争议性问题与中央银行逐一展开协商并尽力寻求妥协,而不存在一般性的解决方案。进而,每一家申请转型成为银行的微型金融机构均须分别与中央银行谈判以界定如何对共同的监管框架作出一定调整。

二、专门微型金融立法下的监管模式

在该模式下,一国专门建立适应微型金融行业特征的法律框架并以此作为监管的依据。鉴于立法者经验的不足,微型金融专门立法的完成通常需要一个较长的协商及学习的过程,并需要为立法的修正预留空间。当现有的监管当局不具备足够的能力来监管微型金融机构时,则需要在现有的监管当局内部组建一个独立的监管部门或将监管任务委派给其他能胜任的独立机构来实施监管。另一种可能的选择是由中央监管当局在一些地方设立若干派出机构,由这些机构来单纯行使执行微型金融监管的职能。为增强对违规行为的威慑作用,监管当局应对上述派出机构或独立机构赋予足够的监管权力。不难理解,此种模式的优点在于能够对微型金融业实施专门化的监管,但它要求监管机构拥有监管微型金融的技术与知识。

秘鲁和西非经济货币联盟等一些国家和地区选择了对微型金融采取专门立法监管的方式。在秘鲁,20世纪80年代初时,仿照德国的储蓄银行体系,建立了一类称之为CMAC的微型金融机构类型。1994年以后,适应非政府组织的微型金融组织寻求正式金融机构身份的需要,该国又创立了一类名为EDPYME的微型金融机构种类。上述两类微型金融机构均受秘鲁中央银行内设立的一个专门部门的监管。一方面,考虑到监管当局缺乏监管微型金融的经验,秘鲁关于微型金融机构的许多监管规定存有一定的不确定性,以便给予微型金融监管必要的弹性;另一方面,针对微型金融的专门监管规定总体来说要求相对较低,表现在:微型金融机构的最低资本金数量要求很低,仅为不低于25.6万美元,对于10000美元以下的贷款无须保留记录,资本与资产的比率无须采用风险加权的方法来计算等等。除了关注一些常用的财务比率指标外,秘鲁监管当局在对微型金融机构的监管中还重视对此类机构的贷款方法、职员的任职资格、内部控制系统等的检查。至于微型金融机构被许可从事的业务范围则与它们的权益资本规模挂钩。当CMAC、EDPYME等微型金融机构的资本金数量超过140万美元时,其可以开展储蓄和定期存款业务;当资本金数量达到280万美元以上时,则还被允许经营活期存款业务。此种挂钩安排为微型金融机构在监管框架内寻求自身发展提供了可能。

随着储蓄与贷款合作社等微型金融机构所吸收的储蓄量的增大,为保护存款安全及全面掌控微型金融行业,西非经济货币联盟部长理事会于 1996 年 7 月通过了相互储蓄和信贷支持监管法案（Projet d'Appui à la Réglementation des Mutuelles d'Epargne et de Crédit，PARMEC）。该法案创立了一个较为详细的监管框架，规定了微型金融机构的组织结构形式，提出了实施风险管理的审慎性比率要求。根据 PARMEC 法案，储蓄与贷款合作社体系采用四层的组织结构安排，即在基层合作社的基础上，组合起来形成合作社联盟，合作社联盟再结合成合作社联合会，合作社联合会联合起来组成合作社同盟，每一层级的机构均受相邻的上一层机构的监督与指导，同时每一层级的机构须接受政府的监管。合作社体系的上述层级结构便于监管当局将一部分监管任务委托给体系中的有关层级。对于储蓄与贷款合作社的贷款额度，则将其与合作社所吸收的储蓄而不是与资本金挂钩。这主要是考虑到合作社的股权资本通常很少，同时这些合作社往往有储蓄之外的资金来源，为保守起见，规定了贷款与储蓄挂钩的贷款政策。当然，从长期角度来看，这种贷款政策可能会对微型金融部门的业务扩张构成一定阻碍。西非经济货币联盟内各国的财政部作为承担银行监管职责的机构，则在其内部建立专门的监管部门，由该部门充当微型金融监管具体操作的主体。

三、自律监管模式

在该模式下，对微型金融机构的监管很大程度上不依赖于政府，其主动权在微型金融机构自己手中，政府基本上不通过法规施加强制性的规制。监管的实际行使可由类似于信用评级机构之类的专门监督机构来完成，这些机构对于微型金融组织的制裁力量仅仅在于其具有对后者的信用等级等拒绝认可盖章的权力。纯粹意义上的自律监管本质上等同于一种对微型金融机构的评级体系，通过信息的公开发布来取代政府的监管，而信息的可靠性则由保持高度独立性的机构来担保。对于微型金融机构来说，通过向外部相关利益主体（如投资者、捐赠者、存款人等）发送成功经营的信息，可便于其降低获取外部融资的成本，拓宽获取外部融资的渠道，这构成促进其自律和改善经营的激励机制所在。如果微型金融机构被允许从事吸收公众存款业务，则在自律监管框架内，同时建立由微型金融机构出资组成的存款保险制度将有助于增强公众存款的安全度。为限制道德风险问题，每家微型金融机构参与存款保险的出资数额应反映其各自所承载的风险大小。此外,如果政府关注对微型金融客户权益的保障,则有必要在自律监管的同时辅之以强有力的政府制裁机制,如停止向特定微型金融机构提供资金、限制特定微型金融机构的业务活动,甚至关闭特定的微型金融机构等。

菲律宾和南非等国是对微型金融部门采取自律监管的代表。1991年,菲律宾的《小企业法典》要求所有的贷款机构对小企业发放的贷款占其全部贷款的 5%～10%,这对微型金融机构的业务水平提出了较高要求。否则,直接增加对小企业的贷款只会给微型金融机构增添风险。基于此,"菲律宾微型金融标准联盟"随之成立,其代表来自非政府组织、中央银行以及微型金融理论与实务部门的专家等。联盟的主要职责是创立微型金融业务的行业标准,回顾、检讨菲律宾的金融非政府组织,承担对成员微型金融机构的监管任务等。通过致力于微型金融业务标准的开发制定,联盟的成立对于提升微型金融的效率、可持续性与覆盖范围以及增强微型金融机构对于投资者的吸引力产生积极的作用。由于微型金融机构是按照自愿原则而加入联盟,就此而言,基于微型金融标准联盟的监管方式属于自律监管。不过,微型金融标准联盟既充当咨询建议者的角色,又行使对未达最低标准的微型金融机构的惩罚职能,双重角色的共存包含着出现利益冲突的可能性。

在南非,该国金融业的一个重要特征是既拥有现代化的金融部门,同时也存在庞大的非正规及半正规金融部门。20 世纪 80 年代放松金融管制以后,南非于 1990 年颁布了新的银行法。新银行法遵循功能监管的思路,其名义上适用于各类从事类似存贷业务的金融机构,包括大量的半正规与非正规金融机构。然而,如果完全遵从新银行法功能监管的方式,所有吸存金融中介将需要满足与正规银行一样的监管要求,则其对于微型金融机构来说将形成较高的市场进入障碍。原因在于功能监管方式仅将机构所从事的业务的性质作为唯一判断标准,而未将机构的业务规模、客户特征、贷款技术等纳入考虑范围。同时,就一些成员制的微型金融机构而言,其存在着来自成员的控制,充分的内部控制机制的存在使得施加外部监督的必要性降低。基于以上认识,南非规定循环储贷会、储蓄与贷款合作社、雇员储蓄社团等微型金融组织免受银行法的制约,采取自律监管的方式。当然,微型金融组织要享受豁免银行法规制的待遇的前提条件是,这些组织须相应加入南非储蓄与贷款联盟、南非全国循环储贷会协会等联盟组织(umbrella organization)。除此之外,还应满足机构规模低于规定限额及履行报告与信息披露业务等条件。

第四节　我国微型金融监管体制的完善

近些年来,以服务低收入群体并帮助其摆脱贫困为宗旨的微型金融组织在我国开始得到较快的发展。相应地,积极完善微型金融的监管框架亦有必要被提上议事日程。如果缺乏有效的监管体系的支撑,难免将在长期内对我国微型金融业的可持续发展造成制约。

一、我国微型金融监管领域所存在的主要问题

20 世纪 90 年代末,中国政府和中国农业发展银行主导的"政策性小额信贷扶贫"项目的实施标志着微型金融在我国的正式发展。2005 年,中国人民银行在 5 个省开展了 7 家小额贷款公司试点,开启了小额信贷在中国发展的新阶段。2006 年年底,银监会调整放宽农村地区银行业金融机构准入政策,推动发展村镇银行、贷款公司、农村资金互助社等新型农村金融机构。2008 年 5 月,银监会、央行又联合发布《关于小额贷款公司试点的指导意见》,小额贷款公司试点进一步在各地展开。目前,我国微型金融的发展已呈现出机构种类趋于增多、机构数量不断增加的态势。截至 2011 年 6 月末,全国共有小额贷款公司 3366 家,贷款余额2875 亿元;截至 2010 年年底,全国共有村镇银行 349 家,贷款公司 9 家,农村资金互助社 37 家。与微型金融近些年来的较快发展相对应,在对微型金融监管上,我国从法规、政策、监管方式等方面也进行了一些探索,但与微型金融的发展现实及趋势相比,相关监管制度尚存在一些不适应性。主要表现在:

其一,微型金融监管立法滞后。2007 年年初,中国银监会发布了《村镇银行管理暂行规定》《农村资金互助社管理暂行规定》等有关村镇银行、贷款公司、农村资金互助社三类新型农村金融机构的一批规范性文件,关于微型金融的法规政策建设由此起步。之后,又陆续发布了《关于

小额贷款公司试点的指导意见》《小额贷款公司改制设立村镇银行暂行规定》等规章。截至目前，虽然已经有了不少涉及微型金融的政策法规，但多为暂行的部门规章，部分甚至仅是规范性文件，法律位阶较低，且整体上比较零乱。这些暂行规定、意见、指引等政策性文件尚停留在对微型金融的临时性、非制度化的监管层面，法律效力较低，不足以承担起有效规范快速发展中的微型金融业内部相关利益主体权利业务关系的重任，亟须进行专项、高阶的立法。适时加快微型金融立法速度，构建稳定的法律体系保障，才便于为监管部门的监管措施提供制度保证，约束微型金融机构的机会主义行为，保护作为微型金融服务对象的贫困群体及微型企业切身利益，以更好适应新形势下微型金融监管的需要。

其二，监管链条过长，基层监管资源不足。目前我国金融监管的权力主要掌握在中央政府手中，相关监管部门通过在各地设立派出机构的方式来履行监管职责。作为主要监管当局之一的银监会，即存在着国家级、省级、市级、县级等多个层次的监管层级，监管链条较长。一方面，由过长的监管链来对散布于各地的微型金融机构执行监管，必然导致信息传递速度慢、难以动态地分析处理出现的有关风险、监管效率低下等问题。另一方面，由微型金融的目标客户所决定，我国的微型金融机构目前主要集中在县域，因而，微型金融监管的重点也应在县域。然而，从监管资源的配置上来看，县域监管资源相对不足，难以适应微型金融机构数量和业务扩展所带来的挑战。具体表现在，保险业和证券业在县域缺乏监管主体，银行业虽在县域设有监管办事处，但监管人员有限（通常为3～4人），面对地域分散、数量增多的监管对象，监管力量捉襟见肘。此外，由于经验的缺乏，监管机构对微型金融的监管行为还局限于机构及业务的准入管理及合规性检查，而非现代意义上的风险监管。

其三，监管标准和要求待完善。一是部分监管标准要求偏高。例如，对农村资金互助社的设立和业务经营采用几乎与大型正规金融机构相类似的审批程序和标准，要求其具有固定的营业场所及安保措施，并建立标准会计制度、存款准备金制度、呆账准备金制度等，这难免会加大该种微型金融机构的组建及运营成本，不利于其经营的可持续性。二是部分监管标准和要求不够明确。如对微型金融机构坏账冲销的标准及时间、对吸收存款的微型金融机构的流动性管理要求等缺乏明确规定；

对微型金融机构的资本充足率也仅笼统规定不得低于8％，除此之外尚无具体要求。三是有些监管标准和要求不利于微型金融的创新发展。例如，按照现有规定，村镇银行最大股东或唯一股东必须是银行业金融机构，最大银行业金融机构股东持股比例不得低于村镇银行股本总额的20％；贷款公司必须由商业银行或农村合作银行全资设立；小额贷款公司转制设立村镇银行的一个重要前提是已确定符合条件的银行业金融机构作为主发起人，且控股比例不低于20％等。这些规定表明监管当局尚倾向于以传统商业银行的运作思路来拓展微型金融服务，而未顾及具有特定服务对象的微型金融在组织和业务模式上应给予的创新空间。

其四，一些民间金融组织的微型金融活动游离于监管之外。作为一种对金融组织单一性与经济结构多元化、市场化发展之间强烈反差的适应性民间自发创造，合会、私人钱庄、投资咨询公司等民间金融组织在我国各地普遍存在，并表现出顽强的生命力。这些民间金融组织具有信息对称、交易成本低、融资方式灵活等优势，其所开展的微型金融活动客观上为部分小微企业及低收入农户提供了一定的融资便利，但目前此类金融活动仍游离于监管之外，既未有明确的监管主体，也缺乏有效的监管手段。进而，民间金融组织的微型金融活动在带来一些积极作用的同时，其所存在着的自发性、分散性、交易隐蔽、规范性差、风险不易监控等特征，也使其容易伴生非法集资、高利转贷等违法犯罪行为，并对地方金融的安全稳定乃至社会秩序造成负面影响。为取其精华，弃其糟粕，更充分地发挥民间金融在促进我国小微企业多元化、多渠道融资方面的积极作用，着力加强对此类金融活动的监督与引导，已成为政府和金融监管部门所面临的一项急迫任务。

二、完善我国微型金融监管体制的基本构想

借鉴国际成功经验，针对微型金融机构的风险特征及目标客户特点，采用差别化的监管方式及监管规则，应是我国微型金融监管安排的所要坚持的基本要点。为提高微型金融监管的有效性，结合中国微型金融机构的特点和微型金融发展格局，探索建立分层监管、分类监管体制，已成为一种迫切的需要。

(一)逐步向专门微型金融立法下的监管模式转型

在微型金融监管模式上,我国应采取"渐进式"的途径(王婷婷等,2010)。近期内,鉴于微型金融立法可能耗时较长的现实,我国宜主要选择基于现有银行立法的监管模式,根据形势发展的需要及时在银行法的原则规定下设置一定的例外,细化现有的规章制度,增强其科学性。但从长期的角度来看,由于我国存在众多的小微企业及大量弱势群体,且现有不合理的金融结构亟待改变,因而微型金融在我国有着很大的发展潜力和发展空间。随着不同组织形式、不同业务创新程度、不同管理水平的微型金融机构在未来的不断涌现,基于统一银行法的监管将愈发难以确保这些机构的健康发展。为此,我国应注重加快微型金融的专门立法,在监管模式上逐步向基于微型金融立法的监管过渡,以保证市场空间广阔的微型金融行业更加有条不紊地运行。

在优化政府监管的同时,还应重视发挥行业自律管理和社会监督的积极作用。自律是基于行业整体利益而实施的自我管理和规范,具体表现在组织制定行业标准与业务规范,制定从业人员道德和行为准则,组织会员签订自律公约等。由微型金融机构自己组建的行业自律组织对本行业的动态较为了解,由其所进行的相关管理往往较具针对性。受政府监管资源的限制,在对微型金融的监管中也应重视利用社会监督的力量。如由社会审计服务组织对微型金融机构的财务状况、会计报表及内部控制系统进行审核,以增强监管机构非现场监管的有效性;也可实施由资信评估机构对微型金融机构作出评级并将评级结果向社会公布,以强化这类机构经营中的自我约束。

(二)实行微型金融的分类监管

按照微型金融机构的性质不同实施分类监管已基本成为国际上的共识。通常认为,吸收公众存款的微型金融机构应该接受审慎监管(prudential regulation and supervision),对于不吸收公众存款、外部效应放大较小的微型金融机构,仅需接受非审慎监管(Christen 等,2011;焦瑾璞,2009;何光辉、杨咸月,2007)。审慎监管要求监管部门制定一系列金融机构必须遵守的周密而谨慎的经营规则(通常包括资本充足率、风险管理、内部控制、资产质量、损失准备、风险集中、关联交易、流动性管理等方面的审慎经营规则），客观评价金融机构的风险状况，并及时进行风险监测、预警和控制。审慎监管的目的是为了保护储户的安全性和金融机构的整体稳定性。而非审慎监管主要关注消费者保护、防止欺诈和金融犯罪、确定税收和会计问题等，一般不对金融机构本身的财务稳定性进行监管。审慎监管通常比大多数非审慎监管复杂、困难，且要求有专门的金融权力机构来从事这项工作，一些非审慎监管则可放在一般商业法规下进行，由执行这些法律的政府部门来完成。

从我国的情况来看，对于从事吸收社会公众储蓄业务的村镇银行等微型金融机构，应坚持审慎监管，对于"只贷不存"的小额贷款公司以及主要依靠捐赠与援助资金的金融 NGO 等微型金融组织，可采取非审慎性监管。此外，对于交易金额、地域范围和参与人数等较小的民间金融形式的微型金融交易，可推行自由登记制度，而对于交易规模较大、参与者较多、资金逐利目的明显的民间金融形式的微型金融交易，应将其规范为公开注册的微型金融组织，接受金融监管。

(三)探索实施微型金融的分层监管

我国地域辽阔，各地经济发展特点迥异，对微型金融服务的需求呈现出差异性，不同地域微型金融的结构安排及发展路径应有所不同。因而，由中央政府统一集中的方式对大多分布于基层的、作为草根金融的微型金融机构实施监管，是不完全妥当的。随着微型金融机构与业务在各地的广泛兴起，可探索建立中央和地方政府分别负责的微型金融二元监管体系。具体的框架可以是：中央政府负责制定基本的监管指导原则及业务指导、协调和风险预警等，在此基础上赋予地方政府对微型金融的监管地位和一部分监管权力，参与微型金融组织从市场准入、业务经营及市场退出的监管，并承担相应的风险化解责任。中央和地方政府分层负责的监管格局，将利于推动微型金融的创新，增强微型金融机构的金融服务能力，发挥地方政府所拥有的独特的监管手段，降低监管成本，促进地方金融与地方经济的协调发展。为实现分层监管框架的有效运作，应当注重中央与地方政府之间的信息交流，并在微型金融的风险化解方面加强协调行动。

（四）建立差别化的微型金融监管标准与要求

微型金融具有特殊的风险表现和客户群体，简单依照传统金融的监管标准对微型金融机构进行监管是不合适的，构建差别化的监管指标和措施实属必要。在资本充足率方面，鉴于微型金融机构存在较高的管理风险和管理成本，且其股东在需要补充资本时追加资本的能力一般较弱，对微型金融机构的资本充足要求宜采取较巴塞尔协议对传统银行设置的标准更为严厉；在流动性要求方面，由于获取外部短期流动性支持的渠道一般较为有限，对微型金融机构除规定按存款的一定比例提取准备金等之外，还可要求提留利润来积累准备基金（何光辉、杨咸月，2007）。在贷款风险控制上，宜适当降低微型金融贷款中的抵质押要求，允许保证担保的广泛运用。在贷款损失准备计提与坏账冲销上，考虑到微型金融机构贷款资产质量的高波动性及贷款期限的短周期性，对微型金融机构的损失准备计提和坏账核销规定宜较传统金融机构更为保守。并且，鉴于微型金融的发展变化较快，我国还应根据微型金融本身的发展水平及外部市场环境的变化，动态地对相关监管标准与指标作科学调整。

（五）放松对微型金融的利率管制

为低收入者和小微企业提供的贷款具有额度小、笔数多、单位成本较高等特点，如果贷款利率不能反映市场供求均衡下的资本价格，而是采用行政定价，微型金融机构就不能用利率覆盖成本与风险升水，难免会造成这些机构普遍性的财务不可持续问题。因而，实行灵活的市场化利率是微型金融组织正常生存的必要土壤。应赋予微型金融机构较大的贷款利率定价权，使其能够获得合理的收益，维持机构的正常运营，并提升信贷成本的透明度。同时，微型金融组织机构小、缺乏市场认知度，导致在获取存款等外部资金上处于弱势。故也有需要在微型金融行业内试点推进存款利率浮动，以利于其扩大资金来源，拓展小额信贷服务。

参考文献

[1] Berenbach, S. and C. Churchill. Regulation and Supervision of Microfi-

nance Institutions:Experience from Latin America, Asia and Africa. The Micro Finance Network Occasional Paper No. 1. Washington, DC,1997.

[2] CGAP. Consensus Microfinance Policy Guidance:Regulation and Supervision. Washington, DC, 2002.

[3] R. Christen, K. Lauer, R. Lyman and R. Rosenberg. Microfinance Consensus Guidelines. 2011. http://www. cgap. org.

[4] Graham, D. H. 1998. Regulation and Supervision of Deposit-taking Micro-finance Institutions. Paper Presented on the CGAP-Conference. Savings in the Context of Microfinance. Kampala, Uganda,1998.

[5] Nusselder, H. Regulation and Supervision of Microfinance in Nicaragua, 2004. http://www. cedla. uva. nl/pdf/microkrediet.

[6] Staschen, S. Regulation and Supervision of Microfinance Institutions: State of the Knowledge. GTZ:Eschborn, 1999.

[7] Van Greuning, J. , G. Hennie and B. Randhawa. A Framework for Regulating Microfinance Institutions. Policy Research Working Paper No. 2061. Washington, DC:World Bank,1999.

[8] 何光辉,杨咸月. 小额金融机构审慎监管的国际最新发展. 世界经济,2007 (7).

[9] 焦瑾璞. 创造良好环境推动微型金融规范持续发展. 黑龙江金融,2009(11).

[10] 王婷婷,等. 微型金融的规管探究. 知识经济,2010(10).

[11] 闻岳春,严谷军. 西方金融理论. 北京:商务印书馆,2006.

[12] 吴慧萍. 小额信贷的背景和趋势. 西南金融,2007(3).

[13] 袁蓉君. 借鉴亚洲国家监管经验 改善中国微型金融环境. 金融时报,2010-09-22(8).

第九章　微型金融运营若干案例

第一节　台州银行小本贷款案例研究*

　　党的十六届六中全会提出构建社会主义和谐社会以来,如何改变弱势群体的生存与发展状况越来越受到全社会的关注。弱势群体的涉及面广、成因各异,解决弱势群体的问题需要从多个领域进行综合治理。但从弱势群体最显著的共同特征上看,解除他们在经济上的贫困是关键。而经济上贫困的解除绝非仅仅在于给予他们增加多少资金救助等"输血"式扶贫援助,更重要的是通过金融创新使他们尽可能享有平等的信贷等金融服务机会,使其沉没的人力资本与货币资本有效结合从而在根本上改变他们"可行能力的剥夺"之恶性循环局面,进而使得弱势群体帮扶具有"造血"功能。本案例所展示的台商行小额贷款正是我国市场经济深化中改变弱势群体"可行能力的剥夺"的一个真实而富有一定传奇色彩的案例,不仅为我们提供了一个反击流传了几百年"几乎无一例外地把弱势群体置于最不利信贷地位的信贷哲学"之中国式案例,也在

　　* 本文系浙江大学经济学院"小额贷款技术可复制研究"课题组成果之一。该案例表明国际先进的个体微贷理念,技术同样适应中国且可以成功地本土化。本文有所修改。

实践中突破了我国沿袭已久的传统信贷管理方式。小额贷款项目开展以来陆续得到了各级政府和社会各界的高度评价。2007 年 1、2 月份,项目有关介绍情况分别得到了原浙江省委书记习近平、国务院总理温家宝的批示,要求总结经验;2007 年 5 月份,银监会副主席唐双宁来台商行视察,留下了小本贷款"万家乐"的题字褒奖;2008 年以来,银监会刘明康主席、人大财经委副主任吴晓灵等领导、专家来台商行考察并高度肯定小本贷款的社会经济效益。相信台商行的小额贷款之实践经验对如何进一步有效推进弱势群体帮扶工作和促进经济转型升级具有积极的借鉴意义。

一、金融机会缺失与弱势群体形成

弱势群体形成的原因错综复杂,但国内外大量事实表明:金融机会缺失是其中最为主要的原因。

(一)"失血"机制与弱势群体形成

20 世纪 80 年代中后期以来,在中国经济体制改革浪潮的推动下,金融体制改革也逐步深入。但经济的快速增长和经济结构的深刻变化对金融业的发展提出了更高的要求,尤其是当经济生活中大量涌现与大银行"无缘联姻"的民营微小企业时,这种金融与经济发展不相适应的矛盾就显得更为突出。实践中表现为:在微小企业融资中占有主导地位的信贷体系存在"失血"机制,致使弱势群体的金融地位每况愈下,成为制约大部分弱势群体创业与发展难以逾越的障碍。

我国现有信贷体系主要由国有或国有控股银行、股份制商业银行、地方性商业银行(含农商行、农合行)、村镇银行和城乡信用社等组成。国有或国有控股商业银行拥有最庞大的分支机构,但在某种程度上具有一种"树根效应",即凭借其国有信誉像树根从地下吸取营养和水分一样从企业等基层单位、个人吸收存款,但却不能在甄别风险的基础上发放贷款以回馈处于基层的弱势群体。表现更为突出的是民营微小企业,因相互间产权结构不对称、信息不对称以及单笔交易成本过高,从中获取贷款的可能性几乎为零。新兴股份制商业银行的有效运作需要一个完善的金融市场结构,而后者在渐进式改革过程中是难以具备的。它们在机构设置、经营方略上基本上呈现中、农、工、建化。如号称专为小企业服务的某商业银行的某支行 2007 年其单笔贷款平均额高达 200 万元。1995 年以来政府主导下建立的城市商业银行因其产权特征往往不由自主地热衷于市政建设或地市重点扶持行业,无心也无力支持民营微小企业的发展。剩下的城乡信用社及近几年成立的农商行、农合行本应该是民营微小企业的资金供给者,但由于政策的欠稳定以及自身历史遗留问题较多,其信贷规模远远不能满足民营微小企业的需求。据中国人民银行杭州中心支行 2008 年 6 月份对浙江省的一项调查显示,成立时间在 1 年以内的微小企业,由于其规模小、无资信等级,极少能得到正规金融机构的贷款,浙江省微小企业、个体工商户得到商业银行服务占比仅为 3% 左右。

(二)孟加拉乡村银行"造血"机制的反思

从某种意义上说,构建相应的金融制度帮扶弱势群体以诱导与激发其创业潜力更显重要。[①] 2006 年度诺贝尔和平奖获得者穆罕默德·尤努斯博士 1976 年成立的格莱珉银行(Grameen Bank 中的 Grameen,孟加拉语"村子"的意思,又称之为乡村银行)通过小额信贷为成千上万的穷人提供了有效的金融服务。截至 2005 年年底,已向大约 660 万贫困人口贷款超过 57 亿美元,还款率高达 99%,2005 年发放贷款 8 亿多美元,盈利达 1521 万美元,建立了 380 个新的分支机构。2006 年的速度进一步加快,每天几乎开设两个分行。将占总数 60% 多的数百万孟加拉人从贫困中拯救出来,并且保证了高还款率和银行自身的可持续发展。

获得信贷和金融服务是农民应该享有的基本权利之一。尤努斯曾说过:"当穷人被银行认为没有信贷价值而被拒之门外时,经济学家们为什么会保持沉默呢?正是因为这种缄默和漠然,银行得以在施行金融隔离政策的同时逃避处罚。但凡经济学家们能认识到贷款所具有的强大社会经济能量,他们或许也能认识到,贷款确实应作为一种人类权利来加以促进。"

---

　　① 本书所讨论的弱势群体是指一般弱势群体中有一定劳动能力且愿意劳动但启动资金或流动资金严重缺乏、求助无门的微小企业主、个体工商户,其构成主体主要是失地、离土农民或其他部门分流人员。

由此我们不难得出这样的结论：弱势群体的贫困长期得不到有效解决的原因固然是多方面的，但其创业与发展中资本短缺且金融地位不平等是很重要的一个因素。通过金融创新帮扶弱势群体脱贫并走上可持续发展道路不仅仅是理论演进的结果；在实践中，更有国外乡村银行小额信贷和本文所要展示的国内台商行小本贷款的金融帮扶弱势群体的成功经验。

二、台商行成长与弱势群体金融供给

现在的台商行是经中国人民银行上海分行批准同意组建，于 2002 年 3 月 23 日在浙江省台州市路桥区挂牌成立。自成立以来，台商行坚持"中小企业伙伴银行"的市场定位，合规经营，创新进取，积极打造"简单、方便、快捷"的金融服务品牌，持之以恒地坚持为微小企业等弱势群体提供金融服务，有效地满足了他们创业与发展中的资金需求，同时也促进了自身业务的快速发展，各项指标均处于全国先进行列。截至 2012 年 4 月末，台商行资产总额 531.84 亿元，负债总额 480.33 亿元；各项存款 445.13 亿元，比年初增加 9.53 亿元，增幅 2.19%；各项贷款 307.95 亿元，比年初下降了 14.18 亿元，降幅 4.40%。存贷比 69.18%，不良贷款率 0.50%。存贷比拨备覆盖率 399.21%，流动性比例 66.57%，资本充足率 14.51%，核心资本充足率 12.63%，授信集中度 11.97%，资产利润率 2.69%，资本利润率 29.02%。截至 2012 年 4 月末，台商行有余额贷款户共 5.76 万户，平均户额 48.07 万元，其中 100 万元以下的贷款户占所有贷款户的 91.62%，贷款余额占全部贷款余额的 47.59%。台商行为微小客户专门推出的"小本贷款"产品，有贷款余额客户数 2.47 万户，余额 26.09 亿元，平均户额 10.57 万元。

追溯台商行的发展历程，可以将它分为以下六个阶段。

（一）1988—1991 年：初创阶段，"扫楼"打动客户

作为台商行最早的前身——黄岩路桥银座金融服务社创建于 1988 年 6 月 6 日，建社时只有 6 名员工、30 平方米的营业场所和 10 万元资本金。银座金融服务社的诞生地——路桥作为当时台州地区的一个镇，具有悠久的人文历史和经商传统。自唐宋以来，商贸发达，路桥集市在那

时便形成了一定的规模。一千多年商贸历史的沉淀,伴随着 20 世纪 80 年代初期农村经济体制改革,更是培育出路桥"无街不市,无巷不贩,无户不商"的浓厚商业气氛。新中国成立以来,路桥一直被列为浙江七大集镇之一,商贸十分发达,个体、私营小企业遍布路桥大街小巷,对金融服务的需求异常强烈。正是基于如此的经济结构,80 年代中后期四大国有银行在路桥均设有营业机构,加上农村信用社等共有 20 多家金融服务机构,金融业同行间竞争的激烈程度可想而知。然而刚刚诞生的路桥银座金融服务社以其准确的市场定位、灵活的经营机制迅速为自己争得了一席之地。如初创人员近乎以"扫楼"的方式挨家挨户上门营销银座金融服务社的经营理念与不同于其他金融机构的金融服务;针对个体、私营小企业主白天工作时间长、生意经营繁忙之情况,调整了服务时间,1989 年在浙江金融界最早推出了"夜市银行",每天 13 小时营业,弥补国有银行服务时间短的缺陷;针对个私小企业资金需求具有"数量小、期限短、时间急、次数频"以及存贷款空间上的流动性较大之特点,加大了科技投入,在台州金融界最早推出"流动银行""电话银行",建社的第二年在路桥金融界最早实行计算机业务处理,实现电脑联网、通存通兑,从而提升了服务与管理水平,减少了顾客办理业务的中间环节,提高了服务效率,声誉日隆,逐渐赢得了广大个私业主等弱势群体的信赖。在取得良好的社会声誉的同时,经济效益也得到一定的发展。1988—1991 年,存款余额稳步上升,各年分别为 176.19 万元、542.23 万元、842.75 万元、1705.36 万元,短短三年多一点的时间存款余额便突破千万元大关。在这一阶段,银座金融服务社充分利用自身经营机制高度灵活之优势弥补了其他金融机构高度计划性的劣势,找准了自己的市场定位——个私小企业等弱势群体为服务对象,形成了一套较为完善的、颇具特色的经营、管理机制,在路桥金融界产生了较高的企业知名度和良好的社会声誉,取得了一席之地,为今后的进一步发展打下了扎实的基础。

(二)1992—1997 年:壮大实力阶段,创新业务吸引客户

经过三年多的发展,服务社积累了一定的金融从业经验并借此得到社会的认可。1992 年,经中国人民银行批准,"黄岩路桥银座金融服务社"更名为"黄岩市路桥城市信用社";1996 年又更名为"台州市路桥城市

信用社"。在这一时期，路信社牢牢抓住邓小平同志南方讲话后的有利
时机，深化各项内部改革，进一步完善经营机制。1992年改革工资分配
制度，实行等级工资与计件奖金相结合的九级行员制，有效地突破了建
社初期的"家庭化"管理模式。1993年又首推"存贷挂钩、利率优惠"的办
法，建立一条银企间长期相互依赖、相互支持的纽带；同时中间业务及服
务方式也得到一定的发展与更新，如最早推出保管箱业务与ATM机24
小时服务、首创柜员制服务，在路桥金融界，最早实行计算机业务处理，
实现电脑联网、通存通兑，极大地方便了微小企业主等弱势群体的金融
需求。有利的外在发展环境加上严格的内部科学管理使台州市路桥信
用社接连逾越了几个台阶，存款余额从1992年年底的4051.96万元一跃
而至1997年的10.3亿元，突破10亿元大关，壮大了其实力，为其规模扩
张奠定了坚实的经济基础。

（三）1998—2000年：规模经营阶段，勇于承担社会责任

1998年台州市路桥信用社凭借其丰富的经营、管理经验与雄厚的经
济实力，突破政策约束，在当地政府的指导下通过市场化运作成功兼并
了严重资不抵债的椒江区港口城市信用社[①]并更名为"台州市银座城市
信用社"，并于同年成立椒江区洪家储蓄所，首次实现了跨区经营，在拓展
新的经营空间的同时，更为今后组建商业银行积累了宝贵的兼并重组经
验。这一时期，银座成功导入了ISO9002国际质量管理与保证体系并顺利
获得认证，在管理组织结构上形成了决策、实施、监督、反馈四大体系，为向
全面品质经营（Total Quality Management，TQM）之路的迈进打下了基础。
2000年全面实现客户经理制，企业开始朝全面质量管理之路迈进。通过这
一阶段的努力，信用社现代商业银行经营与管理制度基本形成，同时这些
日趋完善的制度使得银信社经营规模与经营业绩遥遥领先于当地其他金
融机构。2000年年底银信社存款、贷款余额与利润、不良率分别为24.44
亿元、16.89亿元、2959万元、0.877%；而同期路桥区中、农、工、建四大支行
中相应最好的指标分别是：农行11.67亿元、工行5.34亿元、农行1078万

---

① 有关港口城市信用社情况，详见史晋川、孙福国：《市场主导型兼并：化解区域性金
融风险的有益尝试——浙江台州银座城市信用社兼并港口城市信用社评析》，《银座金融论
坛》1999年第1期，第15页。

元、建行 3.22％。①在其贷款发放对象中,个体户、微小企业等弱势群体占比 83.3％,有效地承载并实现了金融帮扶弱势群体的功能与责任。

(四)2001—2002 年:组建独具特色的城商行,服务更多微小客户

2001 年,地方政府和监管当局为化解金融风险,规范城市信用社发展,决定组建以银座城市信用社为主轴的台商行。经过 1 年时间的紧张筹措,台商行终于在 2002 年 3 月 22 日正式挂牌。与其他城市商业银行相比,台商行具有以下特色:产权明晰,民营资本控股而非地方政府控股,地方政府不干预银行事务;"建一保一",即以台州银座城市信用社为核心组建台州市商业银行,同时保留台州泰隆城市信用社②;遵循风险不转嫁的原则,在组建台商行时,对其中 7 家社经清产核资及股权评估认定的 1.78 亿元无效资产,由当地政府出面牵头成立的资产管理公司予以彻底剥离;组建方式以市场化手段自下而上自愿重组而非政府主导自上而下的行政命令方式重组;实行"一级法人、统一管理、分级经营,目标考核,奖惩配套"的管理体系;突破市区营业网点限制,在临海、温岭地区均设置了网点。商业银行成功组建后,③因其产权制度、交易费用及服务网点等优势,更大范围地为当地个体工商户、微小企业等弱势群体提供了卓有成效的金融服务。

(五)2003—2005 年:提出"向下走"战略,与微小创业者互利共赢

台商行从最初被动式的"扫楼"开始,历经十余年发展,虽也具备了与同行竞争大中客户的实力,但决策层经过认真的思考,结合自身成长的经验认为与大银行去竞争是不明智的。2003 年 5 月份在各支行行长、处室主管联合参加的业务发展经验交流会上依然选择与秉承服务微小企业、个体工商户的市场定位,并提出打造"我们可以信赖"的"中小企业

①　根据《台州市路桥区统计年鉴》(2001)有关数据整理而成。

②　现发展为泰隆银行且已跨区域经营,在杭州、舟山等地开有分行。泰隆城市信用社、银座城市信用社两者同位于台州市路桥区,相隔仅数百米,足以想象彼此间竞争的程度。但这种竞争成了促进各自经营管理制度不断更新的内在动力。

③　2008 年又相继成功引进了招商银行、中国平安战略投资者入股,实力进一步增强,公司治理结构进一步优化。

伙伴银行"的市场战略。2005 年更加明确提出了"向下走"的小客户发展战略,以培育初创阶段的微小企业、个体工商户等弱势群体为己任。期间为民营微小企业、个体工商户贷款占全行贷款余额均保持在 98% 以上,单笔贷款均值呈逐年下降趋势,由 2003 年的约 60 万元下降到 2006 年的约 52 万元,2011 年笔均降至 48 万元左右,远远低于其他商业银行单笔平均数额,真正成为微小企业的伙伴银行。

(六)2006—2007 年:摸索适合国情的小额贷款经验与可复制技术

在 2005 年明确提出"向下走"的小客户发展战略,以培育初创阶段的微小企业、个体工商户等弱势群体为己任后,但如何做当时尚不明确。与此同时,中国银行业监督管理委员会在 2005 年颁布了《银行开展小企业贷款业务指导意见》,开始着力倡导小企业贷款;世界银行开始向中国推荐欧洲复兴银行的微贷款模式,找到了国家开发银行作为合作平台,国家开发银行开始在国内寻找合作行。正是由于台商行独特的组织结构和长期为微小企业服务中所取得的骄人业绩,2005 年 11 月 23 日,台商行成为国家开发银行首批微小贷款项目合作银行,双方签订了《微小企业贷款项目合作协议》,此举标志着国家开发银行与城市商业银行合作的"国家开发银行中国微贷款项目"正式启动。国家开发银行开展微贷项目得到了世界银行、德国复兴信贷银行的技术援助与资金支持,同时项目聘请了国际项目执行顾问 IPC 提供微贷技术。该项目的合作方式主要有两个方面,即提供资金与技术援助。国家开发银行向台州市商业银行提供一定数量的人民币转贷款,专项用于支持微小企业发展。转贷期限 5 年,利率以现行同期贷款基准利率下浮 10% 计价。利用转贷款向微小企业发放贷款的风险由台商行承担。在技术援助方面,国家开发银行将帮助台商行引进一套经过时间检验、证明能够实现良好运作的信贷技术,同时也帮助台商行提高培训能力,以满足其按照商业原则大范围开展微小企业贷款业务的需要。国家开发银行提供的技术援助由其聘请的三名德国国际项目顾问负责执行,包括微小企业贷款业务的银行专家、培训师和部门主管以及管理信息系统、法律、审计和其他业务的专家。

小本贷款项目①自 2006 年 1 月正式发放首笔贷款以来,台商行为使能为更广区域、更多的小微企业提供专业的金融服务,努力履行社会责任,让有劳动能力的人获得从银行平等融资的机会,台商行不断延伸机构网络,积极深化"三农"金融服务。截至 2012 年 4 月末,台商行已设立了舟山、温州和杭州 3 家分行和 55 家支行机构,在台州各县、市、区设立的 48 家营业机构中,分布在城乡结合部与农村区域的有 19 家。

为扩大金融服务有效覆盖面,为小微企业提供家门口、全天候金融服务,2012 年台商行继续深入开展"金融服务进村居"活动,选择当前群众关注的热点问题,制作通俗易懂的宣传海报和漫画,开展公益宣传活动,让广大村民不出家门就能享受到贴身服务,初步建立起了广覆盖的农村金融服务网络。台商行椒江洪家支行被确定为国家级金融服务站,并在团中央组织召开的全国送金融知识下乡宣传服务站创建经验交流会上,作为全国 8 家典型代表之一介绍了经验。

自 2010 年 3 月 22 日浙江三门银座村镇银行开业以来,台州银行至今已在浙江、深圳、江西、北京、重庆等地共主发起设立了 7 家村镇银行。截至 2012 年 4 月末,台州银行主发起设立的银座系列村镇银行资产总额为 69.52 亿元,负债总额为 60.18 亿元。存款余额 46.58 亿元,贷款余额 49.80 亿元。台州银行主发起设立的村镇银行支农支小经营业绩突出,符合国家设立村镇银行的政策导向,且自身走上了商业可持续发展之路。

截至 2012 年 4 月底,小本贷款项目累计发放贷款 147 亿元,130147户;贷款余额 26.1 亿元,有余额贷款户数 24690 户。目前已经开办 34 家专门机构,信贷员 232 名,月发放能力在 3500 户以上,发放金额 4.5 亿元以上,单笔贷款平均处理时间在 1~3 天。人均管户笔数达 106 户,贷款额度 1025 万元。目前有贷款余额客户数中,首次获贷的客户数占 20%。贷款主要投向从事贸易、服务、生产等经营活动的个人,平均贷款余额户均 10.6 万元,其中保证贷款 90% 以上,涉农贷款占 90% 以上。加权平均利率 11.8%。

---

①　小本贷款是 2005 年年底台商行与 IPC 合作时所用的名称,旨在初次向正规金融机构申请金融服务的客户强调贷款只能用于生产性目的,下文中出现的小额贷款与此意义相同。

三、小额贷款复制与弱势群体金融可持续支持

台商行于 2008 年将长期为个体工商户、微小企业主服务所累积的经验与 IPC 做法较好地融合成一套适合国情的金融帮扶弱势群体可持续发展的技术。即将原先积累的信贷技术、信贷人员培养模式与从德国国际项目咨询公司引进的微小贷款技术和人员培养模式进行融合,原先经验化的操作模式固化成能够复制的标准化技术,解决了长期以来业务发展靠"熟人经济"的束缚问题,得以突破地缘、血缘和亲缘的限制,对陌生客户作出"快速反应",能快速培养出高质量、标准化的信贷人员。从而使得台商行小额贷款技术得以标准化从而具有可复制性,为更广泛区域的弱势群体提供可持续金融支持奠定了坚实的基础。

(一)符合弱势群体创业与发展贷款需求的经营理念

鉴于个体工商户、微小企业等弱势群体大都生平没有和正规金融机构交往的经验及资金需求呈现"金额小、期限短、需求急、次数频"等特点,为他们提供金融服务的金融机构经营理念必须有根本的改变。

1. 市场化运作与自身实现商业化可持续发展

金融帮扶弱势群体有别于慈善救助。市场化运作与实现商业化可持续发展是金融帮扶弱势群体的基本原则,其关键是贷款对象的选择,即只有选择一些有劳动技能、肯劳动的经营者且经营项目能盈利,这样才能保证贷款本息通过他们的经营所得顺利偿还。实际中具备这些条件的靠诚实劳动谋生的劳动者为数众多,前文所及的台商行的小本贷款超低不良率、低满足率便是有力的证据。

2. 主动的贷款营销与一定的风险容忍度

个体工商户、微小企业主贷款难,主要难在大多生平没有和正规金融机构交往的经验、相互间缺乏基本的了解,同时其资金需求呈现"金额小、期限短、需求急、次数频"等特点,金融机构为追求商业化可持续发展,其客户需达到一定的规模。因此,银行必须采取"主动上门市场营销"方式。如台商行在小本贷款营销时,发挥了 1988 年的"扫楼"精神,挨家挨户分发宣传单,解释信贷产品,引起客户兴趣,并随着项目的推进,逐步开展各类广告营销,主动发掘弱势群体的金融需求;鉴于单户小额

贷款的风险相对于大客户来说肯定较高,所以小本贷款不宜要求信贷员做到"零风险",需有一个风险容忍度。如台商行对小本贷款信贷员有2％的笔数逾期率容忍度,即一个信贷员的不良率在2％以下时可以免于处罚。

3. 弱势群体可承受的高利率与先予后取的服务观

较高利率缘于小额贷款单户风险和较高的成本,让收益覆盖成本,并在管理上满足不断撤除坏账的需要;再者,对弱势群体而言更重要的是贷款的可获得性,而不是贷款的价格。[①] 如台商行小本贷款利率最高达到18％(目前降至14％左右),其需求仍非常强劲且不良率仅为0.26％便是个有力的证据。针对大多数第一次与银行打交道的小客户,最好的开拓客户的办法是"先予后取"。当然这并非意味着不讲策略,相反更需一套过硬的筛选技术以发现目前虽身处弱势但很有帮扶潜力的客户。台商行的做法是,轻担保重借款人第一还款来源、尤其是项目的现金流,即使是首次贷款客户者也是这样。从长远看,弱势群体金融服务同样具有盈利的基础。一笔微小贷款往往能激发其潜能且很容易成为银行的忠实客户,当银行拥有一大批经过筛选的客户群后,日后就可以开展存款、信用卡、结算、理财等相关产品的交叉销售。

(二)弱势群体易亲近的高素质的小额贷款营销队伍

小额贷款面对的服务对象是一群长期被正规金融边缘化的创业人员,他们因文化水平普遍不高、金融知识匮乏而天然存在自卑感与恐惧感。这就需要小额信贷员不仅具有较高的表达沟通能力和亲和力,还要具备温和的性格和优良品行,更要有过硬的项目识别与判断能力。为此,台商行主要力求做好以下工作。

---

① 在调研究中所接触到的有贷款的个体工商户、微小企业主无不喜形于色,纷纷表示出朴素的感恩之情并表示一定要争气做好生意,按时还款;其中外省来台州务工人员更是视获得台商行贷款为此生的莫大荣耀,其户口所在地亲戚朋友得知此事也深感惊讶。小本贷款中为数不少系外来务工、创业人员。事实上,微小贷款需求者其资金的边际收益率远远高于大额贷款需求者,有无数经济活动能给微小企业带来100％以上的投资回报率;同时他们一旦获得启动资金便使得业主乃至全家老小本已沉没的人力、吃苦耐劳等宝贵的资本与货币资本有效融合,由此产生的效果是局外人难以想象的。

1. 严抓招聘、培训与用人机制建设

在招聘方面，台商行首先构建了信贷员的能力模型，重点就表达沟通能力、亲和力、财务及数学能力、文字表达能力、性格、品行等方面的能力要求制订相应的招聘程序和题目库。招聘程序包括招聘公告、简历收集、笔试（逻辑及智力数学、作文）、集体面试、单独面试、体检、政审、报名录用等八个主要环节，确保招聘质量；在培训方面，台商行建立了理论和实践培训相结合的培训体系，组建了一批内部讲师和实践培训导师队伍，由各岗位优秀的员工自编60余门课程讲义并担任主讲、支行见习、理论学习约2个月，支行一对一导师制实习2～4月；在用人机制上，台商行做到干部能上能下，员工能进能出，奉行"谁为企业创造价值，谁就是企业的人才"的用人价值观。小本贷款项目开展两年多时间里，台商行已破格提拔多名入行不到半年的优秀信贷员担任副行长，主管支行小额信贷工作。

2. 信贷文化与激励约束相融合

"吃苦、求实、创新""廉洁、诚实、高效"是台商行企业精神和信贷文化的核心，并形成了"结果导向"的工作信条、"信贷资产质量是命根子"的风险观念。这些都深入到了每位员工的"骨子里"。台商行在信贷管理上不但"管事"，更要"管人"，从行为规范入手来管人的思想、价值观。建立了信贷员行为规范、管理规范和信贷人员行为"十不准"①，从行为上着手规范思想意识。基于信贷员是项目利润创造的核心的认识，台商行在收入上充分向一线信贷员倾斜，建立了一整套公开、透明、直接量化考核到个人薪酬激励办法，按月考核。小本贷款信贷员的月度绩效奖金主要由贷款发放奖、贷款管户奖组成，绩效考核扣项为贷款逾期率和主管打分。良好的信贷文化与严格的激励约束机造就一批素质高、业务精的小本贷款营销队伍。他们都有强烈的"以客户为中心"的市场开拓意识，大多时间走街串巷主动接近客户并提供力所能及的延伸服务，通过

---

① 在台商行玉环支行的调研中有多个客户对信贷员巧妙回绝客户请客、退还礼品感动不已，纷纷表示简化、阳光化的运作远好于其他机构名义上的低利率，因此而主动从其他商业银行搬家来台商行的客户不计其数。

"脚勤"①来获取难以量化的"软信息"。

（三）管理程序与信贷、风险控制技术的标准化

台商行小本贷款的实践表明：台商行近 20 年为个体工商户、微小企业服务中所累积的经验与 IPC 标准化技术相互融合所形成的小额贷款管理程序、信贷与风险控制技术适合中国国情，具有可复制性。

1. 标准化的管理程序

小额贷款管理程序的标准化完全是由小客户的特点决定的。小额贷款客户具有文化层次总体较低、数量多、需求额度小、用款急、没有报表、没有或很少有银行认可的抵押资产、找不到好的保证人等明显特征，因此需要在每个业务流程环节设计时均加以特别注意。小本贷款业务流程充分体现标准化管理，以达到在 2~3 个工作日内处理一笔贷款的效率，达到成本和质量控制的预期效果。标准化的业务流程主要由贷款营销、贷款申请受理、贷款调查、贷款决策、贷款发放、贷后监督组成（见图 9-1）。第一，贷款营销。小企业、微小企业贷款难，难在客户和银行相互不了解。银行需主动采取"上门市场营销"方式，挨家挨户分发宣传单，解释信贷产品，引起客户兴趣，并随着项目的推进，逐步开展各类广告营销。第二，贷款申请受理。上门客户的贷款申请受理由专门的值班信贷员负责。针对小客户较为低端的实际情况，小本贷款申请受理并非由客户填写，而是由信贷员与客户进行充分交流后填写，交给客户签字确认即可。贷款申请受理后，受理信贷员应表述意见与印象，进行征信系统查询后交给主管，由主管进行筛选和调查分配。第三，贷款调查。贷款

---

① 所谓"脚勤"主要体现在三个方面：一是乐于提供延伸服务。提供延伸服务的结果，一方面是真正帮助客户解决了一些经营上、生活上的难题，拉近了彼此距离；另一方面则能够身临其境地深入感受和细致观察客户的真实经营情况。二是勤于保持日常联系。在联系频度上，台商行实施严密的计划管理。但具体的联系方式则鼓励工作人员因人而异、因情况而异。在这个过程中，往往有机会与客户的同行、合作伙伴、客户的客户甚至客户的竞争对手直接接触，这样就可以掌握到大量的第一手材料。三是善于当好客户顾问。掌握着大量经营信息、管理信息、行业特点和职业特点等行业信息的信贷人员常常成为客户的免费咨询顾问，在日常交流沟通过程中，信贷人员也把银行审慎经营的一些做法和特点介绍给客户以唤醒其守信意识。以此为切入点，往往能够得到企业的一些深度信息，而这恰恰是报表所不能反映的企业经营管理的真实情况。

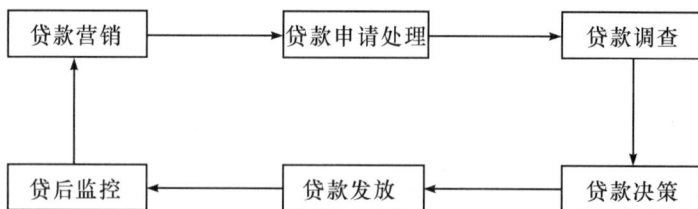

图 9-1　台州商业银行小额贷款业务流程

调查一般由成熟信贷员进行,信贷员独立调查资格由总行小额信贷管理部门认定。调查方式采用经营场所实地查看和家访形式进行,一般贷款调查需要 1~2 个小时,询问和查看借款申请人交易情况和交易记录。调查完毕后由信贷员编写固定格式的自编调查报告,主要包括基本情况、财务情况、非财务情况、借款用途、还款来源及调查结论等。第四,实行"贷审会"的贷款决策。小本贷款决策实行贷审会制度,在各支行小额信贷部门建立贷审会,贷审会是唯一的贷款决策机构。贷审会由有经验的信贷人员组成,并可随时召开,决策过程实行一票否决、双人以上决定机制。除风险控制职能外,贷审会另外一个主要功能是对新人员进行案例教学。第五,贷款合同签订。贷审会审议通过后,由调查信贷员通知客户前来办理合同签订手续。贷款合同签订由专设的"后台"人员负责,这样不但有利于内控,而且有利于提高信贷员工作效率,减少信贷员在办公室坐等客户导致的时间浪费。第六,贷后监控。在贷后检查监控方面,针对量多面广的小本贷款主要依赖于分期还款的期限监控。在借款人第一次还款之前,要求经办信贷员进行一次实地客户回访,在以后则仅需通过电话进行还款督促联系,并根据借款人是否及时还款制订更加严格的非正常贷款监控程序。

2. 信贷与风险控制技术的标准化

个体工商户、微小企业主等弱势群体大多处于创业阶段且长期被正规金融边缘化,但绝大多数富有吃苦耐劳、诚实守信且怀有感恩等优良品德,为他们提供贷款服务必须遵循"轻现在、重未来"原则并因此需要相应的信贷与风险控制技术。台商行标准化的信贷与风险控制技术主要由以下几方面组成:第一,重视借款人第一还款来源。小本贷款对象大部分属于"失土"和"离土"农民,在城市里开展小本经营,在乡村搞一些加工或小作坊生产,这些人相对处于社会经济的边缘地带,他们根本提供不了符合银行要求的抵押品,也不可能找到经济实力较好的担保人为之提供担保;小本生产者较为保守、相互竞争激烈、合作意识淡薄,很难组成联保小组。① 由此决定了个体工商户、微小企业客户等弱势群体贷款必须更加重视借款人第一还款来源,若沿用多年来流行的担保、小组联保对他们进行金融帮扶恐只能是一句空话。对此,台商行彻底颠覆了银行业在此问题上的一贯做法,对担保基本只作形式审查并摒弃小组联保,甚至发放信用贷款。第二,重视现金流与还款计划匹配。小本贷款采用按月分期还款方式,并可以根据借款人的现金流特点进行量身定制,还款计划表随合同给借款人一份。这种还款方式非常切合小客户小生意一次投资、分期收回的资金流特点,使客户不但能借得开心,而且能还得舒心。更为重要的是有助于培养客户良好的信用记录与合作意识,也有利于跟踪客户控制风险。第三,重视"眼见为实""交叉检查"的调查技术。微小企业客户没有规范的财务报表或没有财务报表、企业财产和业主财产难以分清,这就决定了小额贷款的调查技术不能依赖财务报表,而必须依赖信贷调查人员"下户调查""眼见为实",自编调查报告,通过"交叉检查"来检查调查结果的真实性,并将业主家庭财产及开支列入调查范围。但小客户没有报表并不等于没有权证、账本或交易痕迹,调查过程就是通过不同信息的交叉检查来编制资产负债表、损益表、现金流量表。② 第四,重视"四眼原则"。小额信贷风险类型主要包括信用风险、操作风险两大类,"四眼原则"是风险控制的主要内控原则。在信用风险控制方面,主要表现在贷款决策环节有两个以上有权审议人审议;在合同签订环节,实施主管与后台双签制约。

---

①　调研中每当询问"为何不去其他金融机构贷款而愿承受较高利率来台商行求贷"时,答案高度一致:找符合要求的担保难且是件丢面子的事,台商行利率虽稍高,但易得手续简单,综合其他银行贷款过程中所付出的,则还是合算的;同时小生产者分散,合作意识差、彼此间经常相互攀比、喜欢接受邻里不认识的信贷员服务,客观上难以组成联保小组。

②　如信贷员午后去调查一家快餐店,要查看客户抽屉中的现金,因为这个现金大致表明这个客户中午的营业额,并可以与客户所说的营业额比照、与客户早上去菜市场进货的花费比照,这就是营业额的交叉检查;又如:信贷员据客户贷款申请内容去现场查看近期电表、水表使用及费用交纳情况,业主手机通话情况并由此随机抽查业主生意上与上下游客户间的交往情况。

3. 创新的产品与服务的标准化

小本贷款开办两年多以来不断进行产品创新,现有小本微贷款、小本小贷款、小本信用贷款、小本灵活分期还款贷款四个主要业务品种。小本小贷款和小本微贷款主要是以贷款金额区分,以 10 万元为界,10 万~30 万元为小本小贷款,一般来讲,该金额段客户多数已开始公司化运作,与个体工商户及家庭作坊式经营方式有区别;小本信用贷款主要发展策略是在重复贷款户中推广;小本灵活分期还款贷款相对于标准等额本息还款,采用充分根据客户经营现金流特点为小客户量身定做还款计划。产品创新还体现在利率定价上。小本贷款利率定价充分体现风险程度、客户贡献与利率定价的关系。小本贷款实行按贷款次数逐次降低贷款利率的做法,如:小本贷款实行初期使用三次可降低利率档次;可根据小客户在台商行存款业务量状况进一步下浮贷款利率,最低至基准利率下浮10%。这些对小客户均有很好的激励作用。以上创新的产品与服务公开、透明,个体工商户、微小企业主努力的目标明确,总能方便找到适合自己不同创业时期的贷款产品。

四、金融支持弱势群体的外部效应分析

台商行小本贷款业务的运作,在实现自身商业可持续发展的同时,有效地破解了个体工商户、微小企业发展,失土离土农民、异地人员创业中融资瓶颈问题;同时,对当地的地下金融、高利贷等非法金融产生有效的"挤出效应",为当地金融稳定、经济发展与社会和谐构建起到积极的促进作用。

(一)推进社会公平,维持社会秩序稳定

弱势群体因为贫困在金融市场上获得正常贷款的机会极小,致使他们丧失了改善自身经济地位的机会。若能有更多的像乡村银行、台商行能为他们提供商业性可持续的金融支持,相当一部分人是能够脱贫致富的,这对于推动社会的公平和稳定具有重要意义;同时,"大企业富国,小企业富民",而微小企业、个体工商户、家庭作坊是这一切的源泉。解决微小企业融资问题无疑是让这些小业主在创业初期得到珍贵如血液的资金,得到更大机会的生存权与发展权,而得到的方式是商业的、平等

的,可以不需任何政府资助、财政补贴。

(二)提升国民素质,促进社会发展

弱势群体因贫困长期被正规金融机构边缘化致使"可行能力的剥夺"成为常态而陷入恶性循环之局面。台商行、乡村银行做法表明:弱势群体中大多数若能通过适当的方式得到少许资金支持,其本人及家人本可能沉没的人力资本与货币资金结合起来会很快改变其贫困状况,这不仅有助于提升其创业的信心,还会促进他们挽回本可能失去的诸如享有教育、医疗等权利进而有助于提升其综合素质,由此在邻里间的示范与扩散效应也将十分明显。

(三)引导弱势群体有序的资金需求,维护地方金融安全

随着市场的深化和社会主义新农村建设的不断深入,失地、离土的农民将日益增多,其创业的小额资金需求亦将与日俱增,由此内在地要求更多的类似于台商行式的小本贷款供给来有序引导弱势群体的资金需求。否则,出于生计他们可能求助于高利贷形式的非法民间金融,由此势必扰乱正常的金融秩序,危及地方金融安全。在浙江温州、台州的其他地方都有过因地下钱庄而出现金融风险,但台商行、泰隆银行的诞生地——路桥没有发生类似情况。这说明,正规的可以满足民间融资需求的组织对非正规组织有一种替代作用,从而有利于维护地方金融安全。

(四)发掘新的利润增长点,促进中小金融机构可持续发展

没有证据表明支持实力强大的经济实体就不存在风险,而支持弱小的经济实体就存在风险。国有金融机构向国有企业融资形成的大量坏账以及民间金融形式的迅速发展说明针对弱势群体的金融市场和针对非弱势群体的金融市场都存在着风险和机会。商业金融机构支持弱势群体当前收益表现为利息收入及金融服务费用的收入,但这些小客户经过一两年的发展,往往能成为金融机构的核心客户和忠诚客户,成为信用卡等中间业务产品交叉销售的对象,为其带来的综合效益不可低估。

五、主要研究结论与政策建议

台商行小本贷款项目运作时间虽不算太长，但其所引申出来的结论与启示将富有深远的战略意义。

（一）主要研究结论

1. 传统的信贷哲学必须且能够改变

传统的信贷哲学几乎无一例外地把穷人置于最不利的信贷地位，实践中表现为银行的贷款需要接受贷款者提供必要的、足够的抵押或担保。而台商行将原先积累的信贷技术、信贷人员培养模式与从 IPC 引进的微小贷款技术和人员培养模式进行融合固化成能够复制的标准化技术，解决了长期以来业务发展靠"熟人经济"的束缚问题，得以突破地缘、血缘和亲缘的限制，对陌生客户作出"快速反应"，能快速培养出高质量、标准化的信贷人员，为广大的弱势群体提供优质、高效的金融服务成为了现实。

2. 穷人的信用值得信赖

台商行小本贷款中 60% 以上的贷款获得者系平生中首次享受正规金融机构的服务，在台商行信贷制度的规范、激励与约束下，他们事业得到发展的同时，金融素质也得到了空前的提高，由此所带来的扩散与示范效应必将是显著的，同时小本贷款业务也为台商行带来了可观的经济效益与良好的社会效应。台商行的实践表明：穷人的信用是值得信赖的！

3. 金融机构服务弱势群体可以实现商业可持续发展

台商行微小贷款项目经验提示我们，只要有适当的制度保障与技术支持，正规金融机构完全有可能成为微小贷款的主要力量且能实现商业可持续发展，同时各类小本贷款的需求者在竞争合作中都会得到发展并因享有较高的边际收益而成为最大的受益者。

（二）政策建议

中国的贫困人口多，且随着社会主义新农村建设的不断深入，失地离土的农民创业、进城务工农民越来越多，由此所产生的融资需求仅凭个别地区、个别金融机构的供给无疑是杯水车薪。为了有更多的地区能享受台商行小额贷款成功经验,及时复制并推广台商行的小额贷款技术将显得十分迫切与必要。我们建议相关部门尽快做好以下工作。

1. 鼓励台商行跨区设立分行、组建村镇银行直接复制小额贷款技术

经过 20 年的发展,特别是与 IPC 项目成功运作以后,台商行积累了丰富的从事小额贷款的从业经验与标准化的小额贷款技术,2008 年上半年又成功地引进了招商银行、中国平安等金融巨头入股使得其公司治理结构更加完善、经济基础更加牢固,台商行完全有能力实现跨区经营、组建村镇银行直接复制小额贷款技术,为更加广大地区的弱势群体创造平等的融资机会。

2. 设立小额贷款培训基金,成立小额贷款培训中心间接复制小额贷款技术

基于台商行成熟的小额贷款信贷员培训经验,建议政府相关部门尽快做好这两项工作,以间接地快速推广台商行所形成的小额贷款经验。多年来,虽有众多金融机构来台商行参观学习,但效果很不理想。事实上,仅凭几天的参观考察试图掌握台商行花了 2 年时间融合 IPC 技术与台商行自身 20 年从业经验后所形成的小额贷款技术似乎很不现实。①

3. 设立微小企业投资基金

我们注意到,20 世纪 90 年代初期以来,财政、国际一些组织"输血"式扶贫均难以持续;同时,台商行小本贷款可持续帮扶弱势群体但因资金规模约束所引致的小本贷款低满足率之事实,建议由政府财政出资建立微小企业投资基金,由台商行具体按照市场化原则、小本贷款技术运作,保证本金安全的同时适当支付利息,以实现财政资金帮扶的商业化可持续发展。

4. 创新金融支持弱势群体的风险规避机制

面对金融支持弱势群体存在的风险,可以通过保险机制的引入加以分散。如设立政策性的保险公司,建立互助保险组织,对政策性保险、互助性保险实行再保险制度。值得一提的是,浙江省渔业互保协会、萧山

---

① 台商行系国内第一家与 IPC 合作单位且时间长达 2 年,现在的台商行小额信贷员至少需经总行专业培训师理论培训 2 个月后(期间有四大类、61 门培训课程),再到支行由导师一对一实践至少达 3 个月方可能成为合格的小额贷款信贷员。

养猪互保协会均取得了显著的成绩，这些做法若能推广到其他行业并与
小额贷款金融机构合作，其效益应是可期的。

5. 进一步完善支持弱势群体的金融组织体系

台商行及国际经验均表明，正规金融机构的小额贷款项目应坚持走
商业化可持续发展道路，这就决定了其主要服务对象是有一定的生产经
验与生产能力但缺乏流动资金的微小企业主。从这个意义上说，因有一
定生产能力的贫困者大量存在，一些利用政府、非政府资金以民间、民
营、半官方机构或官方机构等非正规银行类形式存在的扶贫组织也该有
长远的扶贫使命和广阔的活动天地。为此，一方面，规范与发展政策性、
开发性、商业性和合作性等传统金融组织形式显得十分必要；另一方面，
也需要鼓励与发展风险投资、担保、保险、租赁、小额信贷等创新金融组
织形式，以形成不同金融组织形式相互并存、定位明确、合理分工、功能
互补、有序竞争、协调发展的格局。

第二节　江山农村合作银行"惠农快车"案例研究*

浙江江山农村合作银行是一家地方性法人金融机构，成立于 2008 年
6 月，其前身为浙江省江山市信用联社，现下辖营业网点 39 个，分布于江
山市的 21 个乡镇（街道）、部分社区，员工 478 人，是目前江山市最具影响
力、市场份额最大、网点覆盖面最广、居民普惠度最高、公众满意度最高
的区域性银行。近年来，江山农村合作银行（以下简称江山农合行）坚持
以"零距离"服务"三农"和中小企业为己任，不断创新经营理念，不断寻
求产品突破口，打造出一系列面向农户和中小企业等金融弱势群体的特
色金融产品，解决融资难问题，为农村金融市场注入新的活力，构建出普
惠制的金融服务体系，真正发挥了金融支农扶小主力军作用。

至 2011 年 10 月末，江山农村合作银行存款余额 66.7 亿元，贷款余
额 47.8 亿元，存贷款总量均位居当地各金融机构首位，涉农贷款余额

＊ 此文由浙江江山农村合作银行办公室提供，原文系江山农村合作银行周涛行长在
2011 年 11 月 18 日在杭州举办的第二届中国区域金融高峰发展论坛交流稿，该案例说明团
体贷款技术在我国农村地区具有一定的推广价值。

42.3 亿元,占各项贷款比例达到 88.5％,小企业贷款余额 16.23 亿元,占各项贷款比例达 34％。2010 年,江山农村合作银行获得江山市服务业"最满意单位"的殊荣,这是江山社会公众对江山农合行满意度的最有力评价,其中支农支小产品之一的"惠农快车"贷款更获得中国银行业协会 2011 年服务小企业及"三农"十佳特优金融产品称号,并荣膺农村信用社成立 60 周年金融产品博览会"最佳农户金融产品创新奖"和 2011 年全国金融机构服务"三农"经验交流峰会"服务三农最佳创新成就奖"。

"惠农快车"贷款是江山农合行以扎实的信用工程建设为基础,依据农户资信、林权、农村住房等状况进行综合评定授信,对贷款流程进行优化改造后,直接到柜台发放(10 分钟办妥)的创新支农产品,具有办贷快捷、普及面广、利率优惠等特点,对农户来说是名副其实的金融"快车"。截至 10 月末,"惠农快车"贷款授信额度达 27.51 亿元,贷款余额达 12.91 亿元,占贷款余额的 27.01％,占涉农贷款余额的 30.52％,普惠农户 82658 户,占全市农户总数 14.6 万户的 56.62％。不良率仅为 0.6％。

一、为什么要做"惠农快车"?

江山一直以传统农业经济为主,受市场经济不发达、债权保障制度和信用监控体系不健全等原因影响,农民贷款难和银行放贷难的"两难"矛盾十分突出,尤其是农村居民的土地无所有权,农房无抵押权等原因让抵押难、担保难等问题愈加明显,影响了农户创业致富的资金输入,制约了农村经济的发展。在这种背景之下,江山农合行在地方党政和人民银行的支持和帮助下,积极发挥部门优势,采取从点到面、由浅入深的方式,于 1999 年 9 月份启动了以创建"信用户、信用村、信用乡(镇)"为主要内容的信用工程体系,开始探索农户小额信用贷款模式,解决了大部分农户贷款难的问题。

10 多年的时间,日趋成熟的信用工程体系建设一直走在全省农信社的前列,极好地培育了广大农户"守信光荣、失信可耻"的观念,极好地营造了健康、和谐的农村信用环境。但是随着农业和农村经济发生的巨大变化,原有的农户小额信用贷款又暴露出贷款额度小、贷款速度慢、信用奖惩机制缺陷和风险保障脆弱等局限性,不能很好地适应农村经济发展的资金需求,而如何深化信用工程建设、创新信贷支农模式,为农户提供更为便利、更为实惠的支农服务是农村经济社会发展对我行提出的新要求。

特别是在 2008 年信用站进行规范清理后,农户小额信用贷款全部集中到柜面办理,当时全市 8 万多户的农户有贷款需求,而江山农合行当时的信贷员总数仅为 70 人,人均管户数达 1000 余户,一时间网点业务压力倍增,同时集中性地在网点柜面办理小额信贷也影响了客户们正常的业务办理需求。本着"农村市场和农户有什么需求,我们的服务就努力创新跟进",为此,江山农合行针对当时的客观实际,开始思考在建立风险保障机制及建立更为良好的信用环境和氛围基础上,如何简化贷款流程,如何普惠更多农户,如何满足现代农户多层次、多元化的金融需求等。在实践探索的过程中,江山农合行多年来扎实的信用工程建设体系更是促成了"惠农快车"的应运而生。

二、怎么做"惠农快车"?

"惠农快车"产品从前期的信用基础工作到惠农"专列"的开通,再到产品内涵的丰富,经历了五个发展阶段。

(一)信用工程建设初具雏形

1999 年 9 月,江山农合行开始信用工程建设的步伐,当时在全市选定 12 个行政村开展"信用户"评定试点工作,2000 年农户小额信用贷款得到实施推广,当年共评定信用户 5489 户,授信总额达 3992 万元,比前年净增 3723 万元,农户小额信用贷款余额达 2793 万元。

2001 年年初开始创建"信用村",当年 6 月成功创建的第一个"信用村"——岩下村,由江山市委书记亲临现场授牌,时任衢州市委书记的茅临生同志也肯定了岩下信用村的成功做法,指出:"金融部门要借鉴江山市须江镇岩下村开展'信用村'活动的经验,积极做好新形势下的支农信贷工作,为种养大户、贩销大户、农业龙头企业提供方便有效的信贷支持。"该村未评定信用户及信用村前,贷款 11 户,贷款余额 3.8 万元,逾期率达 60%,该村人均收入仅为 1900 元;信用体系建立之后的 2003 年,贷款户数增至 95 户,贷款余额 78 万元,逾期贷款为零,人均收入达 3500 元;2010 年,该村的贷款户数为 102 户,贷款余额达 410 万元,人均收入

6900元。应该说,信用村、信用户的推进不仅满足了农户传统农业生产和小额消费的需求,更推动了农村经济的跨越式发展。

2002年,江山农合行在总结信用户评定工作及信用村创建的经验基础上,又进行了"信用乡"创建工作试点工作。江山农合行用3年时间基本完成了信用户、信用村、信用乡镇的三部曲跨越,完善了信用工程体系建设,为日后江山农合行"惠农快车"贷款等支农产品的创新推出打下了坚实的基础。

(二)完善机制,提升信用工程建设体系

江山农合行在多年的信用工程建设过程中,不断探索信用奖惩机制建设及信用村星级管理模式,创新农村信用体系建设。

第一,设置统一的评定量化指标,信用户的评定主要根据农户的道德品质、信用记录、经营状况、经济实力、偿还能力等方面设定五大项18小项量化指标,不仅综合考虑农户经营能力、经济收入、还债能力等经营性指标,更将乡镇党委、村两委关心的同时也会影响农户信誉的指标纳入其中,包括是否遵纪守法、是否参与赌博、是否有不良嗜好、是否有道德败坏行为、是否有不良信用记录、是否诚实守信等等,使评定小组人员的评定能够更具公正性和可操作性,使评定结果更有据可依、更为公平公正和真实可信。

第二,建立信用奖惩机制,即对信用户、信用村及信用乡镇等信用共同体实行信用激励、信用预警、信用惩戒、信用淘汰机制,对信用户、信用村、信用乡镇信用状况实行动态管理。通过对信用良好的信用户授予荣誉,给予资金额度倾斜,利率优惠,向社会公示等手段,激发激励农户加强诚信守信建设的机制;通过对有失信行为的农户据其失信程度分别采取防范、提示、降级、吊销《农户贷款证》、停止发放贷款、列入"信用黑名单"等惩罚性措施,形成信用自律的良好机制。通过对信用村授予相应星级的牌匾,给予该村信用户授信额度提高、利率优惠等政策,激励村两委与农户加强信用规范不断争评信用村;通过对实行信用村年检制,对贷款无逾期、配合我行收回不良贷款、村两委信用工程工作积极等行为给予加分;对于辖内信用户被吊销《农户贷款证》及不良贷款产生率达到一定比例的给予扣分,严重的将撤销"信用村"荣誉。通过对信用乡镇的年检,对辖内信用村比例降到一定比例以内的、不良贷款余额达一定比率的等给予扣分、撤销等惩戒。

第三,建立信用修复机制。鼓励信用缺失的信用户、信用村(社区)及信用乡镇(街道)在一定的期限内主动实施整改,自我纠正失信行为,解封失信不良记录,形成信用自治的修复机制。

第四,创新信用村星级管理机制,打破"信用村"终身制。不同星级的信用村所在信用户贷款利率实行差别化管理,如信用村的 AAA 级信用户贷款授信与非信用村同级信用户相差 2 万元,最多的相差 4 万元,利率相差最高可达 40%。

通过一系列的机制创新和体系完善,真正提升了江山农合行的信用工程建设体系,使万千农户真正得到"惠"和"提":"惠"是农户根据信用等级及所在信用村星级标准享受差别化利率优惠,最低的可享受基准贷款利率;"提"是信用户的信用贷款授信额度不断地提高,从最初的几千 1 万到后来最高的 6 万元,再到现在最高可达 12 万元,比原最高额度 3 万元放大了 4 倍之多。

(三)流程改造、柜面发放,让农户办贷更"快"更"便"

2008 年年底,信用站规范清理后,农户小额信用贷款集中到网点办理,柜面压力的增加给农户带来诸多不便。为此,江山农合行开始对原有的农户小额信用贷款进行流程再造,进行网点柜台化直接办贷的试点工作。到 2009 年 3 月,开始全面推进该项工作,实现全行所有经营网点设立专柜开办"惠农快车"贷款业务,即农户凭《农户贷款证》等证件,与江山农合行签订《最高额农户小额信用借款合同》,在授信额度及期限内,到江山农合行所辖网点柜台便可直接办理小额信用贷款。

流程改造后的"惠农快车"让农户办理小额信用贷款更为快捷更为便利。"快"是通过改造优化原小额农贷办贷流程,前移了签订合同、录入审批的环节,减除了农户实际用款仍需重新办理手续的繁琐,农户直接到柜台的办贷时间不超过 10 分钟,真正实现了像取存款一样的方便、快捷。"便"是"惠农快车"贷款通过与农户签订 2 年期的最高额借款合同,农户可根据用款需要在合同期限内随用随借、随借随还,一改原农户小额信用贷款的"一次授信、循环使用"仅是指对信用农户贷款的授信两年内有效,实际用款时还需办理相关手续的流程,从而实现了从授信到用信"循环使用"的跨越发展。

(四)对接 IT 技术,实现纸质化与电子化并轨运行、功能兼容的突破

2009 年 6 月,省农信联社推出"丰收小额贷款卡",江山农合行成功对接全新的 IT 技术,在原纸质业务的基础上,成功嫁接了电子业务,集循环小额贷款、存款、资金汇兑、电子缴费、农民直补发放等功能于一体,一举实现了"惠农快车"贷款在我行所有网点的通借通还、在全省农信系统通存通兑,并且可在 POS 机进行消费及任何有银联标识的 ATM 机办理取现业务等的功能提升,突破了原来只能在指定网点办理业务及非营业时间不能办业务的局限。同时,原纸质"惠农快车"仍可同时使用,实现了纸质化与电子化并轨运行、功能兼容。

(五)创新"三联评、四联信"信用体系,丰富"惠农快车"内涵,分层次多元化满足客户需求

2011 年,为破解因农村要素市场难以流转、普遍缺乏抵质押条件、信息不对称等而导致的农民贷款难问题,江山农合行在原信用工程建设的基础上,创新提出"三联评、四联信"的工作思路,将农户的农房抵押、林权抵押纳入评定标准,激活了农民的"沉睡资产",丰富了"惠农快车"贷款产品内涵。"三联评"即以农户诚实守信为基础,以房权、林权有效资产为切入点,对农户的信用、林权、房权有效资产综合联评,确定信用等级;"四联信"即按照抱"物"增信的思路,根据"三联评"结果,以"惠农快车"贷款授信为龙头、携农房抵押贷款、林权抵押贷款、丰收贷记卡进行"一揽子"贷款授信,确定农户贷款综合授信额度。开展"三联四信"信用工程,把林农手中的"青山"变成了"金山",盘活了农民的沉睡资产——农房,拓宽了农村融资渠道,满足农民生产生活、创业创新的资金需要。据不完全统计,江山市仅林业用地面积就达 220 万亩,占全市区域总面积 303 万亩的 72.6%,森林蓄积量达 600.9 万立方米,粗略估计价值达 30 亿元。而江山农合行林权抵押贷款的推出让这部分沉睡的资产逐步得到激活,为农民贷款额度的提升、贷款途径的突破打开了融资大门。

同时,江山农合行为扩大农户的受惠面,还不断细分农村客户市场,创新推出了多类支农扶小信贷产品,如"丰收粮农直通车""低收入农户奔小康""大学生村官创业""下山脱贫创业""农村青年创业""农家女创业"等贷款产品,把"实惠"送到了千家万户;为适应中小企业不断发展壮大的实际需要,还创新推出了"金伙伴动车"贷款。其中"大学生村官创业"贷款助推的"规模肉牛养殖"项目荣获第二届"创业浙江"——青年创业创新项目银奖,并被陈加元副省长作了肯定:"省银行业推出大学生村官创业贷款,既有利于加强基层组织建设,也有利于推动大学生就业创业,应予肯定和支持。"

三、"惠农快车"取得什么实效?

(一)普惠面广

"惠农快车"现已成为百姓有口皆碑的支农支小特色产品,以其"资金倾农、手续便农、利率惠农、对象普农"的优势,惠及千家万户,自推出至今,累计投放 32.54 亿元资金,贷款余额 12.91 亿元,惠及全市56.62%的农户,成为农民及个私企业主生产生活、创业创收的好帮手,让惠及的客户犹如持有金融"绿卡"一样灵活方便。1998 年,江山市农民人均纯收入为 2943 元,农业总产值为 13 亿元;创建信用工程体系后的2002 年,农民人均纯收入达 4121 元,农业总产值 14 亿元;2010 年,农民人均纯收入达 9345 元,农业总产值达 29 亿元。可以说,江山农合行在推动江山市农村经济发展和促进农民增收的进程中发挥了积极作用,尤其是信用工程体系的建设为江山农村市场源源不断地注入新的资金活力。

(二)农户增贷途径有突破

随着"惠农快车"贷款内涵的不断丰富和信用体系工程的不断创新,不仅实现了"扩面增量",更通过如房权、林权、粮食订单等多种融资渠道满足了全市不同层面、不同创业途径的农民朋友的需求,农户贷款额度不断提高,农户惠及数不断增加,有效满足农户从零散、小额的融资需求向集中、大额的融资需求,从传统农业向现代农业生产资金需求的转变,促进了农民增收、农业增效及农村区域经济持续健康发展。白沙村是个移民村,2003 年就被淤头信用社评为"信用村",受惠农户共 178 户,占总农户的 89%,当年共发放信用贷款 356 万元,至 2008 年累计发放信用贷款金额达 2840 余万元。2008 年 7 月,江山农合行挂牌成立,迅速对白沙村信用户重新进行规范评定,目前全村评定信用户 299 户,授信总额达 1424 万元,实际受惠农户 220 户,贷款金额达 960 万元,进一步扩大农户贷款覆盖面。同时,为解决白沙村发展木材加工业、白菇种植业、来料来样加工业过程中的资金难题,又在小额农贷的基础上,增加专项贷款,支持农户种植白菇、木材加工和增购机器设备等,该村从 2002 年人均收入 3150 元增加到 2008 年的 8561 元,走在江山市人均收入前列。

(三)营造了良好的农村信用氛围

该产品的推出,极大地推动并形成村委与农户之间、农户与农户之间相互制约、相互监督的信用自律环境。通过创建工作的开展,使农村信用文化更为健康和谐,使广大农民群众深切体味到信用的价值所在,被评上"信用户""信用村""信用乡(镇)"的农户感到十分光彩,"信用户"已成为农村市场经济中的资信证明和个人的"经济身份证","信用村、信用乡(镇)"牌子已成为一块金字招牌,可以说信用户、村和乡镇的评定营造出农村良好的争评争创氛围。

同时,良好的激励、奖惩和修复体系又让村委与农户、农户与农户形成相互制约、相互监督的自律氛围。没有被评上"信用户"或"信用村"等的从农户到乡(镇)村干部都感到了一种无形的压力,村两委因此更加重视信用工程建设工作,更为积极地改善村风村貌,宣讲信用有价的观念,对村民形成一定的制约和激励作用;而村委自己也发挥表率作用,更加守信、履约,可以说村两委和农户之间因此形成了良好的制约关系。农户与农户之间的制约和监督尤为明显,如评上信用村的行政村因为个别信用户不守信、不履约的行为而致使信用村星级下降甚至撤牌的,其他农户的信用额度和贷款利率也相应地发生了变化,导致额度降低、利率提高,使所有农户对这部分失信农户的不信任度和不满意度增加,这样便促使所有农户都最大可能地尽好本分,共同营造良好的信用环境。

该贷款产品在 2012 年 9 月份喜获全国服务小企业及"三农"十佳特优金融产品称号和 2012 年 11 月份荣膺农村信用社成立 60 周年金融产

品博览会"最佳农户金融产品创新奖"后，2012年12月又荣获2011年全国金融机构服务"三农"经验交流峰会"服务三农最佳创新成就奖"，中央电视台、《人民日报》等国家级新闻媒体及省、市各级新闻媒体也多次聚焦江山，专题介绍"惠农快车"方便快捷、流程清晰、多方共赢的产品特性。

四、下一步的发展方向

（一）继续深化信用体系建设，农户贷款持续扩面增量

"惠农快车"贷款是江山农合行经过多年的积淀、实践、总结和提升而催生的产品，经过几年的运行，目前已比较成熟，成效也较为明显。江山农合行接下来将巩固创新成果，做好"信用村""信用户"复评工作的同时，完善和提升信用工程建设，进一步扩大农户的普惠面，增加农户的受惠数，提高农户的受惠金额，支持"三农"及小企业发展。一是要给予该套体系和模式提升和完善的空间，不断结合新农村的实际情况，使信用评定办法、业务流程、产品特性更为科学化、合理化和人性化；二是要融入计算机的手段，建立农户信用电子档案，建立计算机评定信用村、户的模块，用科技的手段支撑起传统的体系；三是要适合农村新变化，不断细化客户市场，增多融资渠道，实现进一步的扩面和增量。

（二）创新探索新型支农模式，不断转变提升服务思路

江山农合行在做好原产品的同时，针对新农村建设的实际，努力适应"新三农"的需求，积极探索全新的支农扶小模式。如对专业合作社的贷款支持，可通过农户联保，规模农业的订单贷款，在农户种养、购、销链中寻找相互制衡关系进行组织贷款支持等方式，实现贷款途径的突破；还可以不断完善农业风险保障机制，并在此基础上新推出一系列的支农产品来实现农户贷款受惠面的扩大、受惠群体的增多和受惠对象的多样化。

（三）积极开辟微小客户市场，微贷战略诠释"普惠"理念

以"惠农快车"为车头的江山农合行车系贷款产品，满足了当地大多数农户创业创收和中小企业主发展壮大的资金需要。长期以来，街边的

小摊贩,家庭的小作坊一直被银行信贷服务所遗忘,因其起步低、无担保和微创利等因素无法通过有效、便捷的途径得到金融支持。针对微小创业者贷款难的现状,江山农合行秉持"普惠"经营服务理念,果断将金融服务触角延伸到这一领域,于 2011 年开始在农村合作金融机构中率先试水微贷业务。

　　2011 年 3 月下旬,江山农合行与浙江大学经济学院、浙江大学金融研究院展开课题合作并于 2012 年 3 月下旬合作研发新产品"小营生早班车"微贷,以期能给"边缘化""弱势化"、离乡离土的微小创业群体提供金融服务和融资机会。在浙江大学经济学院、浙江大学金融研究院微小贷款项目组的指导下,2011 年 3 月至 2012 年 10 月相继完成两期微贷培训生招生与培训,成功培训了 13 名微贷客户经理,组建了微贷中心、健全了制度体系,并基本形成了微贷技术自主复制能力。2012 年年底由微贷中心自主实施的第三期微贷培训生培训拉开序幕,目前理论培训已结束并进入见习和实习阶段,进展顺利、效果良好。江山农合行微贷中心自成立以来,禀持"微小贷款=弱势群体+零隐性成本+可持续发展利率+强势服务='微笑'贷款"的理念与技术,在县域农村金融微贷体系建设、业务拓展、管理创新及系统建设方面展开了一系列创新实践工作,取得了突出成绩。荣获浙江省银监局 2012 年度全省"支持县域实体经济发展先进集体"荣誉称号。截至 2013 年 2 月 20 日,江山农合行微贷中心累计受理调查"小营生早班车"微贷 637 多户,投放 338 笔,支持微小经营客户 323 户,金额 5703 万元,笔均 16.8 万元,余额 4217 万元。投放微贷客户中,115 户完全没有信贷经验,是第一次在金融机构办贷款,占比达 36%。办理的微小客户中,个私经营户贷款 168 笔,金额 3355 万元;失地或离地农民贷款 80 笔,金额 523 万元;微小生产型企业 75 笔,金额 1825 万元,凸显出微贷不走寻常路、独特的草根"门槛"及助微扶弱的特性。经过近两年的磨合、吸收与消化,微贷先进技术已在江山合行成功落地生根,开始本土化和优化发展。

　　江山农合行微贷中心 2013 年度预期实现微贷规模 3 亿元,在服务城郊微小、个体经营户基础上,加大对微小生产型企业的金融服务工作,实施市场化运作方针,一方面,主动出击,从源头上开拓微小客户市场;另一方面,练好内功,在微贷产品创新及管理服务提升上作出更多的努力。

　　第一,本土化创新。适应江山经济金融环境的多变及客户需求的多样化,在微贷业务种类及还款方式上冲破现有体系实现一个新的突破。在风险可控的前提下,力争在有限的制度体系下寻求多种业务形式。如"阶段性分期还款法"的运用,开发针对信贷需求 30 万~100 万元的微小生产型企业"小营生早班车"小贷产品等。

第二,管理服务提升。一是实践"总—分中心"信贷管理模式。江山农合行微贷市场实践从多方面证实了在微小客户市场推行微贷业务的必要性与可行性。2013 年江山农合行将在三期培训基础上,适时向支行网点派驻微贷小团队(分中心),更好地贴近市场、引入团队竞争机制,丰富基层网点金融服务功能,支撑合行微贷整体战略的顺利实施。二是推进微贷管理系统开发工作,2013 年 4 月,初步建立起集客户资源整合、操作流程自动化、办公环境人性化、信息汇总、行业分类及辅助决策于一体的江山农合行微贷业务管理系统。

第三,人才力量储备。招收、引入社会年轻力量,通过系统化、专业化的教学和实践,让这些新生力量迅速成长为合行所需要的专业化微贷业务人员,通过定性、定量结合的绩效考核,实施动态上岗和淘汰机制,发掘出合行全体微贷从业人员潜能,形成一股向上冲的正能量,推动江山合行微贷事业冲上一个更高的全新台阶。

第三节　邮储银行海盐县支行小额信贷
支农助困的成功实践 *

当许多商业银行瞄准规模企业致力于大额抵押贷款时,当一些民间贷款担保公司的高利率让人望而却步时,邮储银行海盐县支行及时主动推广的小额贷款,让千千万万个嗷嗷待哺的农村种植户养殖户、微小企业重见曙光。

邮储银行海盐县支行的小额信贷,填补了海盐金融产品空白,解决

---

* 本文系中国邮政储蓄银行嘉兴分行副行长陈铁中提供,文中有些观点参考了浙江省金融研究院、浙江大学金融研究院兼职研究员何嗣江博士在中国邮政储蓄银行浙江省分行 2010 年 8 月组织的行长培训班授课内容。此案例表明:团体贷款模式、个人贷款模式可以相互融合,共同促进"政府、银行、微企、农户"良性互动。

了政府在"三农"财政政策中的难题,重新燃起了广大农民和小企业主的发展梦想,同时也壮大了自身,在统筹城乡发展、建设和谐社会中起到了积极的作用。

一、推广小额信贷的现实背景

(一)外因,"三农"自主创业求资金

"三农"问题一直是从中央到地方特别关注的话题。农民增收、农业增长、农村稳定,关系到国民素质、经济发展,关系到社会稳定、国家富强、民族复兴。县委县政府对全县的"三农"问题也一直高度关注,出台了一系列的政策措施,包括积极的财政政策和农村金融体制改革。

但是,由于"三农"在产业、生产资料、劳动主体、农业组织等方面天然的弱质性和社会政策造成的后天弱质性,使"三农"在发展中遇到了许多困难。"融资难"成为制约"三农"发展的重要瓶颈:一是政府财力不够;二是金融体制对"三农"的支持严重不足。

一些刚刚起步的微小企业在创业过程中也同样面临着"融资难"题,特别是在2008年的国际金融危机后,商业银行更着眼于规模企业,对无资产抵押质押的小企业很少给予资金支持,铤而走险的民间高利贷又让企业雪上加霜。

(二)内因,银行转变作风谋发展

2007年,全国邮储银行开始推广小额信贷业务。在海盐县,民间小额信贷担保公司在国际金融危机后发展较快,小额贷款确实解决了一部分急需资金的创业者的需求,但由于其利率较高(很多都高于中国人民银行规定的贷款利率),致使创业者负担过重。而在海盐县商业银行中,小额信贷还是空白。

2008年7月,正式挂牌成立2个月的中国邮政储蓄银行海盐县支行开始开办小额信贷业务,但由于观念陈旧,经营不善,小额信贷没有得到有效推广,群众没有印象,业务停滞不前。

2010年2月,上级对徘徊不前的邮储银行海盐支行进行了整顿,调整了新的领导班子。新班子适时调整银行工作思路,以"植根海盐、服务海盐"为宗旨，以"深化农村金融改革，促进城乡统筹发展"为方向，积极转变工作作风，创新金融体制机制，隆重开展"启动支农金钥匙 支农扶小促发展"活动，大规模推广惠及"三农"的小额信贷产品。

二、小额信贷创新区域特色

无须抵、质押，额度为1000元至10万元的小额信贷，为全县农村的金融市场注入新的活力。为让这个产品更广更好更快地推广到全县农村，银行转变思想观念，创新工作方法，主动出击，改坐等客户上门为主动上门为客户服务，通过宣传推介、构建网络、送贷上门等，及时化解"三农"在发展中的融资难题。

（一）走村入户，产品宣传深入人心

经济发展依赖金融支持，而金融的支持需要双方信息对称。为让广大农户充分了解"小额信贷"产品，邮储银行海盐支行开展了声势浩大的宣传活动。

1. 银行巡回举办大型信贷推介会

作为一项民生工程，小额信贷推介会得到政府和有关部门的大力支持。2010年3月中旬起，邮储银行海盐支行在县政府和县人民银行、银监办、工商局、经贸局、农经局、各镇政府的配合支持下，先后在全县八个镇举办以"启动支农金钥匙 支农扶小促发展"为主题的大型信贷推介会，每到一镇就邀请当地的村民委代表、种植户、养殖户和小企业主参加，介绍金融产品、提供优质服务。活动中，县、镇领导高度重视，亲自出席帮助宣传，营造了小额信贷的良好社会氛围，在全县农村产生了积极广泛的影响。

2. 信贷员深入村组宣传走访

每次推介会后，以镇为单位专门划分配置的信贷员深入各村，向广大种植、养殖户和小企业主宣传小额信贷业务，同时了解生产情况、产业特色、资金需求情况等，掌握第一手信息资料，建立了"三农"、小企业数据库。从3月到8月，12名信贷员走遍了全县105个村、几百个组、上千户人家。

（二）构建网络，畅通双向信息渠道

1. 建立村镇联络员

聘请各村村民委或村妇女主任为联络员，一方面及时向资金需求的

农户转达银行产品信息,另一方面向银行提供该农户的生产家庭情况,排除不良客户,为无须抵押质押的小额贷款提供信用基础;同时聘任各村书记为行风监督员,对银行的信贷服务和工作质量进行监督,预防违纪违规现象的发生。

2. 与协会合作社建立合作关系

经县农经局牵线搭桥,与有关种植、养殖协会、农村专业合作社等建立合作关系,及时沟通信息、提高工作效率。目前,已与于城甲鱼养殖协会、水产养殖协会、沈荡禽业合作社等建立了合作关系。

(三)送贷下乡,农户坐等上门服务

邮储银行海盐支行为小额信贷出台了一整套的服务规定,使客户和银行之间成为对等的双向选择关系,在客户有尊严地获得贷款的同时,实现银行有尊严地增加贷款余额。

1. 划片信贷,让客户很便捷地获得贷款

邮储银行海盐支行以镇为单位划分区域,配置专职信贷员。对银行而言,专区专人可以更深入、准确地掌握各镇、村的经济特色、企业模式、农户情况,更有针对性地为片区内的农户、小企业服务;同时,信贷员上门服务的模式也节省了大量增设机构的成本。对农户、小企业而言,可以更加快捷地找到专管信贷员,避免了受理、分派信贷员等中间环节。只要一个电话、一个信息,片区信贷员立即上门。不论在农户家里、在田间地头、在猪舍鱼塘、在厂房车间,都能达成信贷意向。只要是生产发展需要、只要不是恶意客户、只要提供"三表"(工资表、电费表、水费表),即只要条件符合,三天时间内,农户不用任何抵押、质押,就能获得满意的贷款服务。

2. 规范服务,让客户有尊严地获得贷款

每个信贷员走访客户时都会送上一张名片,名片正面是常规的姓名、电话,后面则是"八不准",包括不接受宴请礼物、不以权谋私、不违规放贷等。这既是对信贷员的要求,同时也是对客户行为的规范,更是让客户放心贷款。双方互相尊重,互相监督。

这"八不准"还有详细的规定,比如不接受宴请一项,要求信贷员拜访客户时,饭前半小时一定要结束调查,离开客户,以免增加客户不必要的麻烦。用行长陈铁中的话说,小额贷款本身是为了扶贫帮困,农户几千元几万元的贷款是生产急需之用,让农户再请掉几十上百元的饭,你让农户情何以堪? 而我们又谈啥扶贫帮困?

3. 产品分类,让客户有选择地获得贷款

根据农户实际,邮储银行海盐支行为小额贷款开发出不同的信贷产品,让农户有选择性地找到自己所需要的产品,最大限度降低融资成本,最合理使用贷款资金,发挥最高效的资金作用。以贷款 10 万元为例,若是养鸡户,根据养鸡周期 3 个月计,前 3 个月养鸡户每月只需还银行贷款利息 1125 元,第 4 个月成品鸡卖完回收成本后,再还本金;若是养猪户,以养猪周期 5 个月计,前 5 个月每月还利息,第 6 个月归还本金;甲鱼养殖户,甲鱼养殖周期 10 个月,同样建议客户前 10 个月每月还息,第 11 个月归还本金,或者分两次在第 11、12 个月归还本金。这样,就农户本身而言,先还利息,无论是对生产资金的周转还是生活开支,基本上没有带来压力,回收成本归还本金后,剩下的就是利润了。这等于借鸡生蛋,小额贷款起到了真正的扶贫帮困的作用。另外,对于还款信用良好的客户,银行还给予减免两个月利息的优惠。

三、小额贷款实现农企银政多方互利共赢

小额贷款的推广,给有能力但不符合正规金融机构贷款要求的,被正规金融机构"边缘化"的广大农户、微小企业提供了获得贷款的途径,发展了农村经济,增加了农民收入,促进了城乡统筹发展,有利于政府"三农"工作的顺利推进,实现了银行、农户、政府多方互利共赢。

(一)农户,增强了信心,增加了收入

只有两年葡萄种植经验的葡萄种植户吴某,一家六口,父母年迈,一双儿女读书,妻子在一服装厂打工,全家全靠几亩葡萄的产出生活。去年年初,吴某在修理葡萄大棚时,七拼八凑,就是差 2000 元的材料费。片区信贷员得知后亲自上门,将 2000 元的贷款送到吴某手上。小小 2000 元,解决了吴某的大问题,当年吴某的葡萄毛收入达 4 万多元。像吴某这样的遭遇,自小额信贷推出后,数不胜数。据统计,自 2010 年 3 月邮储银行海盐支行开展以"启动支农金钥匙 支农扶小促发展"活动以来,到

2011 年 4 月底,银行共向农户放贷 1485 户(次),涉及金额 1 亿多元,目前尚有贷款结余 1043 户,贷款余额 0.52 亿元,平均每笔不到 5 万元。大到几万元、小到几千元的贷款,让数千农户在绝望中看到了希望、在忧虑中增强了信心。

种植户葛某去年趁于城通元两镇"统筹城乡建设""两分两换"的机会,承包了 200 亩水田,准备种植水稻,但缺少部分种子购买款。由于葛某一家均是普通工人,没有自购商品房,没有银行承认的抵、质押物,银行不给予资金支持。正焦虑间,一个偶然机会,他得知邮储银行海盐支行有无须抵、质押的小额信贷,立即拨打了信贷热线,信贷员当即接受了葛某的贷款申请,当天下午就到现场调查、走访,并听取了村信贷联络员的介绍,一切符合银行小额信贷的放款条件,在办理了相关手续后,银行第二天下午就将 5 万元贷款划到了葛某的账上。葛某用这 5 万元资金购买了粮食种子,及时播种。这一季水稻,葛某共获利 20 多万元,一下子脱贫。事后,他逢人就说邮储银行小额贷款的好处,积极向人推介小额信贷产品。

（二）企业,扩展了生产,扩大了规模

小额贷款大规模推广后,许多缺少资金的小企业纷纷向邮储银行海盐支行寻求帮助,获得支持。据统计,一年来,邮储银行海盐支行共向微小企业放贷 2834 户,涉及金额 3 亿多元;目前尚有贷款结余 1397 户,贷款余额 1.37 亿元。

小企业主邱某,原在西塘桥镇开办一个小厂,租用当地的一家闲置厂房生产。为了扩大规模,决定自筹资金建厂房。在所有的有效抵押物已在其他银行做了贷款抵押,并且额度已用完的时候,还差一笔资金。邱某焦急之余,想起了邮储银行海盐支行在西塘桥镇举办过的"启动支农金钥匙　支农扶小促发展"小额信贷推介会,觉得自己的情况和小额信贷申请条件基本相符,于是亲自赶到西塘桥支行信贷办事处咨询。信贷员热情接待,当场受理。第三天一早,邱某就拿到了这笔 10 万元的资金,顺利渡过了难关。目前,一幢 5000 多平方米的新厂房矗立在武原镇南阳浦发园区,邱某的企业从年销售收入几十万元发展到年销售收入数百万元。邱某十分感激,在比较了其他银行的放贷规定和贷款过程后,认为邮储银行海盐支行想客户所想,急客户所急,真正实现了"让客户尊严地获得贷款"的承诺，表示今后将更多地关注邮储银行海盐支行的信贷产品。

（三）银行，提升了业务，提高了地位

过去邮储银行海盐支行业务量不升，存贷款余额在嘉兴市同行中一直倒数第一，员工的工资都要向上级银行预支，且员工收入是其他县市同行的一半，在群众中无影响，在同行中无地位。银行没有凝聚力，员工缺乏工作热情。小额贷款大规模推广后，银行业务量陡然上升，截至2011年4月，银行人民币存款余额11.91亿元，比2010年年初增加到2.62亿元，增长28.2%；人民币贷款余额3.28亿元，比2010年年初增加2.32亿元，增长241.66%。其中小额贷款结余2440户，贷款余额1.89亿元，分别比2010年年初增加2184户、1.74亿元。小额贷款增量2010年度名列嘉兴地区第一，2011年一季度名列全省县支行第一。现在员工们的收入翻了一番，腰杆也挺了，工作热情更高了，企业凝聚力更强了。

邮储银行的存款大部分来自"三农"，银行又将存款"反哺"给"三农"，周而复始，良性循环，支农能力进一步提高。

（四）政府，推动了工作，推进了和谐

2010年，县委县政府提出了以"'两新'建设年"活动为载体，扎实推进"两新"工程①建设的工作目标。

"两新"工程的核心是加快农房搬迁，建立整村整组土地流转、建设用地复垦。农房搬迁量大、资金缺口也大，虽然有县镇二级政府的财政补贴，但还需要农户自筹一部分。一些困难农户往往因为几万元的缺口而使搬迁受阻。

邮储银行海盐支行积极参与"两新"建设，在县委县政府和有关部门的重视与支持下，细化完善了小额信贷产品创新方案，当年与于城、通元等镇分别签订了1000万元资金的支持农房改建项目小额信贷授信意向书。与此同时，还为农户、新居民、小企业、商铺经营者就小额信贷等相

---

① "两新"工程：指现代新市镇和城乡一体新社区（简称新市镇和新社区）建设工程。其中新市镇是广大农村地区的经济、文化和生活服务中心，是城乡联结的纽带和中间环节，也是统筹城乡发展的基础性节点。新社区是指按照统筹城乡发展的要求，借鉴城市社区建设和管理理念进行规划建设的新型农村居民集中居住区。

关信贷产品进行专场介绍。

　　小额信贷的推广为县委县政府提出的建立多元筹资机制、提升农村金融服务水平与质量,推动"两新"建设,建设和谐社会,起到了实质性的推动作用。

四、推广小额信贷带来的启示

(一)启示一:小额信贷的机制须创新

　　邮储银行海盐县支行借鉴国内外成功的小额信贷团体贷款和个人贷款运作模式,根据区域经济特点进行本土化的创新,走出了一条具有自身特色的小额信贷推广之路。

　　1. 政银联动

　　银行的主动,政府部门的积极参与,起到了"政银联动"效应,为全县"三农"和微小企业的发展营造了多角度的宣传氛围,奠定了比较完整的金融服务和支持体系。

　　2. 信息对称

　　重视信息对称,建立高覆盖的镇、村联络员制度,构建完善的小额信贷服务网络,促进了小额信贷全面高水平的发展。

　　3. 主动营销

　　主动营销的"微贷款、铁纪律、强服务",实现了客户与银行之间对等的双向选择,在客户有尊严地获得贷款的同时银行也有尊严地增加存贷款。就银行来说,提升了一种全新的服务理念,在工作作风上,把主动服务放在第一位;在工作方法上,把方便客户放在第一位;在思想观念上,把小额信贷赋予了扶持金融弱势群体的社会功能。就客户来说,坐等服务,无须抵押,方便贷款,享受到了一种前所未有的尊重。自 2010 年 3 月以来,数千笔小额贷款没有一笔逾期归还,这除了银行规定的"三度"原则[①]起作用外,重要的是群众对银行的信任和支持。

---

　　① "三度"原则:风险容忍度——信贷员所辖贷款逾期率持续 3 个月超过 2%,将采取停职催收贷款的手段进行风险控制;违规容忍度——经查证信贷员只要出现一次违规、违纪现象,即刻调离信贷队伍;失信容忍度——准客户、客户出现逾期或逾期迹象,及时收回贷款或启动 24 小时应急预案,借助镇、村甚至采取法律手段进行突击式催讨。

（二）启示二：小额信贷的社会效益

邮储银行海盐支行为金融弱势群体提供创业资金支持的小额信贷产品，所产生的社会效益相当深远。

1. 脱贫效应

对于金融弱势群体而言，资金可得性是第一位的，他们有强烈的脱贫意愿和一定的劳动能力，关键在于原始资本的获得。只要有少许的资金支持，就能产生不可估量的反应，实现可观的经济效益，并可能促使他们挽回本可能失去的诸如教育、医疗等机会，进而有助于提升其综合素质，由此在邻里间的示范与扩散效应也十分明显。

2. 造血功能

缺乏经验的金融弱势群体在需要资金的同时更需要金融机构为他们提供相关的技术和信息服务，实现信贷服务配套化，使有限的资金创造出最大化的收益，提高资金使用效率，降低资金使用成本。金融机构需重视对金融弱势群体全方位的帮扶功能，变资金"输血"式供给为"造血"式服务，真正实现普惠制金融体系内涵的要求。

3. 公平环境

正规金融机构的小额信贷项目天生具有两方面的功能：一是金融机构的商业性目标；二是帮助金融弱势群体脱贫的社会责任，是一项民生工程。这就需要政府在公平的市场环境、政策环境上给予保证，并加以监督，以促进小额信贷市场健康可持续发展。

（三）启示三：企业文化的基础作用

邮储银行海盐支行的小额信贷得以顺利快速推广的原因除了社会需求、政府支持、银行机制外，企业的文化建设起到了基础性作用。企业凝聚力强，才能创新金融产品和工作方法；员工工作热情高，才得以快乐地投入工作。

1. 增强企业的凝聚力

"人的事情都是大事情，能用钱解决的事情都是小事情。"这是行领导给每位中层管理者的忠告，"员工是企业最大的财富。"管理者是家长，员工如手足、如子女，真诚地为员工所想，让员工感受到家庭的温暖，提升归属感。2010 年年初支行新班子调整后,行领导在几个月的时间里,走访了全行 50 多位员工家庭,嘘寒问暖,了解情况、解决困难,不仅使员工本人十分感动,连家属也分外感激。拓展训练、CS 野外实战、职工小家、节日活动等,领导和员工不分彼此、不分上下,一起活动,一起游戏。

2. 激发员工的工作热情

以激励代替惩戒的考核机制,经常表扬、奖励,同时让员工分享企业发展的成果,激发了员工的工作积极性,如信贷员们白天跑客户,晚上写报告成了他们的自觉和经常行为。

1 年多来,邮储银行海盐支行的小额信贷走出了一条既促进银行自身发展,又推动海盐经济和社会发展的新路子。下一步,支行将进一步在信贷产品的开发、经营机制的完善、信用环境的营造和金融队伍的建设上做文章下功夫。

第四节　创新支农产品——临海农村信用联社"银村通"*

加快推进农村金融创新、积极改进和完善农村金融服务,是统筹城乡发展、加快经济结构调整和推进社会主义新农村建设的现实要求,是农村合作金融机构服务"三农"的工作着力点。但在集镇以下的广大农村特别是偏远山区,金融服务网点奇缺,农村金融服务不足,农民养老金和种粮补助等惠农补贴、惠农资金领取既费时又费钱,如何破解? 临海市农村信用联社(以下简称临海农信联社)作出了有益的探索。开设"银村通",使农户的小额现金支取不出村,构建"便农支付绿色通道",引起了媒体和地方党政领导的关注,受到广大农民的好评。

一、"银村通"产生背景和服务功能

临海农信联社代理发放水库移民 3 万户、森林补助 5 万户、种粮直补 25 万户、代扣电费 16 万户、养老保险金缴纳和支取 60 多万户。许多老人都要按月支取 60 元的养老金。自 2010 年年初开始代理社会养老保险

---

* 本文系浙江临海农村信用合作联社办公室提供。

发放,全市 67 家营业网点柜面业务不堪重负,许多网点早晨未到营业时间门口就挤满了前来领取养老保险金的老人,到下班时间了还出现排着长队取款的现象。这样,不但老百姓取款排长队有怨言,柜员也叫苦连天,严重影响了信用社正常业务的开展。临海市已实现了"农村公路村村通""农村电视、电话、广播村村通",农户的小额现金支付也应该"村村通"。

为有效解决上述现象,临海农信联社于 2010 年 7 月在涌泉镇兰田山区设立城乡居民养老金山区发放点的试点。2010 年 10 月又在汇溪镇仙人桥山区设立代理点,服务对象涉及该山区 5 个行政村和 10 个行政村,有 2000 多人受益。2010 年年底命名为"银村通",制定了《"银村通"业务管理办法》,对服务代办点的确定条件、交易管理、机具管理、风险管理等作出明确规定,把原来仅仅局限于老年人 60 元养老金的支取,提升为每个账户每天 500 元以下的小额现金支付。计划首批设置 50 个代理点,首先解决最偏远山村、最弱势群体的需要,并不断推进。

"银村通",简单地说就是银行进农村,即通过银行网络实时清算的方式,在没有金融网点的村,设立"银行服务代理点",解决农户小额现金的支取难题,并逐步达到农户办理缴费、支取现金不出村。这是具有毛细血管型、包容性极强的农村金融服务网络的阳光工程、惠民工程。

在 2011 年"走千家访万户、惠民大行动"中,临海农信联社组织"走千家访万户流动服务队"和"党员服务队""青年志愿者服务队"开展"创先争优 服务三农'银村通'工程进山村"活动,宣传"银村通"业务,动员村民们将存折换为丰收借记卡、讲解使用方法、培训代理人,并送金融知识、假币设别宣传和小额贷款授信上门。举办农户联络员表彰培训会,讲解"银村通""助农保"等惠民金融产品和便民结算业务。目前已设立了 27 个点,服务覆盖 68 个行政村近万户农户,现已办理了 1286 笔 28.5 万元,深受当地百姓欢迎和地方党政的重视。同时,也受到了媒体的广泛关注,3 月下旬《浙江日报》《台州日报》《今日临海》等报道了《银行进山区 支取不出村 临海农信联社开设"银村通"》,新华网浙江频道、人民网浙江频道、网易新闻中心、浙江在线"三农中国"、浙江"三农"网等进行了转载报道。

二、"银村通"工程建设的现实意义

第一，"银村通"工程是满足农村地区基本金融服务需求的一项民生工程。农村金融服务是党和政府联系农村、农民的重要纽带，但由于农村广大地区结算环境不畅，使得各种补贴和惠农资金不能足额、及时发放到农民手中，影响了农民方便、有效地使用这些资金。以"银村通"业务的首个试点临海市兰田山区为例，该片无金融网点、原信用站被撤，5个行政村均位于海拔 670 多米的高山上，留守人员不足 3000 人，年人均收入不足 2600 元，辖内唯一一条 18 公里的盘山公路通往各村，农民到最近的银行网点需往返车费 10 元、时间半天，老年人出行又不安全。而"银村通"的设立使服务对象足不出村就能得到金融服务。

第二，"银村通"工程是填补农村金融服务空白区的现实需要。临海作为区域大市，农村是大头，农民是主体，全市共有农村户籍人口 86.8 万人，农居点面积 12.54 万亩，有 945 个行政村没有金融机构，农村金融服务辐射有限，广大农村尤其是高山村和海岛村金融服务严重缺失。作为极具毛细血管型、包容性质极强的农村金融创新产品，"银村通"无疑是专门为偏远山村、最弱势群体量身定做的农村金融服务创新产品，"银村通"工程是建立健全农村金融服务网络的"阳光工程"。以临海市为例，假定在无金融机构设点的 900 个行政村开办"银村通"业务，可为 30 万农村人口提供月均一次的小额金融服务，其成本总投入约 54 万元（业务计酬除外），却每年能为农民节约大量的生产时间和较多的交通费支出。

第三，"银村通"工程是丰富创新社会管理的一项内容。推进社会管理创新是一个系统工程，总的来说，应在距离群众最近和管理难度最大的方面下功夫。当前，正处于经济转轨、社会转型的历史时期，如何服务民众、改善民生，需要全社会成员的认真探索。临海农村众多的种粮直补、养老保险领取对象迫切需要金融服务。深入调查又发现，乡镇很多村庄的精壮劳动力外出务工，留守人员普遍老弱病残，如何畅通资金支取渠道、解决弱势群体生产生活问题，值得研究。

三、推广"银村通"存在的问题与对策

推进"银村通"工程建设需要各方的大力支持。目前，虽然"银村通"

试点顺利，效果初显，但推进"银村通"扩面工程仍然面临着一些问题：

第一，从代理点层面分析。一是代理费用偏少，代理点积极性不高；二是需要准备一定数额的垫付备用金，代理点不情愿。

第二，从信用社选点层面分析。一是因人民银行对代理商户必须要求具备有效的营业执照，而一些偏远落后的山村，很难找到这样的小店铺；二是即便有具备条件的店铺，农户也往往因为文化程度很低，或者年龄偏大，在操作过程中容易出错，而且做不好对村民的解释工作。

第三，从农户层面分析。一是农户尤其是年龄偏大的农户，目前很难接受使用借记卡，认为还是存折好，上面有很直观的存款余额，而卡却不能；二是随着代理业务后期实现账户电费代扣功能，农户反映养老金在账户中的余额很难知道，必须要到代理点先查询再取款，觉得不是很方便。

针对上述问题，临海农信联社认为：一要适当提高代理费用。因为是公益事业，要求政府予以支持，把"银村通"融入"推进基层便民服务中心建设"中去。二要放宽准入条件，让机具布放在一些相对有经济实力，有一定文化知识，又在村里有一定影响力的，比如农户联络员、村干部、支农服务点处。三要加强宣传、培训，使农户真正了解"银村通"。

第五节　创新支农产品——临海农村信用联社"助农保"*

一个小法人的金融企业只有在产品、服务上不断创新，才能在竞争中立于不败之地，创新孕育活力。为解决农户贷款担保难问题，方便农民借贷，并有效化解担保链风险，临海农信联社推出了"助农保"贷款，经半年多的运行情况良好。

一、"助农保"贷款的出台背景及设计理念

在农户联保贷款基础上，2009 年以来临海农信联社出台了农房抵押、林权抵押、商标权质押、土地流转使用权质押、渔船捕捞证质押等一

＊ 本文系浙江临海农村信用合作联社办公室提供。

系列支农创新产品,其实质是解决农民贷款担保难问题。但临海农信联社在思考,除了农户小额信用贷款,能否研发一种使农民贷款不用找担保的品种。

2010年年初,在"走千家访万户活动"中,临海农信联社组织信贷等部门深入基层信用社进行专题调研,提出了与担保公司合作以村为单位批量担保的思路。临海农信联社就把该贷款命名为"助农保"贷款,着手贷款实施细则等的制定。

所谓"助农保"贷款就是以行政村为单位,在对村民综合授信基础上,经担保公司审核,为符合条件的农户一次性批量担保,借款时信用社让利10%的利息作为客户保费补偿,农户无须找担保人的贷款。

二、出台"助农保"贷款的现实意义和可行性

"助农保"贷款涉及农信社、担保机构、农户三方,是一种新型合作的关系,既有合作的基础,又有可行性,能够创造"三方"共赢的局面。对促进现有资源的充分利用,解决农户担保难、贷款难问题,改善农村金融环境,支持"三农"发展和社会主义新农村建设都具有深远的意义。

对于农村信用社来说,一是解放生产力。信用社通过与担保机构的新型合作,实现了贷款批量担保操作,大大解放了"生产力",提高了放贷效率,从根本上改变了贷款模式,将贷款调查工作重心前移,贷款发放工作可由信贷内勤甚至柜员完成,释放出的生产力可用于大额贷款调查、客户维护、贷后管理等工作。二是有效解决贷款担保问题。农民贷款担保存在互保、连保、担保能力不足等问题,通过引进担保机构,破解农民贷款的担保链问题,提高信贷资产质量,进一步巩固农村信贷市场。同时避免农民有钱不愿意存入信用社,担心在担保的情况下钱被处置,影响存款客户流失。三是引进第三方贷款监督。担保机构作为利益相关方,必然对农信社的授信进行监督,从侧面提高农信社的授信质量。四是通过与有较强担保实力的担保机构合作,提高了农户贷款的担保能力,做到了贷款的及时收回,挽回了潜在的贷款损失,降低贷款不良率,实现更加稳健的经营,理论上说让利合作实现了农户贷款的"零风险"。五是通过新型合作,采取阳光授信,提高了授信的透明度和准确度,确保了对诚实守信农户的充分授信,减少了存在不良记录农户获取贷款的机

会,打击了农村贷款的歪风邪气,促进农村信用工程的建设。

对于担保机构来说,一是担保机构通过与农信社合作,采取批量式担保,降低担保机构运作成本;二是为广大农户提供担保,担保风险分散;三是扩大占领了农村市场,增加了营业收入,形成了长远经营的基础,因此对担保机构来说,这是拓展业务实现跨越发展的重要机遇。

对于农户来说,一是通过新型合作,农民贷款不再需要找保证人,也无须提供抵押,这将是农村金融史上重要的变革,彻彻底底、实实在在地解决了农民贷款担保难的问题;二是新型合作通过农信社让利,实际上并未增加农户贷款实际的资金成本,同时大大简化了贷款手续,缩短了农户取得贷款的时间,增强了农户取得贷款的自信,拉近了农户与农信社的距离。

当然,"助农保"贷款也存在一定的风险,特别是在担保公司的选择和对担保公司经营情况的监督,以及担保总量的控制等方面都应予以高度关注。给担保公司的费用,有待当地政府的支持。

三、"助农保"贷款的主要做法

阳光授信。以农村信用工程建设为基础,临海农信联社根据农户经济档案结合实地调查,通过行政村、信贷责任人、信用社主任三级组成授信评定小组,对辖内农户进行信用等级评定,核定授信额度,并以行政村为单位,将授信清单交担保机构审查。由于授信评定小组由多方组成,授信的透明度和准确度能得到保证。

批量担保。担保机构对授信清单进行审查,根据审查结果对清单作相应调整,对于不符合条件的农户采取降低授信额度或取消授信等措施,并对最终审定的农户出具不可撤销的独立保函,提供批量式担保(农户无须提供反担保)。同时,规定贷款本息3%直接与信贷责任人挂钩。通过担保机构第三方对授信监督审查和责任挂钩,有效防范了信贷人员的道德风险。

贷前调查。信用社根据农户申请额度大小综合运用多种方式进行贷前尽职调查。重点调查借款用途的真实性、贷款额度的合理性、还款来源的可靠性、贷款期限的可行性、收入来源的稳定性及违约风险的可控性等,而不能以担保机构的担保替代借款人的信用状况。

成本控制。各信用社按临海农信联社贷款利率定价相关规定,让利

0.12%帮助农户支付担保机构的手续费,不增加农民融资成本。虽然信用社让利,但贷款质量得到保障,减少了贷款损失及相关费用支出。

合同签订。根据农户申请签订合同,在借款合同中约定:担保单位代偿后有权向债务人追索债权及相关费用。

临海农信联社于2010年9月,完成了《"助农保"贷款实施细则》《"助农保"贷款用户指南》的制订,及担保公司《合作协议书》的签订、试点村选择和授信工作。10月,举行了"助农保"贷款启动仪式。截至2011年6月,已与9家担保公司合作,在辖内农村网点全面推行,第一批实施了43个行政村,授信4280户、39360万元,贷款余额3402.27万元,受到了农户的一致好评。

四、"助农保"贷款启动后各界反应

"助农保"贷款启动后引起了各界广泛关注,并得到了高度肯定。一是受到媒体的极大关注和专家的好评。2010年10月29日新华社记者看浙江发了《浙江临海农民用"信用"贷款可免担保》通稿。省政府办公厅的《昨日要情》、临海市政府的《临海信息》,以及临海、台州两级党报、电视等新闻媒体等给予了报道。浙江大学范柏乃教授赞誉其为独特的农村金融产品创新、真正惠民的民生工程。二是得到省联社业务处、台州办事处的指导和鼓励。三是受到人民银行、银监领导的肯定。人民银行上海总部刊物报道了临海农信联社的"助农保"贷款,有关领导提议在全省推广。台州银监的刊物也予以报道,受到了台州银监分局和临海办事处领导的肯定和支持。四是受到地方党政领导的肯定和大力支持。台州市政府分管金融副市长批示:临海开通农户"免担保"绿色通道,是一个对农户、农村信用联社和担保机构三方共赢的模式,对有效破解"三农"融资担保、抵押难题,改善农村金融环境,支持"三农"事业发展和社会主义新农村建设具有深远意义。五是受到广大农户的欢迎。临海市作为全省首批七个金融创新示范县之一,临海市党委、政府十分重视农村金融工作,对"助农保"贷款十分看好。

创新这项工作,是农村金融机构发展的必然选择,同时,风险防范也将是一个永恒的话题。临海农信联社在推行"助农保"这一新产品的同时密切关注潜在的风险,真正达到了业务发展、客户满意、风险可控。

索　引

"福利主义"微型金融　45

G

个人贷款模式　8,59,72,158

H

合作—代理模式　213,215

"惠农快车"贷款　267,269,274

J

基于现有银行立法的监管模式　234,243

加成定价法　90,94

监管标准　234,242

江山农合行　266,268

金融弱势群体　2,63,84,266

L

领导定价法　91

M

孟加拉乡村银行　7,38,85,143

R

软信息　4,26,78,126,231

T

台州银行　13,18,117

W

完全服务模式　215

微小贷款　17,54,66,76

X

现金流分析　85,161

小额保险　2,43,175

小额健康保险　178,189

小额农贷　270,273

小额人寿保险　187

小组贷款模式　32,72,157

"小营生早班车"微贷　275

Y

银村通　285,287

Z

助农保　286,291

专门微型金融立法下的监管模式　234,243

转账支付　3,15

自律监管模式　234,238

后　记

　　近些年来,在史晋川教授的指导与鼓励下,我们一直从事和跟踪小微金融相关领域的研究,并相继完成了一批成果。呈现在读者面前的这本著作是浙江大学经济学院和浙江大学金融研究院的微型金融项目组成员在该领域的又一探索,分别来源于浙江大学经济学院何嗣江博士、严谷军博士等主持的浙江省社科规划课题,台州银行、浙江江山农村合作银行、浙江桐庐农村合作银行、浙江开化县农村信用合作联社等委托课题的部分研究成果。

　　本书的研究分工如下:前言,何嗣江、严谷军;第一章,微型金融国内外发展现状,何嗣江、柯慧婷、蒋晓夔;第二章,微型金融的相关理论,严谷军、何嗣江;第三章,微小贷款实践,何嗣江、陈魁华;第四章,微小贷款理论之一:定价,何嗣江、周卉;第五章,微小贷款理论之二:风险管理,何嗣江、王一真;第六章,小额保险实践,严谷军;第七章,小额保险理论,严谷军;第八章,微型金融监管,严谷军;第九章,微型金融运营若干案例,何嗣江、陈魁华,本章初稿分别由浙江大学经济学院"小额贷款可复制技术研究"课题组、浙江江山农村合作银行办公室、中国邮政储蓄银行嘉兴市分行陈铁中副行长、临海市农村信用合作联社办公室提供。最后,由何嗣江对全书内容进行了审订,浙江大学经济学院2011级金融学硕士研究生柯慧婷、蒋晓夔,浙江大学经济学院2012级金融学硕士研究生曹盼盼协助完成了全书的统稿工作。

目前，浙江大学经济学院、浙江大学金融研究院微型金融项目组和浙江江山农村合作银行等单位合作开展的微小贷款项目研究尚处于实验和经验提升阶段，本书作为"支农支小"金融服务创新丛书的第一本，研究中难免存在疏漏、不当乃至错误的地方，敬请广大读者不吝批评指正，以利于我们进一步总结完善项目后续运营中的一些做法和案例。

作　者

2013 年 3 月 16 日

图书在版编目(CIP)数据

微型金融:理论与实践 / 何嗣江,严谷军,陈魁华等著.
—杭州:浙江大学出版社,2013.8
ISBN 978-7-308-11804-8

Ⅰ.①微… Ⅱ.①何… ②严… ③陈… Ⅲ.①金融业
—研究—中国 Ⅳ.①F832

中国版本图书馆 CIP 数据核字(2013)第 161169 号

微型金融:理论与实践

何嗣江　　严谷军　　陈魁华　等著

丛书策划	吴伟伟 weiweiwu@zju.edu.cn
责任编辑	
封面设计	十木米
出版发行	浙江大学出版社
	(杭州市天目山路 148 号　邮政编码 310007)
	(网址:http://www.zjupress.com)
排　　版	浙江时代出版服务有限公司
印　　刷	浙江省邮电印刷股份有限公司
开　　本	710mm×1000mm　1/16
印　　张	19.25
字　　数	306 千
版 印 次	2013 年 8 月第 1 版　2013 年 8 月第 1 次印刷
书　　号	ISBN 978-7-308-11804-0
定　　价	53.00 元